1000 CHOSES à SAVOIR

1000 CHOSES à SAVOIR

SOMMAIRE

1000 CHOSES à SAVOIR

L'ESPACE

L'Univers

Ni la Terre, ni le Soleil ne se trouvent au centre, car l'Univers n'a pas de centre.

L'Univers englobe tout l'espace et ce qu'il contient : les galaxies, les étoiles, les planètes, les lunes... Il est incroyablement vaste.

Une expansion continue

Depuis sa création, il y a 15 milliards d'années, l'Univers ne cesse de s'agrandir. L'espace que nous pouvons observer aujourd'hui est 1 milliard de fois plus gros que lorsqu'il était jeune. De nouvelles étoiles naissent, l'espace entre les galaxies s'étire et les galaxies s'éloignent les unes des autres.

Groupe local

Voie Lactée

Terre

Système solaire

DES DISTANCES TRÈS GRANDES...

La Lune est à 384 400 km de la Terre, le Soleil à 150 millions de km et Neptune est à 4,5 milliards de km du Soleil.

MESURÉES EN ANNÉES-LUMIÈRE

Pour mesurer les distances, le km est trop petit.
Les astronomes utilisent une unité appelée année-lumière, qui correspond à la distance que parcourt la lumière en une année. La lumière parcourt 300 000 km en une seconde, soit 10 000 milliards de km en une année.

LA GRAVITÉ

C'est une force invisible qui maintient en orbite les planètes et les corps célestes. C'est cette force qui nous permet de marcher sur Terre. Sans elle, nous flotterions dans l'air, comme les astronautes dans la station spatiale.

LA MATIÈRE NOIRE ET L'ÉNERGIE NOIRE

L'espace entre les galaxies est fait de vide, appelé aussi "matière noire", une matière invisible qui permet de maintenir tous les éléments ensemble. Elle exerce une force gravitationnelle qui permet aux galaxies de s'attirer et aux planètes de décrire des orbites, c'est-à-dire de faire le tour du Soleil. L'énergie noire est une force encore peu connue, qui pousse les galaxies à s'éloigner les unes des autres.

L'histoire de l'Univers

Plusieurs hypothèses existent pour expliquer la formation de l'Univers. Selon les scientifiques, la plus logique est celle du Big Bang.

Le Big Bang

L'Univers était au départ un point très chaud et très concentré en énergie. Une gigantesque explosion s'est produite à partir de ce point de matière. La température s'est considérablement élevée et en quelques secondes, l'Univers s'est dispersé dans tous les sens.
Des électrons, des protons et des neutrons se sont formés.
Plus tard, l'Univers s'est refroidi et ces particules ont formé des atomes, puis les premiers nuages de gaz. Les galaxies sont nées dans ces nuages. L'Univers continue à se développer, on dit qu'il est en expansion.

FORMATION DES ÉTOILES ET DES GALAXIES

Pendant des millions d'années, la matière s'est contractée sous l'action de la gravité.
Les premières étoiles et galaxies se sont formées 200 millions d'années après le Big Bang.
La Terre et le Système solaire sont apparus 9 milliards d'années plus tard.

Une année cosmique

Imaginons que 15 milliards d'années soient condensées en une seule année. Dans cette année imaginaire, le 1er janvier est la date du Big Bang.
Les premières étoiles apparaissent le 20 janvier et la Voie Lactée se forme le 1er mai.
Le Soleil et la Terre se forment à la mi-septembre, et les premières planètes apparaissent le 19 décembre. Les dinosaures arrivent le 25 décembre, pour disparaître le 29 décembre suite à la collision d'une comète avec la Terre. Dans ce calendrier, l'histoire de l'humanité tient dans les 20 dernières secondes de l'année.

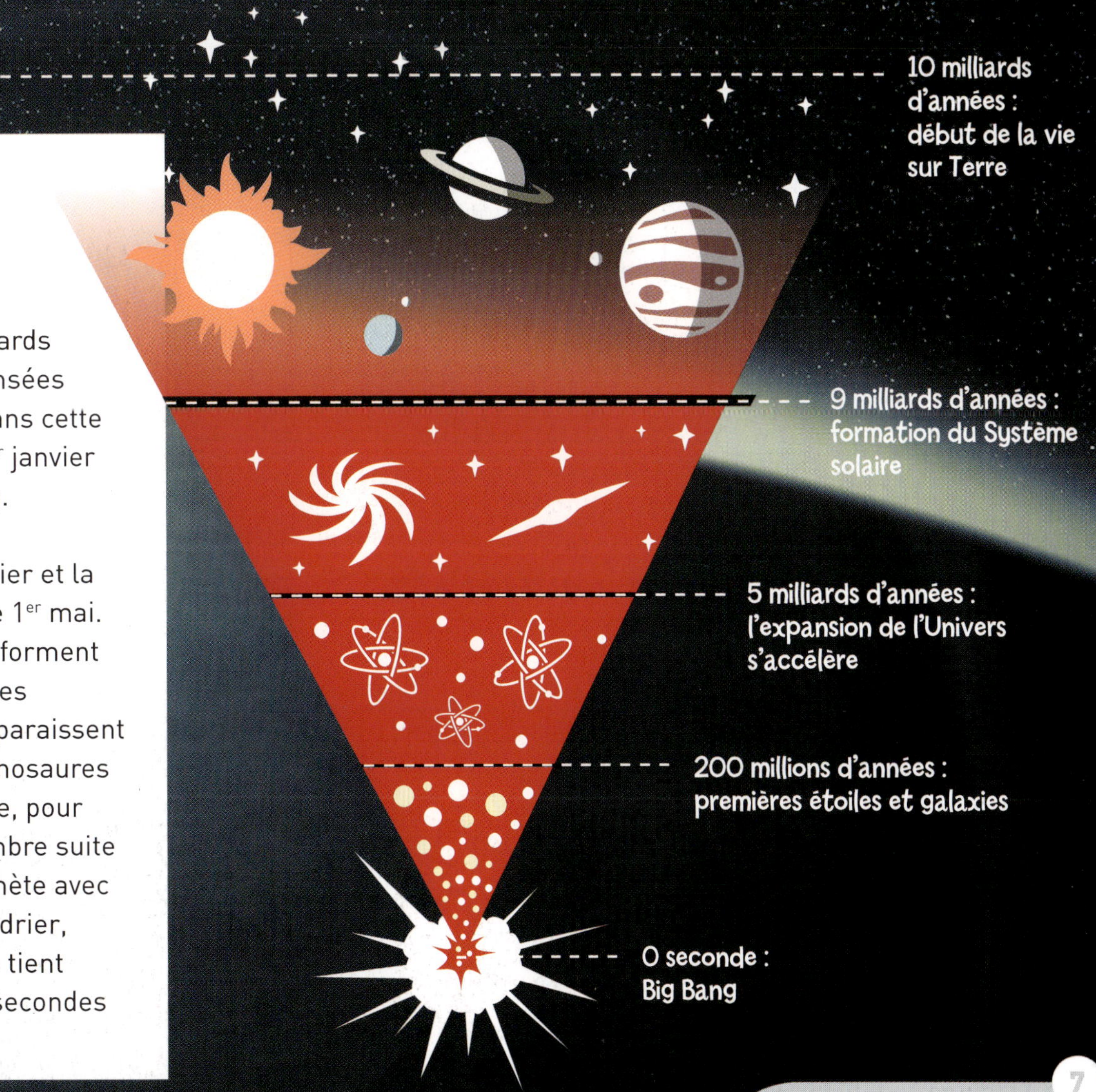

Les galaxies

Une galaxie est un vaste ensemble d'étoiles, de gaz et de poussières liés par la gravité. Il y en aurait plus de 100 milliards dans l'Univers, chacune étant composée de 1 million à plusieurs milliards d'étoiles.

Le milieu interstellaire

Dans la Voie Lactée, l'espace entre les étoiles contient de grandes quantités de gaz et de poussières.
On l'appelle le milieu interstellaire. C'est dans cet espace que naissent les nouvelles étoiles.

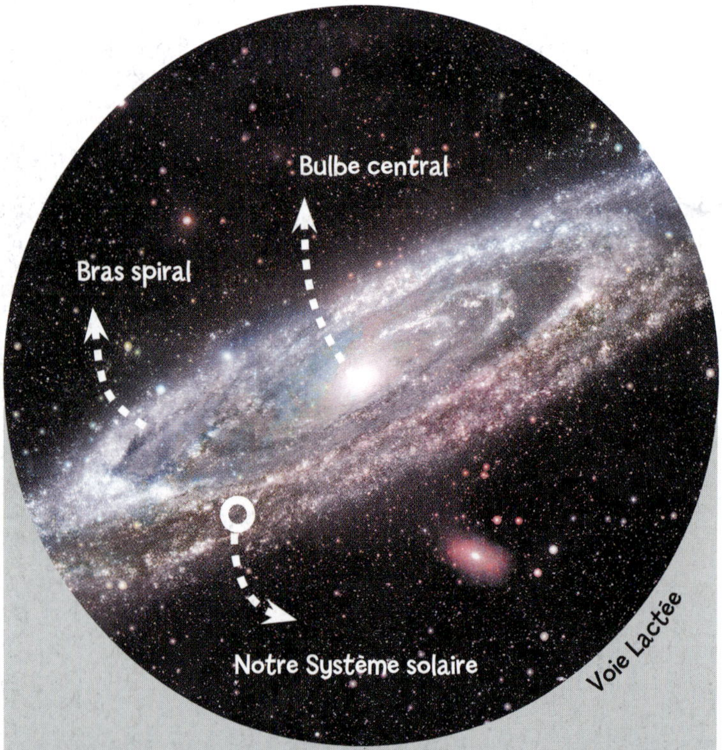

LES TYPES DE GALAXIES

La forme, la taille, la couleur et l'âge des galaxies varient. Une galaxie peut être gigantesque et compter des milliards d'étoiles, ou être naine, composée seulement d'un million d'étoiles.
Les astronomes classent les galaxies selon leur forme : elliptique, irrégulière ou en spirale.

La Voie Lactée

La Terre fait partie d'une énorme galaxie en forme de spirale, composée d'au moins 100 milliards d'étoiles. Elle ressemble à un disque peu épais, avec un bulbe central et des bras spiraux. Nous habitons un de ces bras dans lequel on trouve de jeunes étoiles brillantes.
Le Système solaire est à environ 27 000 années-lumière du centre de la galaxie.
La Voie Lactée fait partie d'un amas galactique appelé Groupe local, composé de nombreuses galaxies.

LES COLLISIONS DE GALAXIES

Parfois, la gravité attire si fortement les galaxies entre elles, qu'elles entrent en collision.
Les collisions intergalactiques se déroulent sur des millions d'années, ce qui explique que nous ne pouvons pas les voir du début à la fin. C'est lors de collisions entre galaxies que les nouvelles étoiles se forment dans les nuages gazeux.

Les étoiles

Les étoiles sont des boules géantes de gaz incandescents composées d'hydrogène et d'hélium. Le Soleil est une étoile. Dans la Voie Lactée, il existe d'autres étoiles 100 fois plus grandes que le Soleil.

CONSTELLATIONS

Dans l'Antiquité, les hommes dessinaient des cartes imaginaires pour repérer les étoiles les plus brillantes.
Ces cartes, qui avaient souvent un lien avec la mythologie, ont été appelées constellations.
Les marins s'en servaient pour naviguer et les astronomes les utilisent encore aujourd'hui pour trouver la position de certains objets célestes.
88 constellations sont toujours utilisées pour dresser les cartes du ciel des hémisphères nord et sud (les deux moitiés de la Terre séparées par l'équateur).

Vie et mort d'une étoile

Les étoiles naissent dans les nébuleuses, d'énormes nuages d'hydrogène et de poussières. La matière se comprime jusqu'à former une boule de gaz. Quand le gaz atteint la température de 15 millions de degrés, il se produit une fusion nucléaire, qui génère une quantité d'énergie considérable. L'étoile naît et commence à briller. Les étoiles évoluent tout au long de leur vie. Quand elles n'ont plus d'hydrogène en leur centre, elles ne peuvent plus produire d'énergie. Elles cessent de briller et meurent.

Recyclage cosmique

Les galaxies fonctionnent comme des usines de recyclage d'étoiles. Chaque galaxie est composée de milliards d'étoiles à des stades de vie différents. Certaines sont en formation, d'autres brillent, d'autres se consument et d'autres meurent. La matière d'une étoile morte est utilisée pour la formation d'une nouvelle étoile.

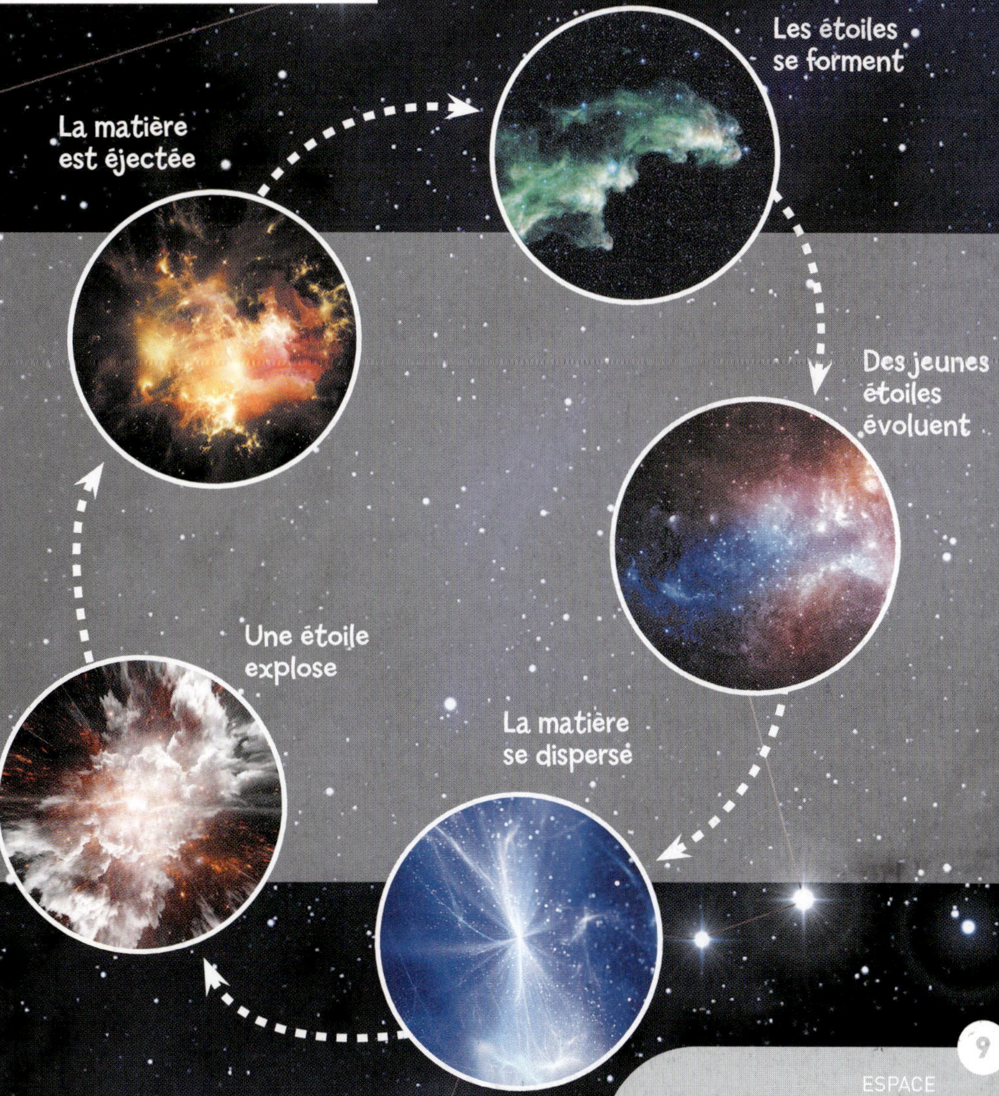

Le Système solaire

Le Système solaire est situé dans la Voie Lactée. Il est composé de 8 planètes, de plus de 170 lunes, de plusieurs planètes naines, de millions d'astéroïdes rocheux et de milliards de comètes glacées.

LES PLANÈTES

Près du Soleil, là où les températures sont élevées, des petites planètes composées de roche et de métal se sont formées. On les appelle planètes telluriques. Dans les régions plus lointaines et plus froides, des planètes gazeuses beaucoup plus grandes se sont formées. Par leur force gravitationnelle très importante, elles ont attiré beaucoup de gaz qui ont composé d'énormes atmosphères.

Formation

Le Système solaire a été formé il y a 4,6 milliards d'années dans un nuage géant de gaz et de poussières. Les gaz se sont contractés sous l'effet de la gravité jusqu'à ce qu'une étoile, le Soleil, naisse en son centre.
Le reste de matière a pris la forme d'un disque tourbillonnant autour de cette nouvelle étoile. Dans ce disque, de minuscules particules se sont heurtées et ont fusionné pour devenir, après des millions d'années, des lunes et des planètes.

	MERCURE	VENUS	TERRE
Type de planète	tellurique	tellurique	tellurique
Diamètre en km	4 880	12 100	12 760
Masse (par rapport à la Terre)	0,055	0,815	1
Gravité (par rapport à la Terre)	0,38	0,9	1
Distance moyenne du Soleil (en millions de km)	58	108	150
Durée de rotation sur elle-même	59 jours	243 jours	24 heures
Période orbitale (révolution) en jours	88	225	365
Nombre de lunes	0	0	1
Atmosphère	aucune	très dense : dioxyde de carbone	dense : azote et oxygène

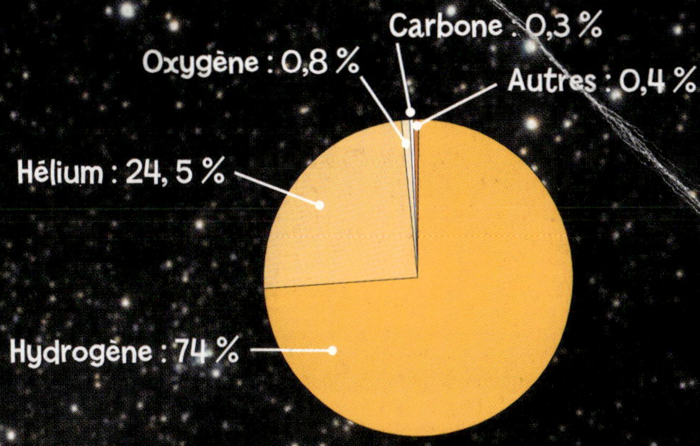

Masse du Soleil

Le Soleil

Le Soleil, notre étoile, est l'étoile la plus proche de la Terre. C'est une immense boule de gaz incandescent.

Sans le Soleil, la Terre serait une planète froide et sans lumière. La vie y serait impossible.

Le Soleil a un diamètre de 1 390 000 km.

Son poids est si grand que pour l'écrire en kilogrammes, il faudrait ajouter 30 zéros au chiffre 2.

Il représente 99,8 % de la masse totale du Système solaire.

MARS	JUPITER	SATURNE	URANUS	NEPTUNE
tellurique	gazeuse	gazeuse	gazeuse	gazeuse
6 790	142 980	120 540	51 120	49 530
0,107	318	95	15	17
0,38	2,64	0.93	0, 89	1, 12
228	779	1 434	2 873	4 495
24 heures	10 heures	11 heures	17 heures	18 heures
687	12	30	85	166
2	67	62	27	14
peu dense : dioxyde de carbone	très dense : hydrogène, hélium, méthane	très dense : hydrogène, hélium, méthane	très dense : hydrogène, méthane, hélium	très dense : hydrogène, méthane, hélium

Mercure

Mercure est une boule rocheuse qui ressemble à la Lune. Elle est si proche du Soleil que les températures peuvent atteindre 450 °C sur sa partie éclairée. Sa surface est recouverte de cratères formés suite à des collisions de comètes et d'astéroïdes, il y a des millions d'années.

Des nuits glaciales

Mercure tourne lentement sur elle-même, ce qui donne le temps à un côté de la planète de refroidir quand elle est dans l'obscurité. Comme il n'y a pas d'atmosphère pour retenir la chaleur, les nuits sont extrêmement froides, jusqu'à - 180 °C.

Vénus

L'autre nom donné à Vénus est l'étoile du Berger : c'est l'astre le plus lumineux dans le ciel du matin et du soir.

De taille et de composition rocheuse similaires à la Terre, Vénus est parfois appelée la jumelle de la Terre. Mais c'est la planète la plus chaude du Système solaire, avec des températures qui atteignent 465 °C.

L'EFFET DE SERRE

L'atmosphère de Vénus, chargée en dioxyde de carbone, est mortelle. Une couverture de nuages acides recouvre la planète et maintient la chaleur : c'est ce que l'on appelle l'effet de serre.

La Terre

La Terre est la 3e planète à partir du Soleil et la 5e plus grosse planète du Système solaire. Sa distance du Soleil en fait une planète ni trop chaude, ni trop froide, juste à la bonne température pour abriter la vie. Grâce à son eau liquide, la Terre est la seule planète habitable du Système solaire.

Un monde d'eau

La Terre est recouverte à 71 % d'eau. De l'espace, les astronautes la voient comme une bille bleue qui flotte dans l'Univers.

Une planète rocheuse

Avec Mercure, Venus et Mars, les autres planètes proches du Soleil, la Terre est une planète tellurique, c'est-à-dire faite de roches et de métal. Son noyau, au centre, est constitué de fer en fusion.

La Lune

La Lune est le satellite unique de la Terre. Elle tourne sur elle-même tout en décrivant une orbite elliptique autour de la Terre. La Lune est 400 fois plus proche de nous que le Soleil, c'est pour cela que nous pouvons l'observer à l'œil nu. Nous la voyons briller parce que le Soleil l'éclaire.

LA PESANTEUR

La masse de la Lune étant 80 fois plus faible que celle de la Terre, sa force d'attraction sur les objets est moindre.
Sur la Lune, un homme pèse 6 fois moins lourd que sur Terre. Ainsi, quand les astronautes ont fait leurs premiers pas sur la Lune, ils marchaient en faisant de grands bonds.

planète rocheuse qui, comme la Terre, a des saisons et une journée de 24 heures. Son atmosphère très mince en fait une planète très froide, avec des températures allant de - 140 °C à 20 °C.
Sa couleur rouge est due à la grande quantité d'oxyde de fer à sa surface.

La tache blanche sur son pôle Nord est une calotte glaciaire composée d'eau glacée.

DES CONDITIONS DE VIE POSSIBLES

Avec une atmosphère, du carbone, de l'oxygène, de l'eau sous forme de gaz ou de glace et des températures qui peuvent monter jusqu'à 20 °C l'été, Mars présente des conditions proches de celles de la Terre.

Jupiter

Jupiter est la plus grosse planète du Système solaire. C'est une grosse boule de gaz qui entoure un petit cœur rocheux. Son atmosphère est spectaculaire, avec des vents violents et des éclairs incessants.

Reine du Système solaire

Jupiter, 11 fois plus grosse que la Terre, possède 67 lunes.
Elle est entourée de trois anneaux fins, composés de poussières et de particules glacées. Un anticyclone gigantesque, qui mesure deux fois la Terre, appelé Grande Tache rouge, s'y déchaîne depuis plus de 300 ans.

Saturne

Saturne est une véritable merveille !
Avec 120 000 km de diamètre, c'est la deuxième plus grande planète du Système solaire.
Ces anneaux sont spectaculaires et Titan, sa lune, est la seule du Système solaire à posséder une atmosphère semblable à celle de la Terre.

DES ANNEAUX DE PARTICULES

Les anneaux de Saturne –en tout, plus de 30 – mesurent 280 000 km de diamètre et seulement 20 mètres d'épaisseur. Ils sont composés de milliards de particules de roche et de glace. Certaines ont la taille d'un grain de sucre et d'autres la taille d'une maison. C'est la lumière du Soleil qui les fait scintiller et qui leur donne cette lueur si particulière.

L'atmosphère

Saturne a une atmosphère très épaisse faite d'hydrogène et d'hélium. D'effroyables tempêtes, avec des vents violents soufflant jusqu'à 1 800 km/h près de l'équateur, se déclenchent chaque année saturnienne (une année équivaut à 30 ans sur Terre). Ces tempêtes orageuses peuvent durer six mois et décharger des éclairs 10 000 fois plus puissants que ceux que l'on observe sur Terre.

Uranus

Avec des températures jusqu'à – 220 °C, Uranus est la planète la plus froide du Système solaire.

Comme Jupiter et Saturne, Uranus est une planète gazeuse qui n'a pas de surface solide. Elle est si éloignée du Soleil, qu'il lui faut 85 ans pour en faire le tour. Elle possède 27 lunes. Son atmosphère est très épaisse. Le méthane qui la compose absorbe la lumière rouge et réfléchit la lumière bleue. C'est pour cela que la planète apparaît bleue.

La planète qui roule

Toutes les planètes tournent sur leur axe comme des toupies, sauf Uranus qui tourne autour du Soleil en roulant sur le côté comme un tonneau. Ce serait la conséquence d'une collision avec un énorme objet, de la taille de la Terre, qui l'aurait renversée il y a des milliards d'années.

Neptune

Néptune est presque la jumelle d'Uranus avec son atmosphère composée d'hydrogène, d'hélium et de méthane, mais sa couleur bleue est plus marquée. Son cœur rocheux est probablement recouvert d'une épaisse couche de glace.

C'est le méthane qui donne à Neptune cette couleur bleu profond.

Une planète venteuse

Avec des vents de plus de 2 400 km/h dans les couches supérieures de son atmosphère, Neptune est la planète la plus venteuse du Système solaire. Une tempête géante de 1 280 km de diamètre y fait rage, sans interruption : on l'appelle la "Grande Tache sombre". Dans la partie supérieure de son atmosphère, les vents forment de longs nuages blancs.

LES LUNES DE NEPTUNE

Triton, la plus grande des 14 lunes de Neptune, orbite dans le sens inverse de sa planète.

Pluton

Pluton est une planète naine, plus petite que notre Lune. Elle orbite à l'extrémité du Système solaire, à 5 milliards de km de la Terre. Le vaisseau spatial New Horizons a mis 9 ans pour l'atteindre.

Pluton est si éloignée du Soleil que la température à sa surface est en permanence à - 220 °C.

Astéroïdes et comètes

Les astéroïdes sont de petits objets célestes, composés de roches et de métal. Les comètes sont des corps célestes datant de la formation du Système solaire, de quelques kilomètres de diamètre et composées d'une grande quantité d'eau glacée et de roches.

LA CEINTURE DE KUIPER

La ceinture de Kuiper est une zone du Système solaire, située au-delà de Neptune, où l'on trouve des millions d'astéroïdes.

La ceinture d'astéroïdes

C'est une zone entre Mars et Jupiter, dans laquelle des milliards de petits corps circulent. Il s'agit de restes de planètes, de la taille d'un galet jusqu'à des objets célestes de 1 000 km de diamètre.

EXOPLANÈTES

Les planètes qui se trouvent au-delà de notre Système solaire sont appelées exoplanètes. On en a déjà découvert plus de 1 700. Pour l'instant, elles se trouvent toutes dans la Voie Lactée.

Le nuage d'Oort

À l'extrême limite du Système solaire, le nuage d'Oort abrite des milliards de comètes.
Parfois, des collisions les expédient vers le Soleil. Quand une comète s'approche du Soleil, elle s'échauffe et la glace qu'elle renferme se transforme en jet de poussières et de gaz, formant ainsi une queue de plusieurs milliers de kilomètres.
C'est à cet instant qu'une comète est spectaculaire dans le ciel nocturne. Ensuite, la comète poursuit son orbite autour du Soleil et retourne vers le nuage d'Oort.

1000 CHOSES à SAVOIR

LA TERRE

Les jours et les saisons

C'est la rotation de la Terre autour du Soleil qui crée les saisons et l'alternance jour/nuit.

Lorsque c'est l'été en Australie, c'est l'hiver en France.

Soleil et Terre

Le Soleil est beaucoup plus grand que la Terre, mais il est aussi très loin.

UNE ANNÉE SUR TERRE

La Terre et les autres planètes du Système solaire tournent autour du Soleil. Il faut 365 jours, soit une année, à la Terre, pour effectuer sa rotation autour du Soleil et revenir à son point de départ.

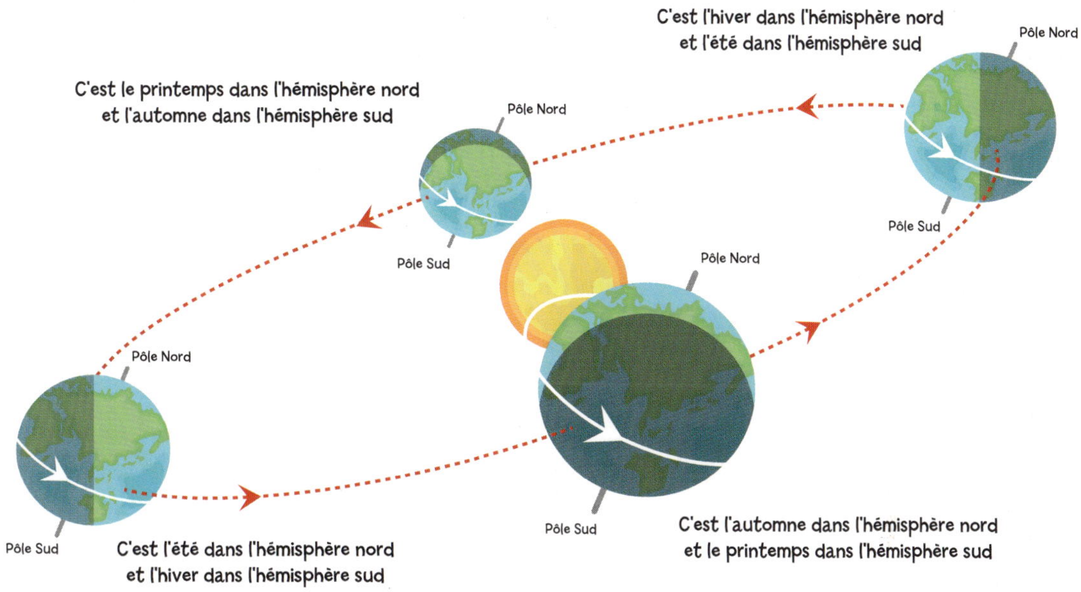

Été et hiver

La Terre tourne sur un axe incliné, et donc, une partie de la Terre penche vers le Soleil. Quand le pôle Nord penche vers le Soleil, l'hémisphère nord est mieux éclairé que l'hémisphère sud : c'est l'été en Europe. Puis, dans l'orbite qu'elle décrit autour du Soleil, la Terre expose l'hémisphère sud au Soleil. C'est l'été en Australie et l'hiver en Europe.

Le jour et la nuit

La Terre tourne en permanence sur elle-même.
Sa rotation dure 24 heures, c'est ce qui fait l'alternance du jour et de la nuit. Notre maison se déplace par rapport au Soleil, en passant du jour à la nuit.

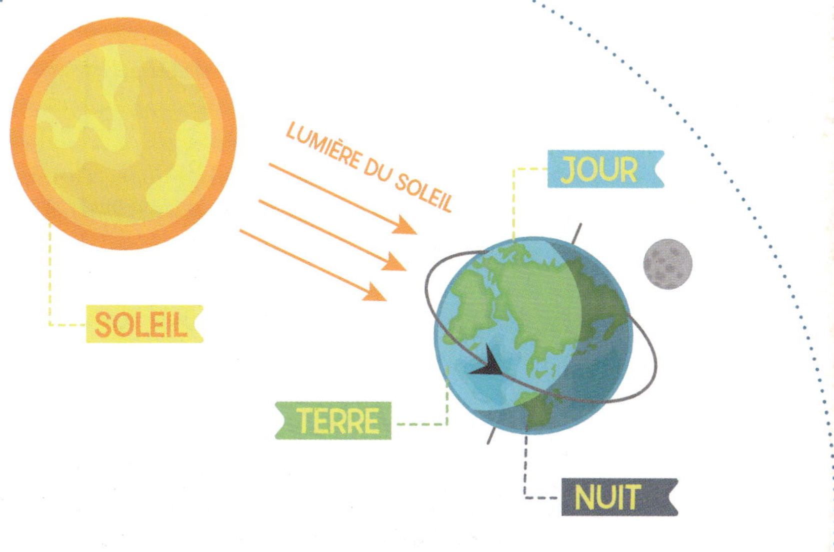

L'atmosphère terrestre

L'atmosphère est faite de différents gaz formant une couche protectrice d'environ 900 km d'épaisseur. Elle contient un haut pourcentage d'oxygène, gaz indispensable à la vie et permet de conserver la chaleur et de faire écran aux radiations nocives.

Ozone : une barrière menacée par la pollution

L'ozone est une variété d'oxygène que l'on trouve à différents niveaux de l'atmosphère. À la hauteur de la stratosphère, il filtre certains rayons ultraviolets nocifs du Soleil (UV). Ce sont eux qui endommagent la faune, la flore et les humains.
L'amincissement de la couche d'ozone les rend encore plus nocifs. On sait que la couche d'ozone est détruite par des gaz appelés chlorofluorocarbones (CFC) qu'on retrouve dans certains aérosols, plastiques et gaz réfrigérants. Depuis 1987, l'usage de ces gaz est interdit.

Différentes couches

L'atmosphère est composée de cinq couches principales. Les manifestations climatiques s'observent au premier niveau, la troposphère. La couche d'ozone se trouve au deuxième niveau, la stratosphère, plutôt calme. La mésosphère est la couche au contact de laquelle les météorites brûlent. Au-dessus, il y a la thermosphère et enfin l'exosphère.

COMPOSITION

L'atmosphère est composée à 78 % d'azote et à 21 % d'oxygène. Le 1 % restant est essentiellement de l'argon, avec quelques traces d'autres gaz très rares, ainsi que de vapeur d'eau et de méthane. Le dioxyde de carbone, indispensable à la vie, n'est présent qu'à 0,03 %.

Sans atmosphère, la Terre serait aussi vide de vie que la Lune.

Les cycles naturels

La pluie qui tombe du ciel fait partie du cycle naturel de l'eau sur notre planète. En plus de l'eau et de la lumière du Soleil, le vivant a besoin de carbone, d'azote et d'oxygène. Ces éléments vitaux, recyclés en permanence, assurent les conditions nécessaires à la vie de tous les organismes.

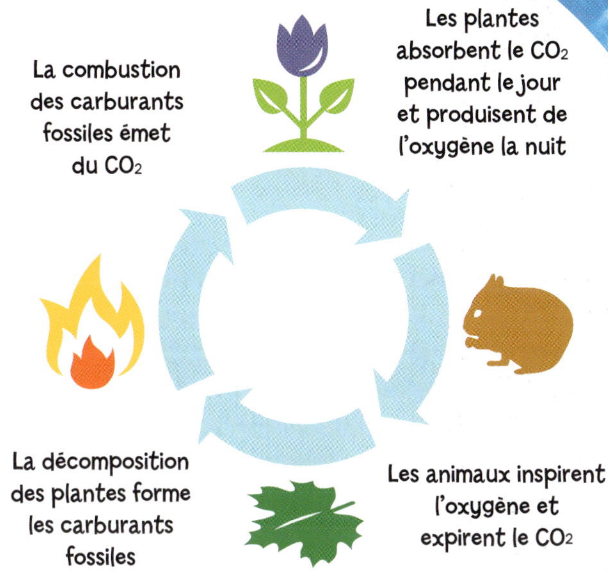

Le cycle du carbone

Toute vie repose sur le mélange carbone-oxygène qui forme dans l'atmosphère le dioxyde de carbone (CO_2). Le CO_2 circule constamment dans l'air, sur Terre et chez les êtres vivants.
Les plantes l'utilisent pour leur croissance et pour la photosynthèse, et rejettent de l'oxygène. Les animaux et les humains inspirent de l'oxygène et expirent du CO_2.
La décomposition des plantes mortes produit les carburants fossiles. La combustion de ces carburants donne du CO_2. Les océans, eux aussi, absorbent et relâchent du CO_2.

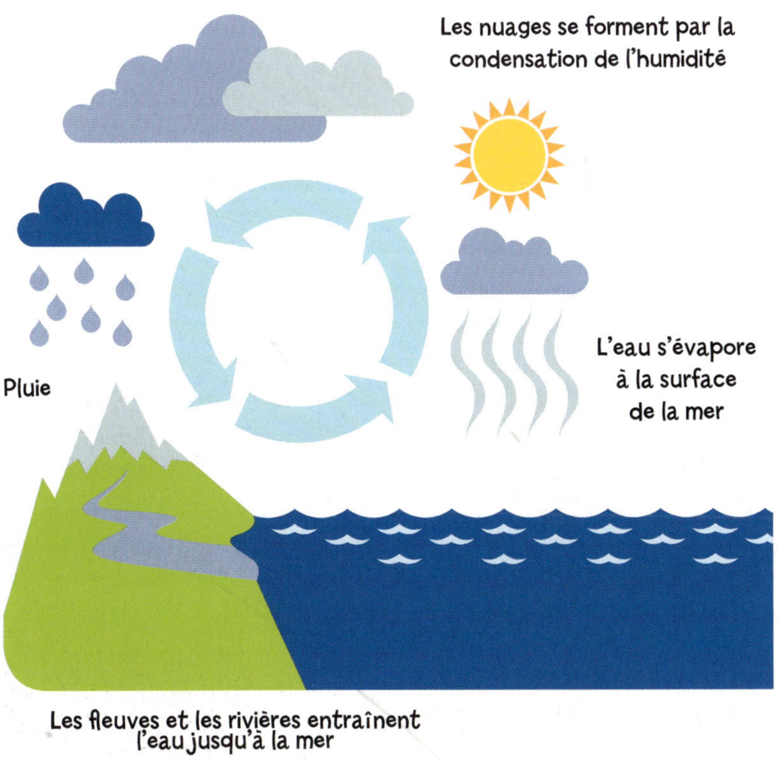

Le cycle de l'eau dure entre 10 et 15 jours.

Le cycle de l'eau

L'eau circule constamment sur Terre.
Sous l'effet du Soleil, l'humidité s'évapore des océans et des cours d'eau sous forme de vapeur d'eau. Ainsi humidifié, l'air monte, se refroidit et se condense pour former les nuages qui donnent ensuite la pluie ou la neige. Une partie de cette eau est absorbée par les plantes et par la terre, le reste s'écoule dans les fleuves et les rivières avant de rejoindre les océans, achevant ainsi le cycle.

L'eau

L'eau recouvre 71 % de la Terre. Plus de 97 % de cette eau est salée. L'eau douce - moins de 3 % - se trouve dans les lacs, les fleuves et les zones humides ou encore sous terre, gelée. Les mers forment un environnement dynamique, constamment remué par les vagues, les marées et les courants.

Un monde glacé

La glace couvre un dixième des continents et un huitième des océans.
Cette cryosphère - le nom savant des régions glacées - est formée par les glaciers en montagne, l'eau de mer prise par le gel et les immenses calottes glaciaires des régions polaires.

MERS ET OCÉANS

On trouve cinq océans principaux sur la Terre.
Par ordre de taille, les océans Pacifique, Atlantique, Indien, Antarctique et Arctique.
Il existe de nombreuses mers, plus petites. Tous les océans communiquent.

Le plus vaste océan du globe, le Pacifique, couvre 30 % de la surface de la planète.

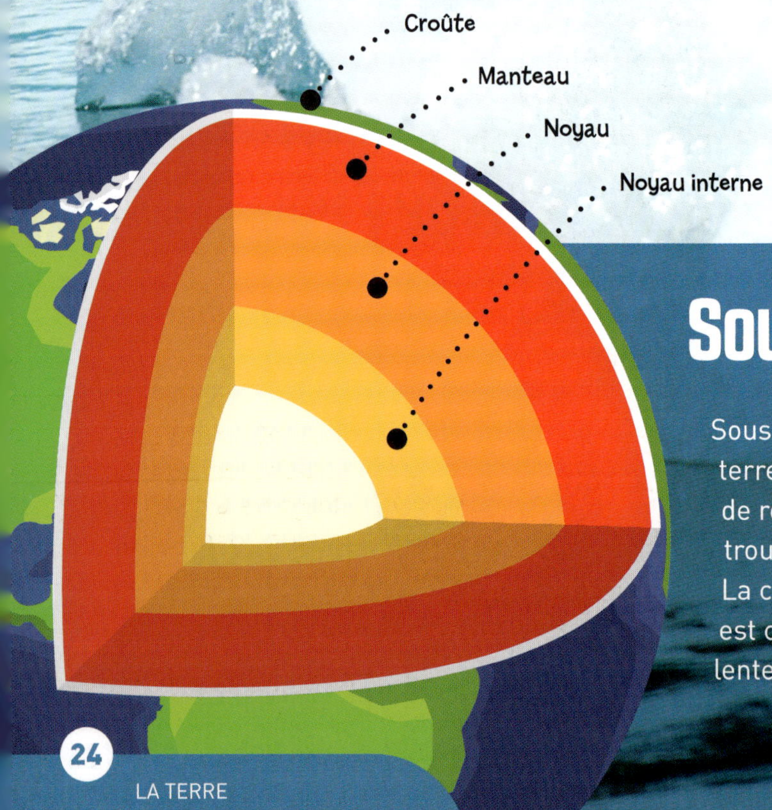

Sous la surface

Sous les continents et les océans, on trouve la croûte terrestre, une matière solide. Ensuite, une épaisse couche de roches plus tendres, le manteau, en dessous duquel se trouve le noyau fait de métal en fusion à haute température. La croûte terrestre ne forme pas une surface continue ; elle est composée d'immenses plaques tectoniques qui dérivent lentement sur les couches magmatiques inférieures.

La terre

La terre occupe 29 % de la surface du globe. Elle est divisée en sept vastes territoires, les continents, et en une infinité d'îles de tailles variées.

L'humus

Sans humus, il n'y aurait pas de vie sur notre planète.
L'humus se forme par la fracture des roches soumises au climat et à l'érosion.
La végétation s'enracine dans les fissures et, en se décomposant, contribue à créer l'humus, la couche superficielle fertile du sol.

Le cycle de la roche

On pourrait croire la roche immuable, mais elle subit une lente et constante mutation. Elle accomplit un cycle. Sous l'action du gel, du vent et de l'eau, les roches de surface se transforment en sédiments qui sont ensuite compressés dans les fonds marins jusqu'à devenir de la roche sédimentaire. En même temps, les roches en fusion jaillissent de la croûte terrestre pour former les roches magmatiques (ou roches ignées), tandis que, dans les profondeurs brûlantes de la Terre, la pression crée des roches métamorphiques.

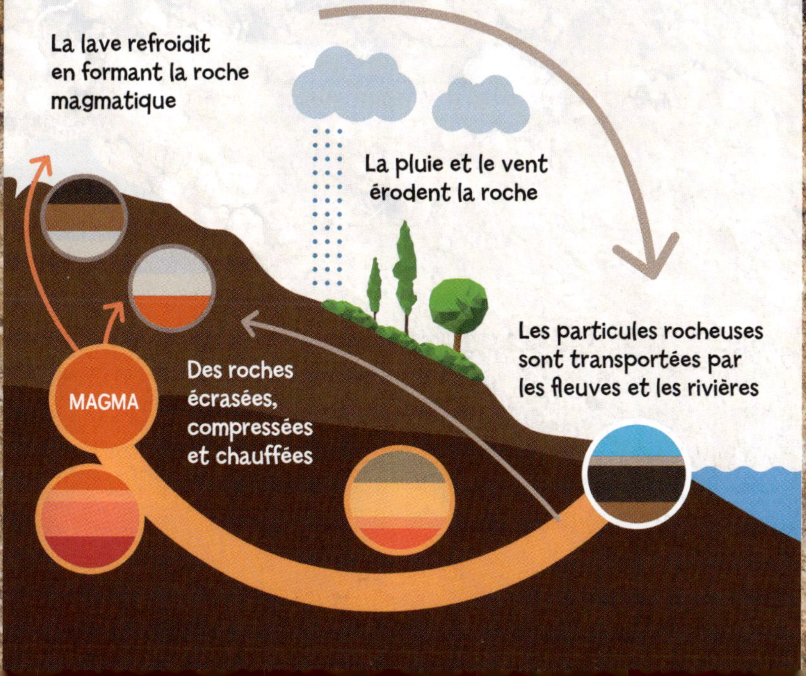

LA FORMATION DES CONTINENTS

Loin d'être immobiles, les continents se déplacent imperceptiblement, entraînés par les plaques tectoniques sur lesquelles ils reposent, elles-mêmes poussées à la dérive par les courants qui traversent le manteau terrestre.

Il y a 225 millions d'années : les terres du globe ne formaient qu'un seul et unique continent que nous appelons aujourd'hui la Pangée.

Il y a 135 millions d'années : la Pangée se divise en deux.

Il y a 65 millions d'années : ces continents se divisent ensuite en sept parties.

Actuellement : les continents continuent toujours à s'éloigner les uns des autres.

La tectonique des plaques

La croûte terrestre sur laquelle reposent les continents et les océans repose sur la lithosphère. Ces deux couches du manteau terrestre sont divisées en plaques tectoniques qui reposent sur l'asthénosphère.

C'est à la périphérie des plaques, dans les zones de collision ou de friction, que se forment les montagnes et les volcans.

Une lente dérive

Les plaques tectoniques sont poussées à la dérive par les courants qui traversent le manteau terrestre, entraînant avec elles les continents qui se déplacent imperceptiblement. Les géologues ont montré que les continents se déplacent de 1 à 20 cm par an. Ainsi, le continent américain était soudé aux côtes orientales de l'Afrique et de l'Europe. Petit à petit, l'Amérique du Nord se détache de l'Amérique du Sud et se rapproche de l'Asie, tandis que l'Afrique se rapproche de l'Europe.

Glissements et collisions

Les plaques tectoniques rigides glissent les unes contre les autres sur l'asthénosphère qui, elle, est malléable. Les différences de densité font que les plaques glissent les unes sous les autres, ou entrent en collision.

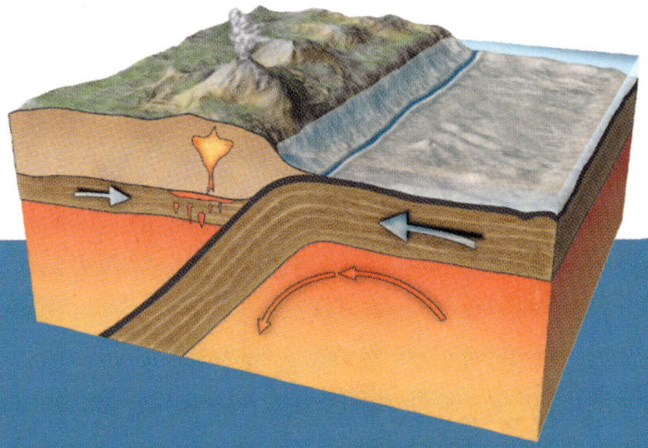

Les zones de friction

Quand deux plaques continentales entrent en collision, elles s'écrasent l'une contre l'autre. La croûte terrestre se soulève et s'épaissit, formant alors une chaîne de montagnes. C'est une telle collision entre la plaque eurasiatique et la plaque européenne qui a formé les Alpes, il y a 10 millions d'années.

Formation de roche multicouche – Thaïlande

Les montagnes

Les reliefs montagneux sont de trois types : les chaînes plissées, dues aux mouvements tectoniques ; les volcans, édifiés à partir de lave solidifiée ; les montagnes tabulaires, qui sont une élévation du sol due à une forte érosion et à un effondrement des zones voisines.

L'ubac et l'adret

Chaque montagne possède deux versants : l'ubac est le versant de la montagne qui est le plus à l'ombre. L'adret est l'autre versant qui est le plus exposé au Soleil.

Les montagnes naissent, vieillissent et meurent au cours d'un processus qui s'échelonne sur plusieurs millions d'années.

LES MONTAGNES ANCIENNES

Ce sont les montagnes les plus vieilles. Elles ont de larges vallées et leurs sommets sont arrondis. Elles ont été usées par l'érosion. Leur altitude est inférieure à 1 800 m. Le Massif central et les Vosges sont des montagnes anciennes.

LES MONTAGNES JEUNES

Appelées aussi hautes montagnes, elles culminent à plus de 1 800 m. Leurs sommets sont pointus et souvent enneigés. Elles ont des vallées étroites et des pentes abruptes. Les Alpes, les Pyrénées, le Jura et le Massif Corse sont des montagnes jeunes.

LES CHAÎNES PLISSÉES

L'Himalaya, le plus haut sommet du monde, et la cordillère des Andes, la plus longue chaîne de montagnes du monde, sont liés à la tectonique des plaques.
En France, les Alpes et les Pyrénées ont aussi surgi du chevauchement des plaques.

Les massifs montagneux en France

Les volcans

Un liquide fait de gaz et de roches fondues bouillonne sous terre : le magma. Parfois, la pression est si forte qu'il remonte à la surface : c'est l'éruption volcanique. Les principaux volcans sont situés le long des plaques tectoniques, là où la croûte terrestre est la plus fragile.

L'ÉRUPTION

Le magma en fusion perce la croûte terrestre et crée un cratère. Il déverse des coulées de lave et projette des cendres et des gaz brûlants. La lave plus ou moins fluide détermine les différentes formes de volcans.

L'activité des volcans

Un volcan est dit actif quand il a eu au moins une éruption au cours des derniers 10 000 ans. Il peut être en éruption ou en sommeil. On parle de volcan en sommeil quand un volcan actif n'a pas eu d'éruption depuis des centaines d'années, mais pourrait se réveiller. Un volcan est dit éteint quand toute activité volcanique a cessé depuis au moins 10 000 ans.

Etna - Sicile

En 79 avant J.-C., l'éruption du Vésuve en Italie a enseveli toute la ville de Pompéi et ses habitants.

Arenal - Costa Rica

La mort et la vie

Les coulées de lave anéantissent tout sur leur passage. Pourtant, les cendres projetées rendent les sols extrêmement fertiles : riches en minéraux, elles agissent comme un engrais.

Les séismes

Les séismes, ou tremblements de terre, sont des déformations ou des secousses plus ou moins violentes dans l'écorce terrestre. Ils proviennent de la fracturation des roches en profondeur : quand deux plaques tectoniques se frottent entre elles, l'énergie se libère par des failles.

Un sismographe est un appareil qui enregistre les ondes sismiques et la force des séismes.

1 - LES FAILLES

Ce sont des points de cassure dans l'écorce terrestre, provoqués par les chocs répétés des plaques tectoniques entre elles.
Les séismes sont fréquents sur les lignes de failles.

2 - LA RUPTURE SISMIQUE

Lors d'un séisme, le lieu de départ de la secousse s'appelle le foyer ou hypocentre. Il se situe parfois à des centaines de kilomètres de profondeur. L'épicentre est le point de rupture en surface du séisme et se situe à la verticale du foyer.

3 - LES ONDES SISMIQUES

Lors d'une secousse, des ondes de choc se propagent en cercles concentriques à partir de l'épicentre. L'intensité d'une secousse est mesurée par rapport à différentes échelles de référence. Quand un séisme a lieu sous la mer, les ondes engendrent des vagues immenses qui ravagent les côtes. On parle de raz-de-marée ou de tsunami.

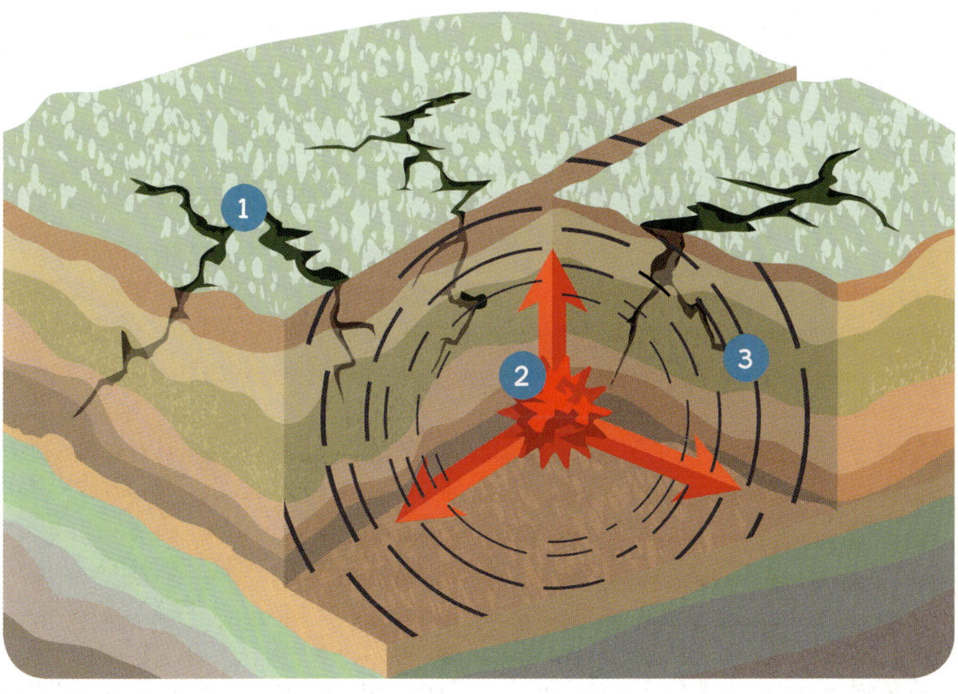

Les dégâts

Les séismes varient en intensité. Ils sont plus meurtriers dans les villes aux constructions de mauvaise qualité.
Certains pays ont dû adapter leur architecture pour résister aux secousses sismiques.

Les mers et les océans

À eux deux, ils forment la grande masse d'eau salée qui recouvre 71 % de la surface du globe terrestre. Si les mers se situent à l'intérieur d'un continent, les océans, eux, sont bordés par les continents. On parle d'océan planétaire, ou de l'Océan, car les océans et la majorité des mers sont reliés.

Les mers

Parfois appelées golfes, il en existe des dizaines, plus petites et moins profondes que les océans. Elles peuvent être totalement fermées ou seulement en partie. Même si elles sont majoritairement reliées à un océan ou à une autre mer, certaines mers sont intérieures. Les mers incluses géographiquement dans une autre mer plus grande sont appelées mers secondaires.

UNE MER AU MILIEU DES TERRES

La mer Méditerranée est située entre trois continents : l'Europe, l'Asie et l'Afrique. Elle est intercontinentale car presque complètement entourée de terres. Elle possède de nombreuses mers secondaires comme la mer Adriatique, la mer Égée, la mer d'Azov, la mer Noire...

Les océans

Il existe 5 océans : le Pacifique, l'Atlantique, l'Arctique, l'Antarctique et l'océan Indien.
Leurs rivages bordent des continents différents. Chaque océan est découpé en mers, golfes, baies... Plus vastes et profonds que les mers, ils sont soumis au phénomène de marées de plus grande amplitude que celle des mers.

La mer Morte est en réalité un lac. Elle est si concentrée en sel que l'on flotte à sa surface.

Les marées

Ce va-et-vient régulier de l'eau au même endroit correspond à une montée et une descente du niveau de la mer. Ce phénomène, variable d'un endroit à l'autre de la Terre, est dû à la combinaison de forces.

Lorsque le Soleil, la Lune et la Terre sont parfaitement alignés, l'attraction est la plus forte ; ce sont les grandes marées.

LE SOLEIL ET LA LUNE

La Lune et le Soleil attirent les particules d'eau salée comme des aimants.
La Terre tourne sur elle-même en 24 heures. Quand un océan passe devant la Lune, l'eau est attirée.
Le niveau de l'eau monte pendant une durée de 6 heures environ, c'est la marée montante. L'eau reste alors quelque temps étale (elle ne monte plus et ne descend pas encore). C'est la marée haute.
La Terre poursuit sa rotation et l'océan s'éloigne de la Lune : l'eau descend pendant 6 heures, c'est la marée descendante. À l'étale, c'est la marée basse, et ainsi de suite…
La Lune se retrouve au même endroit par rapport à la Terre au bout de 24 h 50 min, ce qui produit un décalage de l'heure des marées de 50 minutes chaque jour.

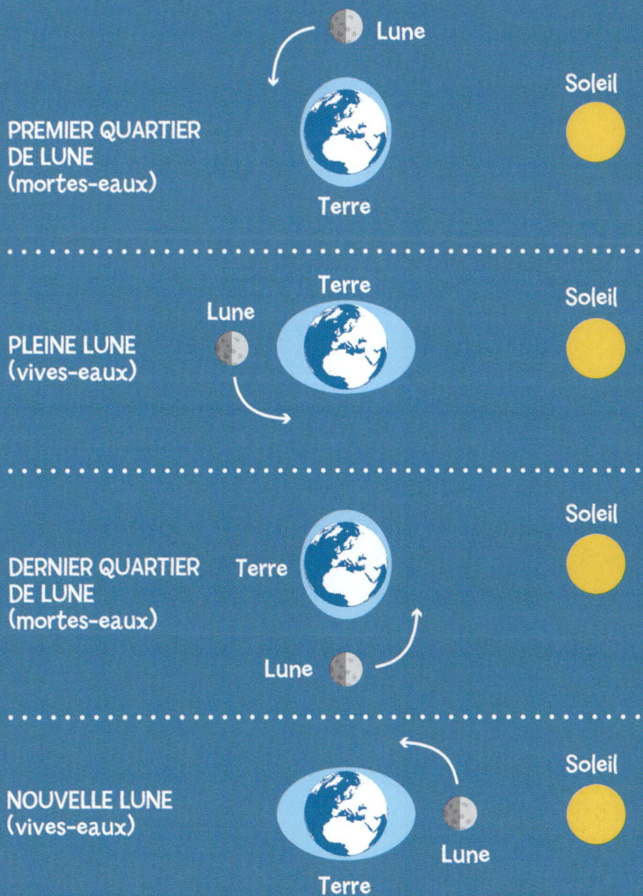

Duo de forces

La force centrifuge de la Terre qui tourne sur elle-même fait s'écarter l'eau de la croûte terrestre. Dans le même temps, la force gravitationnelle exercée par la Lune et le Soleil (lui, dans une moindre mesure, car il est plus éloigné de la Terre que la Lune) attire l'eau comme un aimant.

Vue du port de la ville de Pornic à marée haute

Vue du port de la ville de Pornic à marée basse

1000 CHOSES à SAVOIR

LE CLIMAT

La météo, le temps qu'il fait

Le climat, c'est l'ensemble des caractéristiques météorologiques d'une zone géographique relevées sur plusieurs années. Il existe plusieurs zones de climat dans le monde. Le temps (ou la météo) change au cours de l'année : c'est la ronde des saisons.

Climat et météo

Il ne faut pas confondre climat et météo. La météo change d'un jour à l'autre et même d'une heure à l'autre, alors qu'un changement climatique peut prendre des centaines, voire des millions d'années.
La météorologie est l'étude des phénomènes atmosphériques comme les nuages, le vent, la pluie.

COMMENT SE FORME LE TEMPS ?

Le temps se forme à partir de l'eau, la chaleur et l'air. Les changements de temps se produisent dans la couche d'air proche du sol qu'on appelle la troposphère. Pourtant, la plupart des phénomènes météo trouvent leur origine bien loin de la Terre, dans le Soleil ! C'est lui qui chauffe l'air et le met en mouvement, le vent transporte alors la chaleur et la vapeur d'eau. Les nuages se forment, la pluie ou la neige tombe.

Phénomènes climatiques dans le monde

Les conditions météorologiques varient beaucoup d'un bout à l'autre de la planète. Elles dépendent surtout de l'ensoleillement, qui réchauffe davantage certaines zones que d'autres.

La forme des continents, les océans et les montagnes jouent aussi un rôle dans la météo. Dans certaines parties du globe, des phénomènes météorologiques reviennent tous les ans. Par exemple, en Inde et en Asie, la mousson apporte chaque été des pluies diluviennes et continues.

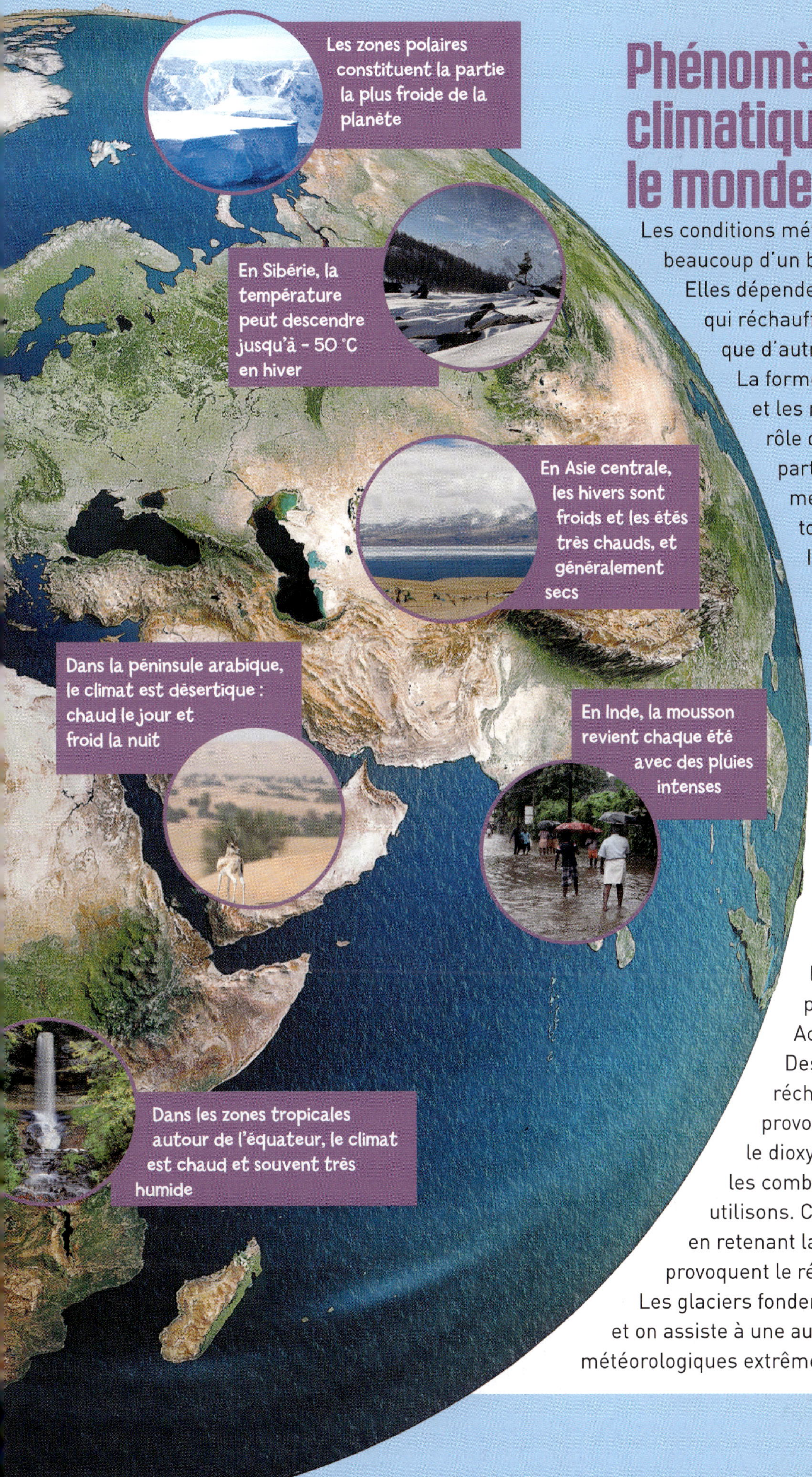

Les zones polaires constituent la partie la plus froide de la planète

En Sibérie, la température peut descendre jusqu'à - 50 °C en hiver

En Asie centrale, les hivers sont froids et les étés très chauds, et généralement secs

Dans la péninsule arabique, le climat est désertique : chaud le jour et froid la nuit

En Inde, la mousson revient chaque été avec des pluies intenses

Dans les zones tropicales autour de l'équateur, le climat est chaud et souvent très humide

RÉCHAUFFEMENT CLIMATIQUE : ATTENTION DANGER !

Pendant la dernière période glaciaire, il y a 11 500 ans, la planète était beaucoup plus froide qu'aujourd'hui. Actuellement, elle se réchauffe. Des experts estiment que le réchauffement est en partie provoqué par les gaz, comme le dioxyde de carbone, émis par les combustibles fossiles que nous utilisons. Ces gaz "à effet de serre", en retenant la chaleur dans l'atmosphère, provoquent le réchauffement climatique. Les glaciers fondent, le niveau de la mer monte et on assiste à une augmentation des événements météorologiques extrêmes.

Le Soleil

En plus de nous éclairer, le Soleil réchauffe la Terre et l'atmosphère. Cette chaleur se diffuse dans la troposphère, la couche d'atmosphère la plus proche de la Terre.

LA CHALEUR DU SOLEIL

En brillant, le Soleil chauffe la surface de la Terre. Il provoque ainsi le mouvement des masses d'air à l'origine des fronts et des vents. La chaleur du Soleil fait aussi évaporer l'eau des océans, des lacs et des rivières, ainsi que celle des végétaux. Cette humidité présente dans l'air retombe ensuite sur Terre sous forme de pluie et de neige.

Chaud et froid

L'axe de la Terre étant incliné, les rayons du Soleil tombent perpendiculairement au niveau de l'équateur et obliquement au niveau des pôles. C'est pour cette raison que dans les pays situés près de l'équateur, il fait plus chaud que dans ceux situés près des pôles.

Terre et mer

Lorsque le Soleil brille, le sol se réchauffe rapidement. L'eau, par contre, absorbe plus lentement la chaleur. S'il faut une grande quantité d'énergie solaire pour réchauffer la mer, en revanche, elle se refroidit lentement.

L'effet rebond

C'EST GELÉ

Les couches de glace et les glaciers reflètent la lumière solaire sans l'absorber

C'EST BRÛLANT

Les zones situées le long de l'équateur récupèrent la majeure partie de l'énergie du Soleil

La ville est un îlot thermique : il y fait plus chaud que dans ses environs immédiats, car le béton et l'asphalte absorbent et rejettent plus de chaleur que la végétation.

Des neiges éternelles

Les sommets des montagnes peuvent être constamment enneigés car la température de la troposphère baisse à mesure que l'altitude augmente. Même si la lumière du Soleil traverse la troposphère de haut en bas, le sol absorbe plus d'énergie solaire que l'air. Le sol renvoie la chaleur dans l'air, qui se refroidit à mesure qu'il monte et se raréfie ; la pression baisse, ce qui fait baisser la température de l'air et rafraîchit l'atmosphère.

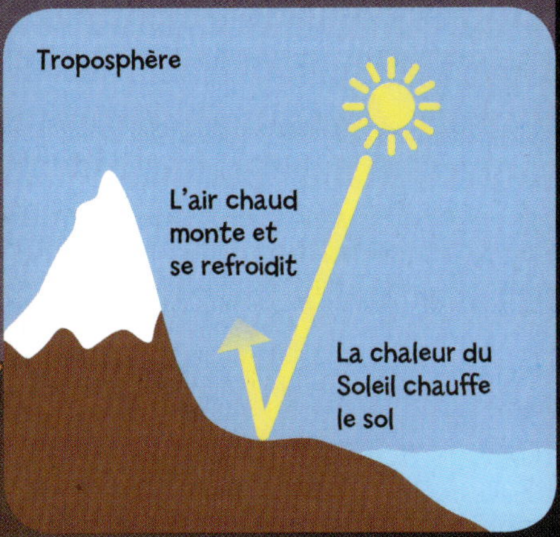

LE CLIMAT TEMPÉRÉ DES CÔTES

En été, la mer absorbe la chaleur de la Terre, ce qui modère les températures. En hiver, la mer conserve la chaleur du Soleil et de la Terre, absorbée pendant l'été, et réchauffe les terres près des côtes. Ainsi, les températures des zones côtières sont moins extrêmes qu'à l'intérieur des terres.

C'EST NUAGEUX

Les nuages renvoient la chaleur et la lumière du Soleil vers l'espace

C'EST SEC

La terre se réchauffe beaucoup plus rapidement que l'eau

LE CLIMAT CONTINENTAL

Plus on s'éloigne de la mer, plus les températures peuvent être extrêmes. Les rayons du Soleil chauffent le sol. L'air au-dessus se réchauffe et le thermomètre grimpe. Mais la nuit, ou l'hiver, la chaleur ne tient pas.
La température chute rapidement et il peut faire très froid.

Alerte canicule

Pendant une vague de chaleur, les températures sont exceptionnellement élevées et la canicule s'installe. La canicule est provoquée par l'arrivée de masses d'air stationnaires qui pèsent sur le sol et retiennent la chaleur du Soleil.
La nuit, la température ne baisse pas ; le sol et l'air ne se refroidissent pas.
Il fait de plus en plus chaud, jusqu'à atteindre des températures insupportables.

Le vent

Le vent, c'est le mouvement de l'air autour de la planète. Il existe plusieurs types de vents qui soufflent constamment d'un endroit à l'autre de la planète.

Les vents dominants

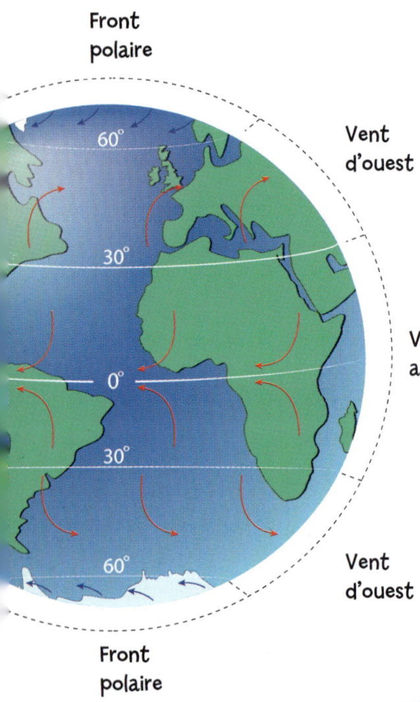

Les vents ont tendance à suivre des schémas répétitifs. Quand un vent souffle régulièrement dans une région, on l'appelle vent dominant, comme les alizés qui soufflent de part et d'autre de l'équateur.

D'où vient le vent ?

L'énergie solaire chauffe la Terre qui réchauffe à son tour la couche d'air au-dessus d'elle. L'air chaud devient plus léger et monte en créant des grands systèmes de circulation d'air, appelés cellules. Dans chaque cellule, la circulation de l'air s'effectue du bas vers le haut : l'air réchauffé monte, se refroidit dans la troposphère et redescend dans un mouvement circulaire.

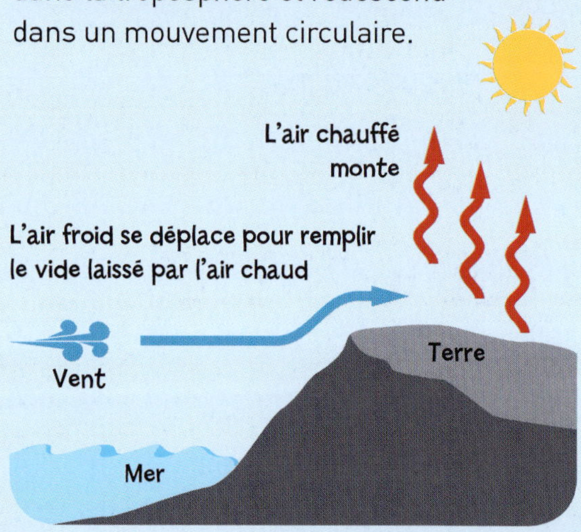

L'énergie solaire provoque le mouvement de l'air en le réchauffant.

Les tempêtes

Une tempête combine une série de manifestations météorologiques extrêmes : des vents violents avec des pluies diluviennes, du tonnerre, des éclairs, de la neige… Comme la Terre tourne sur son axe, les vents avancent en tourbillon vers les zones de basse pression.

TORNADES, OURAGANS, TYPHONS ET CYCLONES

Les tornades sont des vents tourbillonnants dévastateurs, d'un diamètre restreint, mais qui génèrent pourtant les vents les plus forts. Le nom des tempêtes tropicales varie selon leur lieu de formation. Si elles viennent de l'Atlantique ou de l'est de l'océan Pacifique, ce sont des ouragans. Si elles se forment au nord-ouest du Pacifique, ce sont des typhons. Si elles démarrent dans le sud-ouest du Pacifique et dans l'océan Indien, ce sont des cyclones, les tempêtes les plus violentes sur Terre.

Nuages, pluie, brouillard

L'eau se déplace constamment dans l'atmosphère, qu'elle soit en suspension ou qu'elle nous tombe sur la tête ! Le cycle de l'eau, c'est le mouvement constant que fait l'eau entre l'atmosphère et la surface de la Terre.

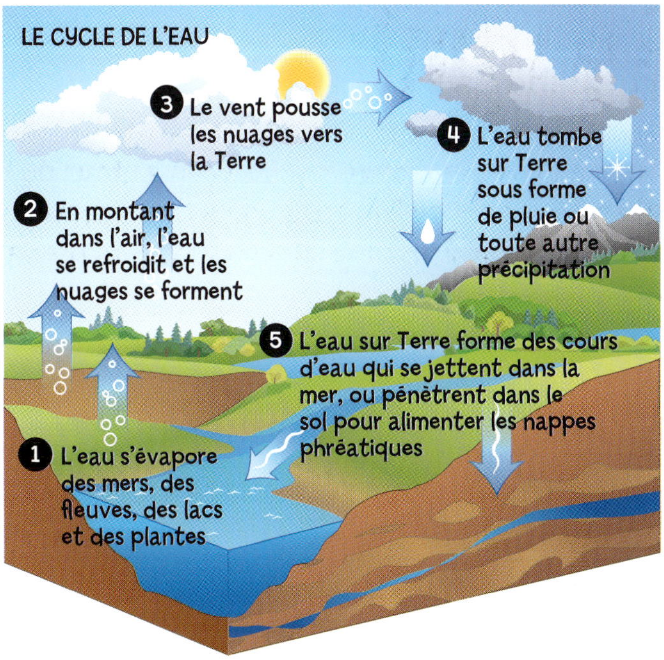

L'eau dans tous ses états !

Nuages, pluie, neige, brouillard, grêle, c'est toujours de l'eau. Quand l'eau, sous n'importe quelle forme, tombe du ciel sur la Terre, cela s'appelle une précipitation.

COMMENT SE FORME LA PLUIE ?

Le Soleil réchauffe la terre et la mer en faisant évaporer l'eau dans l'air. Dès que la vapeur d'eau monte et se refroidit, des gouttelettes se forment et, avec elles, des nuages. Dès que les nuages montent, ils se refroidissent, les gouttelettes deviennent trop lourdes pour rester en suspension. La pesanteur les pousse vers le sol sous forme de pluie.

Avant la pluie, les nuages paraissent plus gris parce que les gouttelettes d'eau sont plus grosses et reflètent moins la lumière.

Des nuages de toutes les formes

Les nuages sont faits de gouttelettes d'eau en suspension dans l'air, conséquence directe du refroidissement de l'air environnant. La forme et la nature des nuages varient et chaque type de nuage a un nom. Quand ils se forment au ras du sol, on appelle cela du brouillard ou de la brume.

Les dégâts du temps

Le temps chaud provoque une plus forte évaporation du sol et de la mer. Les nuages, chargés en eau, peuvent donner des pluies diluviennes et de violents orages qui causent parfois des catastrophes.

La foudre

La foudre est une décharge électrique dont les manifestations sont le tonnerre et les éclairs. Ces phénomènes sont issus d'immenses nuages d'orage, producteurs également de fortes précipitations.

À la vitesse de l'éclair !

L'éclair est la manifestation lumineuse de la foudre. Celui qui va du nuage au sol est en zigzag ; celui qui relie deux parties d'un nuage est dit en nappe.

La foudre tombe constamment sur Terre au rythme de 50 frappes à la seconde !

D'où vient la foudre ?

Le nuage d'orage monte haut dans l'atmosphère, où les basses températures transforment les gouttelettes d'eau en grêle et en cristaux de glace. À force de frottements, ceux-ci chargent le nuage d'électricité statique jusqu'à atteindre la limite d'instabilité et d'énormes étincelles se forment.

Gare à la foudre !

La foudre prend le plus court chemin entre le nuage et le sol. Si elle vise le plus souvent les points en hauteur pour se libérer de sa charge électrique, elle peut aussi causer foudroiement et départ de feu. Un paratonnerre fixé sur le toit d'un immeuble protège les habitants et la structure.

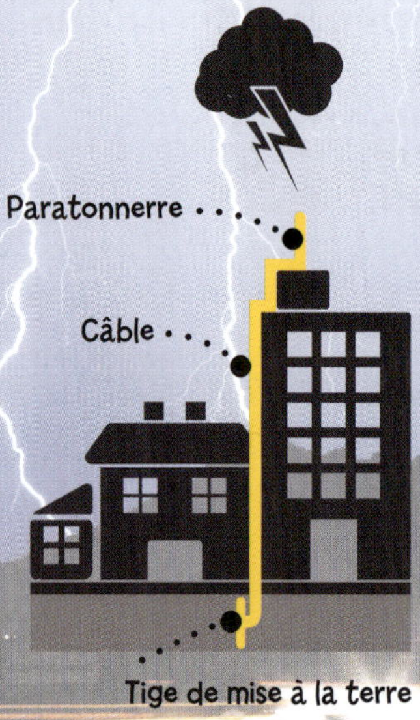

QU'EST-CE QUE LE TONNERRE ?

C'est le bruit émis par l'expansion brutale de la colonne d'air chauffée par la foudre, qui se manifeste par un long grondement ou un claquement sec. La vitesse de la lumière est supérieure à celle du son, c'est pourquoi nous voyons l'éclair avant d'entendre le tonnerre.

PENDANT UN ORAGE, IL NE FAUT JAMAIS :

- S'abriter sous un arbre
- Rester au sommet d'une colline
- Tenir en l'air un parapluie, un club de golf, ou agiter un objet métallique

La neige

Quand on associe de l'eau à des températures glaciales, on obtient de la neige et de la glace.

Le givre est une fine couche de glace qui se forme en fin de nuit, quand le sol ou les objets sont plus froids que l'air.

Flocons

Quand les gouttelettes d'un nuage gèlent, elles se transforment en cristaux de glace qui s'assemblent. Ceux-ci démarrent par une forme hexagonale puis, à partir de chaque sommet de l'hexagone, développent six autres branches. Chaque flocon contient de nombreuses structures hexagonales.

Les flocons de neige, tous uniques, sont des cristaux de glace de forme hexagonale

Grêlons

Les grêlons se forment dans les nuages d'orage traversés par de violents courants d'air. De lourdes gouttes d'eau montent dans l'atmosphère et gèlent d'un coup sous forme de billes de glace.
À force de se déplacer dans le nuage, elles grossissent jusqu'à devenir si lourdes qu'elles tombent sous forme d'averse de grêle.

AVALANCHES : ATTENTION DANGER !

La neige est un vrai terrain de jeu, mais elle peut aussi provoquer des avalanches : lorsqu'une masse importante de neige accumulée au sommet d'une montagne est rendue instable par la hausse de la température, elle se détache et glisse, mettant skieurs et randonneurs en danger.

Blizzard et verglas

Lors d'une tempête de neige, la neige s'accumule sur le sol. Si le vent souffle de manière intense et prolongée, la tempête se transforme en blizzard.
Le ciel se confond alors avec le sol enneigé, c'est le voile blanc : impossible de voir où on va. Au sol, l'eau gèle et transforme les flaques en patinoire.

Les vagues

Les vagues sont les ondes que l'on observe à la surface de l'eau. Elles peuvent passer du stade de légères ondulations à des vagues gigantesques.

POURQUOI LES VAGUES SE BRISENT-ELLES ?

Au large, on voit les vagues avancer dans l'eau sans se briser. Plus elles approchent de la côte, moins la mer est profonde. À force de racler le fond, les vagues finissent par s'enrouler sur elles-mêmes et se briser sur la plage.

Le mascaret est une vague liée à une brusque élévation de l'eau causée par l'onde de la marée montante.

D'OÙ VIENNENT LES VAGUES ?

Si des petites vagues se forment dans le sillage d'un navire ou après le plongeon d'un nageur, celles qu'on voit en mer sont produites par le vent. Plus le vent est fort et plus il souffle longtemps, plus grosses seront les vagues. Plus le vent pousse les vagues sur une longue distance, plus elles prennent de l'ampleur.

La houle

La houle est une oscillation provoquée par le vent à la surface de la mer. On parle de houle du large car elle se propage en mouvement régulier sur de longues distances.

Des vagues dangereuses

Pendant une tempête, notamment en cas de montée des eaux, les plus grosses vagues submergent les digues et ravagent tout sur leur passage, depuis les routes jusqu'aux constructions. Il faut se tenir à bonne distance si on ne veut pas être emporté !

Drôle de ciel !

Le ciel offre parfois un spectacle surprenant. Des phénomènes optiques liés au Soleil l'habillent de magnifiques couleurs.

Aurore boréale

Les aurores sont des jeux de lumières dans le ciel, visibles lorsque les rayons du Soleil traversent le champ magnétique terrestre. Les aurores boréales se produisent dans l'hémisphère nord. Dans l'hémisphère sud, on les appelle aurores australes.

HALO

Le halo est un grand cercle de lumière autour du Soleil, ou parfois de la Lune. Il est provoqué par l'intense lumière solaire ou lunaire qui traverse les cristaux de glace contenus dans l'atmosphère. Parfois, en même temps qu'un halo, on observe deux points très lumineux de chaque côté du Soleil. Ce sont les "faux soleils" qui suivent le mouvement de l'astre.

Arc-en-ciel

Quand la lumière blanche du Soleil passe à travers les gouttes de pluie, un arc-en-ciel apparaît. Il est composé de sept couleurs : rouge, orange, jaune, vert, bleu, indigo et violet. L'ordre des couleurs reste toujours identique. Pour voir un arc-en-ciel, il faut avoir le Soleil dans le dos et la pluie en face.

ATTENTION AU SOLEIL !

Regarder le Soleil sans aucune protection abîme les yeux. Pour observer un halo solaire ou de faux soleils, il faut se protéger avec des lunettes ou un écran adapté.

Prévoir le temps

**L'étude du temps s'appelle la météorologie.
Pour observer et prévoir la météo, les météorologues étudient ce qui se passe en permanence dans l'atmosphère. Nuageux, ensoleillé, humide, sec... le temps peut changer d'un jour à l'autre.**

LES PRÉVISIONS MÉTÉO

Pour les réaliser, les météorologues entrent toutes les données climatiques dans des ordinateurs. Grâce à des logiciels spécialisés, Ils calculent comment le temps va évoluer dans les jours suivants.

C'est quoi le temps ?

On définit une situation météorologique à l'aide de trois facteurs principaux :

- **L'eau :** l'air contient de l'eau sous forme de vapeur d'eau (un gaz invisible), de nuages ou de brouillard. L'eau tombe sous forme de pluie, de grésil, de neige ou de grêle.
- **L'air :** l'air qui se déplace autour de la Terre produit le vent. La pression de l'air (ou pression atmosphérique) joue aussi un rôle dans la météo.
- **La température :** il fait chaud, froid ou mitigé ? L'ensoleillement, la période de l'année et la direction du vent influent sur la température.

Avis de tempête

C'est important de connaître le temps qu'il fera le lendemain ou les jours suivants. Dès qu'un phénomène météorologique important approche d'une région (orage, tempête, typhon, canicule), les médias diffusent des alertes météo pour avertir la population.

LES ÉCHELLES MÉTÉO

Pour pouvoir mesurer les différents types de phénomènes météorologiques, on a créé des échelles spécifiques :

- **L'échelle de Beaufort** : mesure la vitesse du vent

- **L'échelle de Saffir-Simpson** : mesure la puissance des ouragans

- **L'échelle de Torro** : mesure l'intensité des averses de grêle et la taille des grêlons

- **L'échelle de Fujita** : mesure la force et l'ampleur des tornades

Dans l'Antiquité, Aristote (384-322 av. J.-C.) et Pline l'Ancien (23-79 ap. J.-C.) prévoyaient déjà le temps.

Les instruments de mesure

Pour suivre l'évolution de la météo, les scientifiques disposent de toute une gamme d'instruments de mesure. Ils reçoivent aussi de nombreuses données des stations météo automatiques, des bouées météo en pleine mer et des ballons-sondes lâchés dans l'atmosphère.

LA STATION MÉTÉO

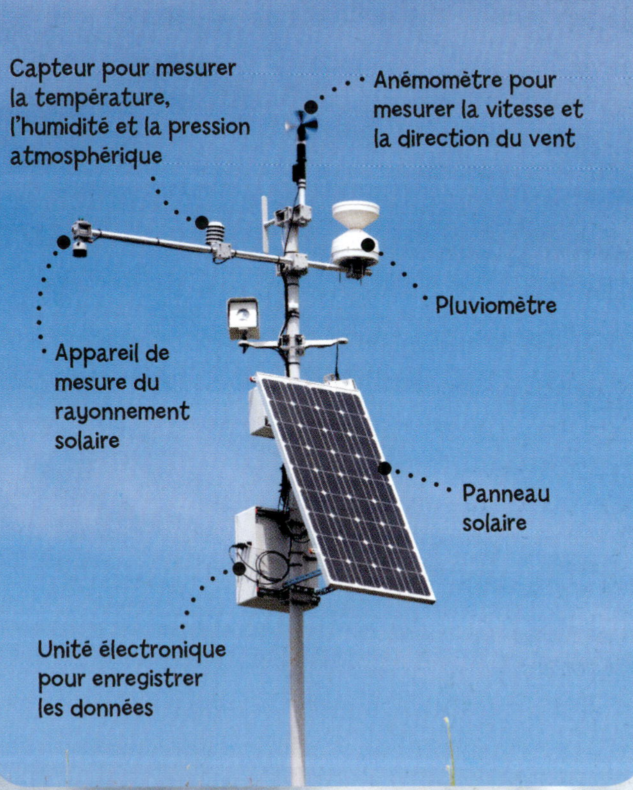

Les satellites météo

Placés en orbite autour de notre planète, ils enregistrent les données dans l'atmosphère et prennent des images de la Terre. Celles-ci permettent de suivre l'évolution du temps. Les satellites météo possèdent des caméras infrarouges qui détectent la chaleur et des capteurs de lumière ultrasensibles pour repérer les éclairs, les feux de forêt et les éruptions volcaniques.

La pression atmosphérique

La pression de l'air, c'est l'atmosphère qui pèse sur la Terre. Elle fait environ 100 km d'épaisseur ! En météorologie, elle fait partie des éléments qui servent à prévoir le temps.

L'air : un poids lourd !

La pression normale de l'air correspond à un poids de 1 kg sur chaque cm^2 du corps humain. Si on ne sent pas cette pression au quotidien, c'est que notre corps y est habitué depuis toujours.

Unités et instruments de mesure

Auparavant, les météorologues mesuraient la pression en millibars (mb). Un millibar équivaut à 100 pascals ou 1/1000e de bar. L'unité de mesure de la pression atmosphérique actuellement la plus souvent utilisée est l'hectopascal.

La pression moyenne à la surface de la Terre est d'environ 1 013 hPa.

Pour la mesurer, on utilise un baromètre, un hypsomètre ou un altimètre.

Le baromètre est un instrument de mesure, utilisé en physique et en météorologie, il sert à mesurer la pression atmosphérique.

HAUTE PRESSION

Il y a haute pression quand l'air descend vers le sol à partir des couches hautes de l'atmosphère. Ce mouvement lent ne génère pas de vent. Avec les hautes pressions, on a généralement une météo calme et stable, froide ou chaude selon les cas.

BASSE PRESSION

Il y a basse pression quand l'air chaud et plus léger s'élève. Il se refroidit et des nuages se forment. Cela engendre du vent à cause de l'appel d'air froid. Avec les basses pressions, on a généralement une météo instable, nuageuse ou pluvieuse.

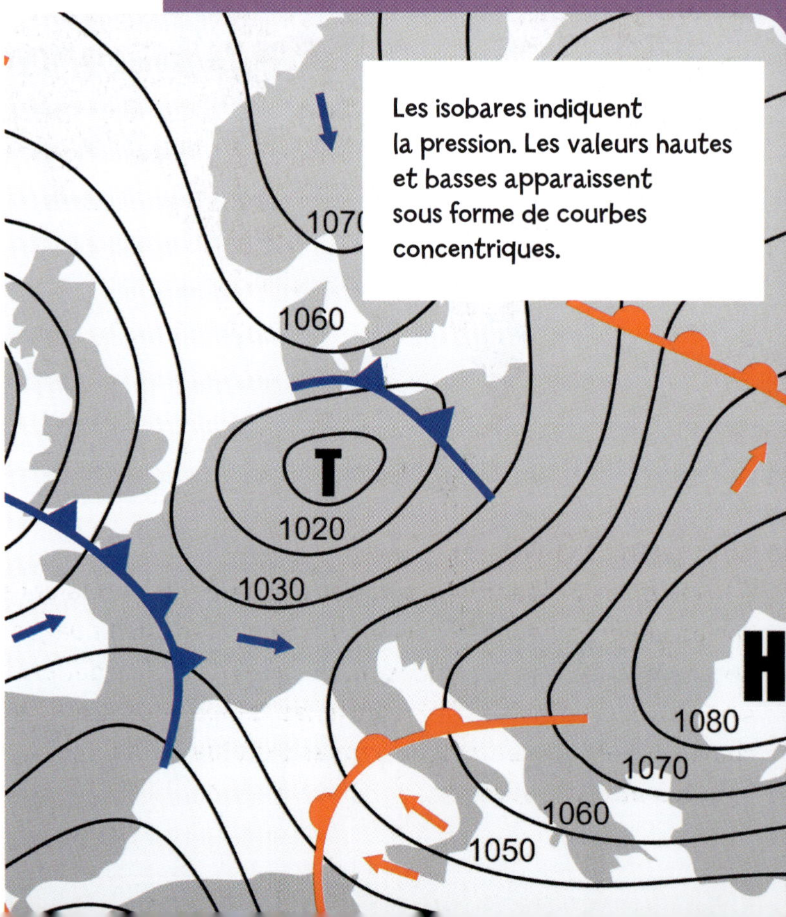

Les isobares indiquent la pression. Les valeurs hautes et basses apparaissent sous forme de courbes concentriques.

Les cartes météo

Les premières cartes météorologiques sont apparues au XIXe siècle. Elles superposaient les prévisions météorologiques sur la carte géographique d'une région.

Les fronts météorologiques

Un front météorologique est la limite entre deux différentes masses d'air (chaudes ou froides) en mouvement. Sur les cartes météo, les fronts froids sont représentés par des triangles bleus disposés sur une ligne bleue et les fronts chauds par des demi-cercles rouges sur une ligne rouge.

SIGNIFICATION DES SYMBOLES MÉTÉO :

- Ensoleillé
- Variable
- Peu nuageux
- Très nuageux
- Pluie
- Grêle
- Neige
- Orage

LES CARTES MÉTÉO

Autrefois, les présentateurs météo à la télévision collaient sur les cartes géographiques les symboles de la pluie, des nuages ou du Soleil. Aujourd'hui, les cartes météo sont réalisées par ordinateur et sont souvent animées. On y trouve les températures et des courbes de couleur - vert et bleu pour les zones les plus froides, orange et rouge pour les plus chaudes.

LES DICTONS

Les anciens prévoyaient le temps en observant la couleur et la forme des nuages ou le comportement des animaux. Certains d'entre eux ont un fond de vérité, comme "*Rouge le matin, chagrin. Rouge le soir, espoir*". En Europe, les nuages viennent le plus souvent de l'ouest. Si le ciel est rouge, c'est à cause des particules de poussières prisonnières dans l'air chaud et sec. Un coucher de Soleil rouge signifie que l'air sec arrive par l'ouest, amenant avec lui le beau temps. Un lever de soleil, une aube rouge signifie que l'air sec et chaud (donc le beau temps) s'en va vers l'est pour laisser place aux nuages venant de l'ouest.

1000 CHOSES à SAVOIR

L'ENVIRONNEMENT

Les conditions du vivant

Le vivant, c'est tout ce qui est capable de constituer sa propre matière, ainsi que de se reproduire. Les organismes vivants trouvent dans l'environnement ce qui est indispensable à leur survie.

Une planète accueillante

Sur notre planète, la vie s'épanouit dans des milieux différents : dans l'air, dans l'eau, sur terre et sous terre. Parmi les huit planètes du Système solaire, la Terre est la seule à héberger du vivant.

Son atmosphère contient un haut pourcentage d'oxygène, gaz indispensable à la respiration de tout ce qui est vivant.

LE SOLEIL

C'est la lumière du Soleil qui fournit l'énergie indispensable à la vie.

Notre planète est à 150 millions de km du Soleil, juste à la bonne distance pour une vie confortable. Plus loin, la Terre serait gelée et plus près, tout serait calciné.

L'EAU

L'eau recouvre 70 % de la surface de la Terre. Elle est indispensable au développement de tous les organismes vivants.
La vie sur Terre a sans doute commencé dans l'eau, il y a quelque 3,8 milliards d'années. Les océans jouent également un rôle de régulation de la température terrestre.

La biosphère

C'est à la fois le vivant et les lieux de vie de notre planète, depuis les grands fonds sous-marins jusqu'à la basse atmosphère.
En fait, la biosphère est minuscule.
Elle ne représente que 0,1 % de la planète.
Tout le reste est soit trop chaud (cœur incandescent), soit trop froid (couches atmosphériques supérieures), ou manque d'eau ou d'oxygène pour accueillir le vivant.

La biosphère est l'ensemble des écosystèmes de la Terre, partout où la vie est possible. Elle englobe l'atmosphère, l'hydrosphère et la lithosphère.

L'apparition de la vie sur Terre

La Terre s'est formée il y a 4,5 milliards d'années. Il faudra attendre qu'elle refroidisse pour pouvoir accueillir la vie. Depuis 3 millions d'années, des millions d'espèces sont apparues, d'abord dans l'eau.

LES ALGUES BLEUES

Il y a 3 milliards d'années, les algues bleues se développent et produisent de l'oxygène par photosynthèse. Cet oxygène changera l'atmosphère en formant une couche d'ozone permettant l'apparition de la vie, d'abord dans les mers.

LA FAUNE D'EDIACARA

C'est entre - 600 et - 544 millions d'années que prospère cette faune composée principalement d'organismes avec un corps mou, sans squelette. On peut retrouver leurs empreintes sur le sédiment des fonds marins. Ce sont des sortes de méduses, de coraux mous et d'éponges de mer.

La planète bleue

Grâce à la condensation d'une partie de l'eau présente sur Terre, une couche nuageuse s'est formée dans l'atmosphère. Elle a permis l'apparition des premiers organismes vivants, des bactéries appelées procaryotes, il y a 3,8 milliards d'années. Puis, sont apparus les eucaryotes, les premiers organismes pluricellulaires.

LA FAUNE DE BURGESS

Cette faune marine, apparue il y a 528 millions d'années, est composée d'organismes très différents les uns des autres et d'une grande diversité de formes et de tailles. On y trouve des annélides (des organismes au corps mou et allongé de la famille des vers), des chordés (des organismes avec un système nerveux en forme de tube desquels sont issus les vertébrés).

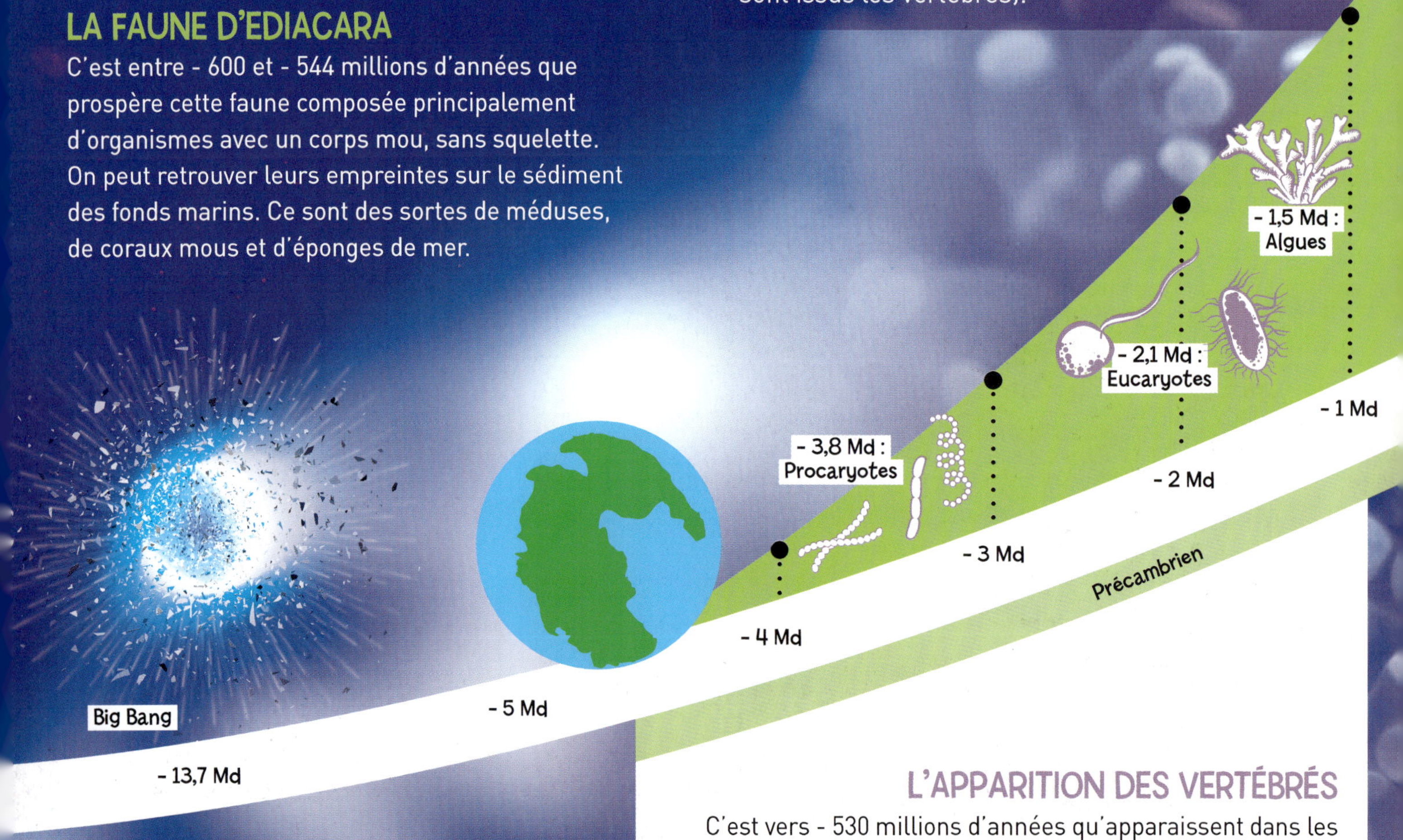

L'APPARITION DES VERTÉBRÉS

C'est vers - 530 millions d'années qu'apparaissent dans les océans les premiers vertébrés (animaux avec un squelette). Différentes sortes de poissons verront le jour, avec ou sans mâchoire, dotés d'une carapace, de cartilage ou d'os...

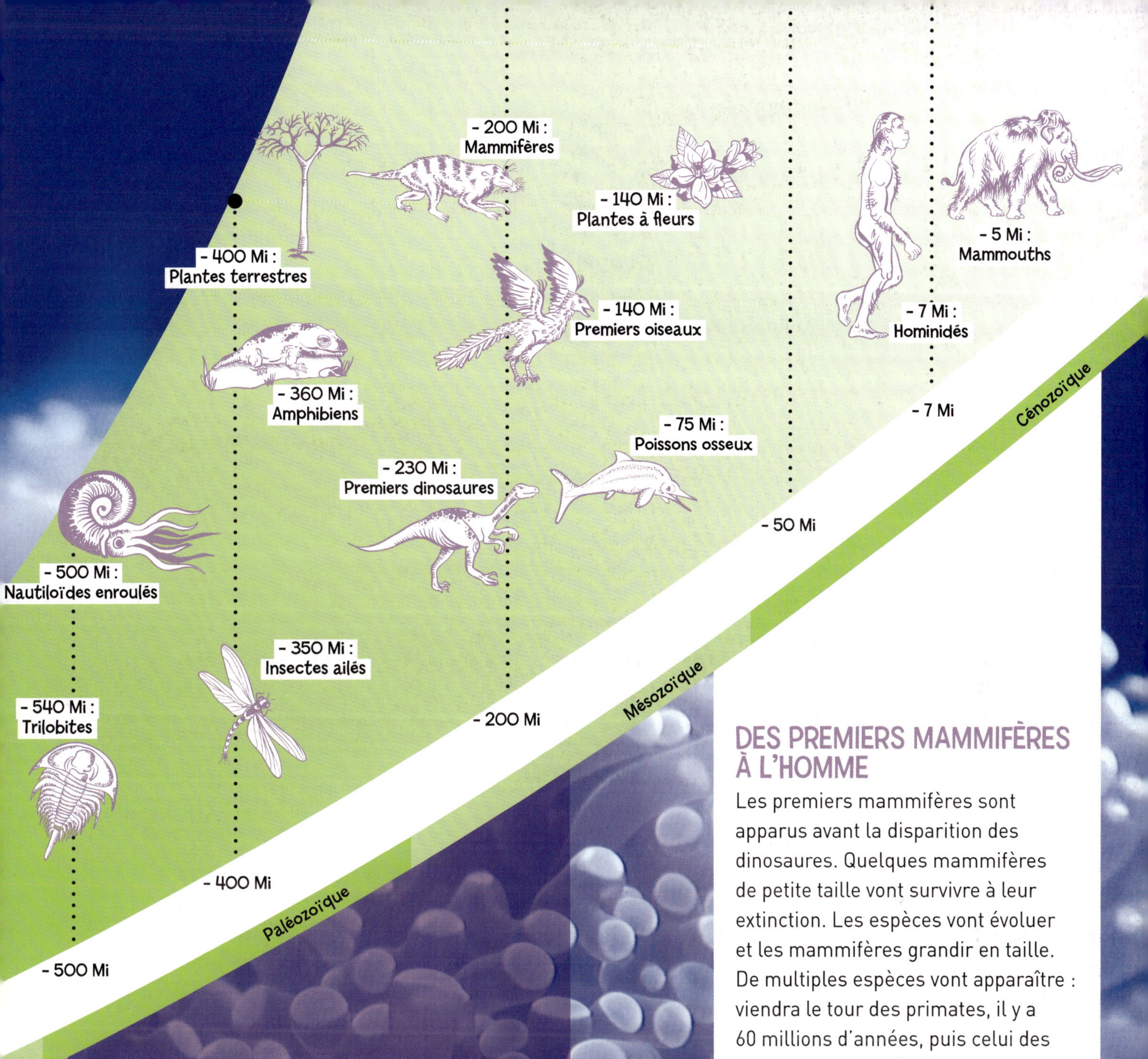

LES ANIMAUX SORTENT DE L'EAU

Les arthropodes sont les premiers animaux à s'être déplacés sur la terre ferme. Ils regroupent les familles des scorpions, des acariens, des myriapodes et d'autres insectes. C'était il y a 440 millions d'années.

LE DÉBUT DES PATTES

Il y a 375 millions d'années, des modifications apparaissent sur le squelette de certains poissons. Les nageoires se rigidifient, permettant aux animaux marins de se déplacer sur les rives, dans la boue et les herbes. L'ichtyostega serait un des premiers tétrapodes à avoir sorti la tête de l'eau.

DES PREMIERS MAMMIFÈRES À L'HOMME

Les premiers mammifères sont apparus avant la disparition des dinosaures. Quelques mammifères de petite taille vont survivre à leur extinction. Les espèces vont évoluer et les mammifères grandir en taille. De multiples espèces vont apparaître : viendra le tour des primates, il y a 60 millions d'années, puis celui des premiers hominidés il y a environ 7 millions d'années. L'homme d'aujourd'hui, l'Homo Sapiens, est une jeune espèce d'environ 200 000 ans !

Et l'avenir ?

Impossible de savoir comment l'Univers et la Terre vont évoluer. On sait juste que cette évolution est si lente, qu'elle est imperceptible à l'échelle d'une génération humaine. Aujourd'hui, près de 9 millions d'espèces, essentielles à la biodiversité, cohabitent sur Terre.

Les plantes, une grande famille

Les plantes sont des êtres vivants qui possèdent, pour la plupart, des racines et une partie aérienne. Elles doivent capter de l'eau, de l'air, de la lumière, et être plantées pour assimiler les nutriments. Il existe plus de 300 000 espèces de plantes.

LES MOUSSES

N'ayant pas de racines, elles captent l'humidité dans l'air et dans l'eau grâce à leurs petites feuilles. C'est la raison pour laquelle on les trouve toujours en milieu humide.

LES PLANTES À FLEURS

Du grand chêne à l'herbe du gazon, de nombreuses plantes font partie de la famille des plantes à fleurs : elles se reproduisent à l'aide de fleurs qui donnent des fruits, puis des graines qui donneront vie à une nouvelle plante. Elles poussent à la surface de la Terre, mais aussi en milieu aquatique.

LES ALGUES

Ce sont des plantes aquatiques. Elles parviennent à capter la lumière du Soleil sous l'eau.

LES FOUGÈRES

Ces plantes, les plus anciennes de la planète, poussent dans des milieux humides et ombragés. Certaines d'entre elles sont grandes comme des arbres : ce sont les fougères arborescentes.

Les algues, les fougères, les mousses et les champignons sont des plantes sans fleurs. Elles n'ont ni pollen, ni ovules et se reproduisent par leurs spores, des cellules capables de germer pour produire une nouvelle plante.

LES CONIFÈRES

On trouve dans cette famille les pins, les sapins, les mélèzes... caractérisés par leurs fruits, souvent en forme de cônes, comme les pommes de pin. Beaucoup d'entre eux sont des arbres résineux et persistants.

Les champignons

Les champignons forment un groupe à part de celui des plantes. Ils n'ont pas de système de photosynthèse pour fabriquer la matière organique nécessaire à leur développement. Les champignons, comme les animaux et les humains, sont hétérotrophes : ils doivent absorber de la matière organique pour se développer.

La photosynthèse

Pour vivre et se développer, la plante doit fabriquer sa propre nourriture. La photosynthèse est l'ensemble des réactions biochimiques qui permettent aux plantes vertes de synthétiser des sucres en utilisant l'énergie lumineuse du Soleil.

SOLEIL
Les feuilles captent la lumière du Soleil.

CHLOROPHYLLE
C'est un pigment présent dans les feuilles, qui leur donne leur couleur verte. La chlorophylle est contenue dans les chloroplastes, des sortes de panneaux solaires miniatures qui transforment l'énergie lumineuse du Soleil en énergie chimique.

OXYGÈNE
La décomposition de la molécule d'eau libère l'oxygène que la plante rejette dans l'air. C'est grâce à cet oxygène que nous pouvons vivre sur Terre.

GAZ CARBONIQUE
Les feuilles absorbent le gaz carbonique de l'air (CO_2) par leurs pores.

EAU
La plante puise l'eau par ses racines. L'eau remonte jusque dans les feuilles.

La photosynthèse permet à la plante de libérer de l'oxygène et de produire ses propres nutriments.

AUTOTROPHE
On dit qu'une plante est autotrophe car elle produit elle-même sa nourriture. Elle fabrique des sucres grâce à la photosynthèse et les stocke dans sa tige, ses racines, son bulbe ou ses fruits.

RÉACTION CHIMIQUE
L'énergie chimique dégagée décompose la molécule d'eau. La plante transforme l'eau et le dioxyde de carbone en glucides. Ce sucre qui nourrit la plante est transporté par les tiges et les branches.

La graine et la fleur

La fleur est l'organe reproducteur de la plante. Fécondée par le pollen, elle se transforme pour donner naissance à des graines. La germination est le passage de l'état de graine à l'état de plante.

La germination

Pour faire germer une graine, il faut de l'eau et de la chaleur. La graine absorbe l'eau, se gonfle et finit par craquer. C'est à ce moment-là qu'une pousse peut sortir et commencer à grandir.
La germination peut se passer de terre et de lumière, mais au stade de plante, il faudra la mettre en terre et lui apporter beaucoup de lumière pour qu'elle se développe.

La pollinisation

La plupart des fleurs sont à la fois mâle et femelle. L'étamine (organe mâle) produit le pollen. Le pistil (organe femelle) contient les graines (ovules). Pour que ces graines se développent, le pollen doit être transporté jusqu'au pistil, c'est la pollinisation.
La pollinisation peut se faire toute seule (le pollen tombe sur un pistil), mais il faut souvent l'intervention des agents pollinisateurs : les insectes, les animaux, le vent...
C'est ce qui permet aux plantes de se reproduire : de faire des fruits, puis des graines qui vont donner naissance à de nouvelles petites plantes.

LES INSECTES POLLINISATEURS

Les pétales des fleurs sont colorés pour attirer les insectes. Une fois posé sur le pétale, l'insecte butine la fleur pour sucer le nectar, un jus sucré produit par la plante. Pour parvenir au nectar, il frôle les étamines qui produisent le pollen. Son abdomen se recouvre de pollen, qu'il transporte vers le pistil des fleurs voisines, assurant ainsi la pollinisation.
La reproduction d'environ 80 % des plantes à fleurs dépend de la pollinisation par les insectes, comme les abeilles et les bourdons. Sans eux, notre alimentation serait bien moins diversifiée.

Les plantes indispensables à l'homme

Les plantes constituent pour l'homme des ressources essentielles. Elles lui permettent de se chauffer, de se nourrir, de se vêtir, de se soigner et surtout de respirer !

Les plantes et l'oxygène

Pour vivre, il faut de l'oxygène et c'est en partie grâce à la photosynthèse que nous en avons sur Terre. Le phytoplancton, une algue microscopique présente dans tous les océans, est souvent appelé "poumon de la planète". Grâce à la chlorophylle et à la photosynthèse, il consomme la moitié du CO_2 terrestre et rejette la moitié de l'oxygène présent sur Terre.

LES PLANTES MÉDICINALES

Certaines plantes sont assimilées à des médicaments, car elles peuvent prévenir, guérir ou soulager des maladies. Plus de 60 % des médicaments ont été conçus grâce aux plantes. L'aspirine provient du saule blanc, la camomille possède des propriétés calmantes, l'anis des vertus digestives...

Environ 40 000 espèces de plantes ont déjà été utilisées par l'homme.

Des vêtements en fibres végétales

Les fibres textiles végétales sont apparues avec l'agriculture il y a environ 5 000 ans.
Pour confectionner des vêtements, on extrait les fibres des graines du cotonnier, des tiges de chanvre ou du lin.

L'alimentation

Une grande partie de la nourriture que nous consommons provient des plantes. L'homme est omnivore, mais peut très bien vivre en ne mangeant que des plantes. Certaines personnes ont adopté ce mode d'alimentation : on les appelle les véganes.

La biodiversité

La biodiversité, c'est l'ensemble des formes de vie sur Terre. Classé en cinq règnes, le vivant prend des formes très différentes, allant des micro-organismes invisibles à l'œil nu à la gigantesque baleine bleue !

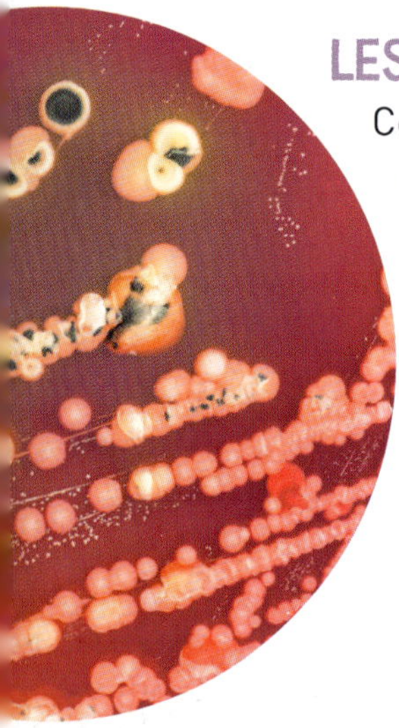

LES PROCARYOTES (BACTÉRIES)

Ce sont de minuscules organismes unicellulaires, sans noyau. Ils comprennent les bactéries, qui vivent dans l'air et dans l'eau, mais aussi dans le corps des animaux et des humains, et dans les plantes.

LES PROTISTES (MICROBES)

Ces organismes unicellulaires sont formés d'une seule cellule comprenant un noyau. Leur cellule, plus complexe que celle des procaryotes, leur donne une plus grande capacité d'adaptation. Dans ce groupe, on trouve les amibes et les algues.

LES MYCÈTES (CHAMPIGNONS)

Ils regroupent les champignons et les moisissures. Ces organismes pluricellulaires se nourrissent de la décomposition des plantes et des animaux, et se reproduisent en lâchant des spores.

Les animaux

On trouve dans ce règne tous les organismes pluricellulaires qui transforment en énergie la nourriture qu'ils trouvent grâce à leurs sens et à leur capacité à se déplacer. Environ 1,5 million d'espèces animales ont été identifiées. Plus de 95 % sont invertébrées (sans colonne vertébrale) comme les insectes ou les araignées. Les 5 % restants sont des vertébrés, comme les mammifères, les oiseaux, les reptiles, les amphibiens et les poissons.

Les végétaux

Ils utilisent la lumière du Soleil pour convertir le dioxyde de carbone, l'eau et les minéraux du sol en nourriture pour leur croissance : c'est la photosynthèse.

Les biomes et les écosystèmes

Les êtres vivants interagissent entre eux et avec leur milieu, constituant ainsi une chaîne alimentaire. C'est la biodiversité qui permet l'équilibre et le bon fonctionnement des écosystèmes.

Un biome est un ensemble d'écosystèmes

Un biome est une vaste région qui regroupe plusieurs écosystèmes déterminés par le climat.
On trouve trois grandes zones climatiques : tropicale, tempérée et polaire, et deux types de biomes : les biomes terrestres et les biomes aquatiques.
Les déserts constituent le plus vaste biome de la planète, couvrant environ 1/5e des terres.
L'ensemble des forêts tropicales recense plus de 90 % des espèces terrestres. C'est le biome le plus riche et le plus varié.

On estime le nombre d'espèces à 8,7 millions, dont 2,2 millions qui vivent dans l'eau.

UN ÉCOSYSTÈME EST FORMÉ DE PLUSIEURS HABITATS

Un écosystème est un ensemble formé par l'environnement (le biotope) et les espèces qui y vivent, se nourrissent et se reproduisent (la biocénose). Il peut être de toutes tailles et de toutes formes. Une forêt est un écosystème : un ensemble d'êtres vivants la compose et la fait vivre. Mais chaque arbre est aussi à lui seul un écosystème que l'on peut diviser en plusieurs habitats.

UN HABITAT EST LIÉ À UNE ESPÈCE

Un habitat est un lieu spécifique où vit et se développe une espèce animale ou végétale. Les feuilles, les branches, l'écorce d'un arbre... sont autant de sources de nourriture et d'habitats pour un grand nombre d'êtres vivants, qui interagissent avec lui.

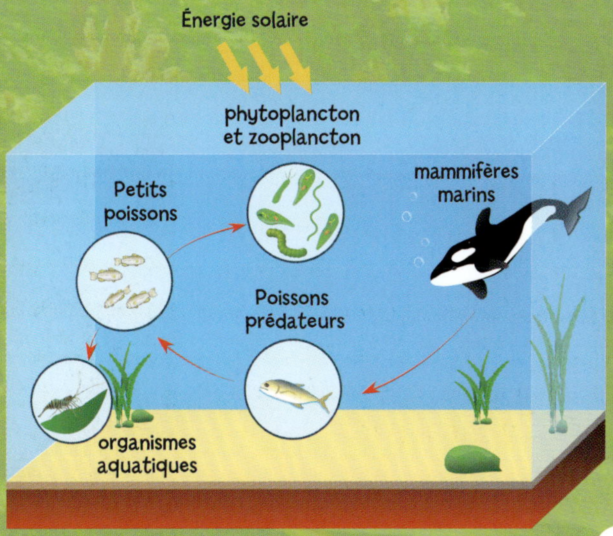

Les océans

Les océans et les mers abritent de nombreuses espèces animales et végétales. Ils constituent des ressources importantes pour l'homme et ils ont un impact considérable sur le climat.

Comment se sont-ils formés?

On appelle Océan la grande étendue d'eau salée ininterrompue autour des continents. Il est divisé en cinq océans (Atlantique, Pacifique, Indien, Arctique et Antarctique) et en une dizaine de mers.
La surface de la Terre s'est progressivement refroidie et pendant des millions d'années, les eaux de pluie recouvrant la croûte terrestre se sont accumulées dans les creux et ont donné naissance aux fleuves, aux mers et aux océans.

POURQUOI LA MER EST-ELLE SALÉE ?

En ruisselant sur la roche (c'est l'érosion), l'eau emporte avec elle de fines particules de roches riches en sodium (le sel) et en sels minéraux. Elle s'écoule par les fleuves, puis se jette dans les mers, les chargeant ainsi en sel. L'eau de mer s'évapore, mais pas le sel, c'est pourquoi la mer reste toujours salée.

Les régions polaires

Situées aux deux pôles de la Terre, ces régions ont en commun un climat très rude et un hiver très long.

LES ICEBERGS

Les icebergs sont de gros blocs de glace d'eau douce qui se sont détachés des glaciers.
Ils flottent et se déplacent grâce aux courants marins.

L'ARCTIQUE ET L'ANTARCTIQUE

- **L'Arctique**, au pôle Nord, est un océan entouré de terres. L'océan Arctique est recouvert d'une couche de glace permanente appelée banquise.
- **L'Antarctique**, au pôle Sud, est un continent très montagneux, en permanence gelé et entouré par l'océan qui forme la banquise.

Les forêts tempérées

Elles sont situées dans des zones au climat tempéré, où il ne fait ni trop chaud en été, ni trop froid en hiver. On les trouve en Europe, en Asie de l'Est et en Amérique du Nord.

Lorsque les feuilles tombent, elles tapissent le sol et le fertilisent en se décomposant.

Une faune très riche

Les forêts sont caractérisées par des arbres à feuilles caduques, une alternance des saisons, des précipitations régulières, des températures tempérées, un sol fertile, et une richesse herbacée du sous-bois.
On y trouve des grands arbres (chênes, hêtres...), des jeunes arbres et des arbustes (noisetier, houx...), des petites plantes (fougères, jacinthes des bois...), de la mousse.
Avec leur climat doux, une végétation dense et une nourriture abondante, ces forêts offrent de nombreux habitats aux espèces.

Les prairies

Les prairies sont de grandes étendues d'herbes. Selon les régions du monde, elles sont appelées savane (Afrique), steppe (Asie), pampa (Amérique du Sud) ou Grandes Plaines (Amérique du Nord).

Les types de prairies

Dans les prairies naturelles, la végétation s'installe spontanément, contrairement aux prairies artificielles qui ont été semées par l'homme.
Les prairies permanentes, qui ne sont jamais labourées, sont de grands réservoirs de biodiversité, avec des habitats variés où peuvent se réfugier, se nourrir et se reproduire insectes, oiseaux et mammifères.

Les forêts tropicales

Ces forêts au climat chaud et humide sont constituées de grands arbres et peuplées d'une très grande diversité d'animaux. On les trouve en Afrique, en Asie, en Amérique centrale, en Amérique du Sud et en Australie.

On y trouve plus de 90 % des espèces végétales de la Terre et un très grand nombre d'espèces animales.

LEUR STRUCTURE

Elle est composée de 4 étages appelés strates :

- **Le tapis forestier** : feuilles mortes et débris, où vivent les gros animaux. Il ne reçoit pas plus de 1 % de la lumière.
- **Le sous-étage** : arbres moyens et arbustes, endroit frais et peu développé, car la lumière du Soleil passe très peu, la canopée formant un toit.
- **La canopée** : grands arbres très développés et serrés, elle reçoit directement la lumière du Soleil.
- **Les arbres émergents** : grands arbres dispersés, qui s'élèvent au-dessus de la canopée.

Les déserts

Ce sont les régions au climat sec, avec de très faibles pluies et très peu peuplées.

Désert chaud et désert froid

- **Le désert chaud** : le climat est sec et soumis à des vents violents. Les températures sont élevées avec de grandes variations entre le jour et la nuit. On y trouve un paysage de sable avec des dunes, des cailloux et des graviers.
- **Le désert froid** : c'est la calotte glaciaire, en Antarctique. C'est la région la plus désertique et la plus froide du monde. Aucune végétation ne pousse et dans certains endroits, aucune vie n'est possible.

Les montagnes

Les montagnes sont des masses rocheuses qui s'élèvent au-dessus du sol. On distingue les montagnes jeunes, aux sommets pointus et aux vallées étroites, et les montagnes plus vieilles, aux sommets arrondis et aux vallées larges.

C'est la collision entre deux plaques tectoniques, sur plusieurs millions d'années, qui forme les montagnes.

UNE VÉGÉTATION LIÉE À L'ALTITUDE

La montagne se divise en étages et à chaque étage, la végétation est différente. Plus on monte en altitude, plus la végétation est rare, car la température diminue avec l'altitude. En bas, on trouve des arbres à feuilles caduques (qui tombent en automne), et plus haut, des arbres aux feuilles persistantes, ainsi que des résineux comme le sapin.

Les fleuves, lacs et rivières

Ce sont des cours d'eau naturels, à la taille et au débit plus ou moins importants. Le fleuve se distingue du lac et de la rivière par le fait qu'il se jette toujours dans la mer ou l'océan.

Ils naissent des pluies

Une partie de l'eau s'infiltre dans le sol et une autre partie ruisselle en surface.
L'eau qui sort du sol, ou qui s'accumule le long des pentes en montagne creusant un sillon, devient un ruisseau, qui rejoint un autre ruisseau… jusqu'à former une rivière, qui se déverse à son tour dans un fleuve.
Les lacs peuvent être d'origine glaciaire, tectonique, volcanique ou karstique (formés par l'érosion de roches calcaires).

LES ZONES HUMIDES

Ce sont des espaces de transition entre la terre et l'eau, comme les marais. Elles jouent un rôle d'éponge en cas de fortes pluies. Elles sont essentielles à la reproduction de certains poissons et ont une biodiversité très riche.

Les espèces

Une espèce est un groupe d'êtres vivants qui présentent des caractères communs distinctifs (morphologiques, physiologiques, anatomiques), et qui se reproduisent entre eux.

Les espèces fondamentales

Elles jouent un rôle essentiel dans leur environnement.
Il a été démontré que dans les parcs américains, le loup contribue à l'équilibre des ressources.
Il permet d'empêcher l'épuisement des ressources végétales en limitant la population d'herbivores. En mangeant les plus vieux et les plus faibles, il maintient un bon niveau de santé chez ses proies. Son extinction mettrait la biodiversité des parcs en danger.

Les espèces endémiques

Une espèce endémique est une espèce, animale ou végétale, naturellement présente dans une zone géographique limitée. Par exemple, le koala est endémique de l'Australie, il ne vit qu'à cet endroit.

L'INTRODUCTION D'ESPÈCES

Une espèce introduite est une espèce qui est déplacée de son habitat naturel pour être réintroduite dans un nouvel environnement, par l'homme ou de manière accidentelle. Cette introduction peut être utile (nouvelles cultures, nourriture), mais elle peut aussi être destructrice pour l'écosystème. Par exemple, le frelon asiatique introduit accidentellement en Europe détruit les abeilles, essentielles à l'écosystème.

39 % des extinctions connues depuis le XVIIe siècle ont été causées par l'introduction d'autres espèces.

Adaptation, extinction

L'être vivant s'adapte à son environnement en évoluant. Mais pendant que de nouvelles espèces naissent, d'autres s'éteignent. Environ 500 millions d'espèces ont évolué depuis le début de la vie sur Terre, mais seule une petite partie d'entre elles subsiste encore aujourd'hui.

LES EXTINCTIONS DE MASSE

Au cours de l'histoire de la Terre, de nombreuses espèces ont disparu. Certaines ont vécu pendant des millions d'années, mais d'autres n'ont fait que passer, anéanties par des extinctions de masse.
Ces phénomènes sont le résultat d'une modification brutale des conditions de vie, comme un changement climatique dans le cas des dinosaures.

La disparition des habitats

La croissance des villes et l'implantation d'infrastructures (routes, chemins de fer, parkings, aéroports, immeubles...) détruisent de nombreux habitats. La déforestation et la pollution sont deux autres menaces liées à l'activité humaine, qui mettent en péril la biodiversité de la planète.

Lorsqu'elles perdent leur habitat, les espèces, adaptées à leur environnement, ne sont pas en mesure de survivre. Elles disparaissent.

Les espèces s'adaptent

Plus un individu est adapté à son milieu, plus il a de chances de vivre assez longtemps pour se reproduire et transmettre ses caractéristiques. Moins adapté, il est plus faible et parvient rarement à procréer. Chaque espèce évolue pour s'adapter toujours mieux à son environnement, faisant ainsi apparaître de nouvelles espèces.

Les animaux disparus

Les animaux disparus sont des espèces qui n'ont plus de représentant vivant sur Terre. Les raisons de leur disparition sont principalement dues aux changements climatiques, aux activités de l'homme et au braconnage.

Le dodo

Île Maurice

Son nom viendrait du portugais "doudo" qui signifie stupide. C'était un oiseau trapu et maladroit qui était chassé pour être mangé. Sa lenteur et ses ailes trop petites pour voler faisaient de lui une proie facile. Sa disparition date de 1681.

LE GRAND PINGOUIN

OCÉAN ATLANTIQUE NORD

Ce pingouin de grande taille était le seul pingouin incapable de voler.
À cause de sa grande taille, il se déplaçait difficilement sur la terre ferme.
Il était chassé pour sa chair, ses œufs et ses plumes, et pour servir d'appât pour la pêche.

LE THYLACINE AUSTRALIE

Plus connu sous le nom de tigre de Tasmanie en raison de sa robe rayée, ce marsupial s'est éteint dans les années 1930. De nombreux tigres de Tasmanie furent abattus par l'homme car ils avaient la mauvaise réputation de s'attaquer aux moutons et aux poules.

L'OISEAU-ÉLÉPHANT

MADAGASCAR

Cette autruche géante (3 mètres de hauteur et 500 kg) fut également surnommée "oiseau-éléphant". L'aepyornis maximus ne pouvait pas voler mais se déplaçait très rapidement grâce à ses grandes pattes. La raison de sa disparition est probablement due à une grande sécheresse à laquelle il n'aurait pas survécu.
Un œuf d'aepyornis équivalait à environ 150 œufs de poule.

Le crapaud doré Costa Rica

Appelé "crapaud de Monteverde", du nom de la forêt où il vivait au Costa Rica, ce minuscule crapaud avait la peau brillante, de couleur jaune orangé phosphorescent.
C'était un animal diurne, qui vivait caché sous terre. En 2001, l'espèce est déclarée éteinte, victime du réchauffement climatique.

Le bouquetin des Pyrénées France

Il avait de longues cornes torsadées en forme de lyre et un pelage brun roux avec des marques sombres au niveau du dos, du poitrail et des pattes.
Il a été largement chassé pour sa viande et pour finir en trophée, ce qui a causé sa disparition.

La tortue géante de l'île de Pinta Galápagos

Le dernier spécimen, un mâle surnommé "Georges le solitaire", s'est éteint en 2012. Il avait plus de 100 ans ! La tortue géante de l'île de Pinta était l'une des 10 espèces de tortues géantes de l'archipel des Galápagos. Son poids pouvait atteindre 400 kg. Très appréciée pour sa chair, elle a été victime d'une chasse intensive.

Les animaux en danger

Aujourd'hui dans le monde, beaucoup d'espèces, animales et végétales, risquent de disparaître. Heureusement, les écologistes ont su convaincre de nombreux pays de promulguer des lois en faveur de la protection de la vie sauvage.

La liste rouge

La liste rouge de L'Union internationale pour la Conservation de la Nature (UICN) est un catalogue d'espèces menacées. Les experts placent chaque espèce dans l'une des sept catégories, de moins menacée à éteinte.
Les experts de l'UICN ont à ce jour évalué 59 000 espèces. D'après eux, 19 000 d'entre elles risquent de disparaître avant 2100 s'il n'y a pas d'action pour les protéger.

LE BRACONNAGE

Malheureusement, le braconnage est toujours important malgré l'accord CITES. Plus l'animal est rare, plus sa valeur augmente au marché noir. Une corne de rhinocéros équivaut à une année de salaire moyen en Afrique. Désormais, les rhinocéros, comme beaucoup d'animaux menacés de braconnage, vivent à l'abri dans des réserves surveillées par des gardes armés.

Rhinocéros blanc

Tortue de mer

L'ACCORD CITES

En 1975, l'UICN a rédigé les prémices d'un accord international interdisant le commerce des espèces rares. Cette Convention sur le commerce international des espèces menacée (CITES en anglais) ciblait non seulement le commerce des animaux et des végétaux, mais également celui des peaux, de l'ivoire et des carapaces de tortue.

Panda géant

EXEMPLE D'UN SAUVETAGE RÉUSSI : LE PANDA

Le panda géant est devenu le symbole de la préservation des espèces menacées.
À force d'être chassé et de subir la destruction de son habitat, cet ours des forêts chinoises était au bord de l'extinction. Heureusement, un programme de reproduction en captivité, mis en place dans les années 80, a permis de multiplier la population des pandas par deux.

Comment protéger les animaux ?

Les défenseurs de l'environnement organisent la protection des espèces. La première étape consiste à comprendre les besoins en termes d'habitat. Qu'il s'agisse de gros félins, de baleines ou d'oiseaux, les animaux sont tous équipés de colliers de repérage, ou de tout autre appareil de localisation, pour déterminer leur territoire.

LA REPRODUCTION EN CAPTIVITÉ

On élève parfois les animaux rares en captivité pour assurer leur reproduction. Ce système a permis la survie de l'oryx d'Arabie, une antilope qui, en 1970, avait pratiquement disparu.
Les survivants ont été capturés pour les protéger et les faire se reproduire dans des zoos. Depuis, les oryx ont été relâchés.
On compte aujourd'hui 7 000 oryx dont 1 000 dans la nature.

Oryx d'Arabie

LE GORILLE EN DANGER

Les espèces très rares sont classées "gravement menacées".
C'est le cas du gorille des montagnes d'Afrique centrale, mis en danger par la déforestation, les guerres, les maladies et la chasse.
Les experts estiment qu'il en reste moins de 800 dans la nature.

L'impact humain

Les terres arables sont les terres qui peuvent être labourées ou cultivées.

L'environnement évolue en permanence et les espèces incapables de s'adapter disparaissent. Au cours des derniers siècles, ce sont principalement les activités humaines qui ont modifié l'environnement.

La croissance

En 1830, la Terre comptait environ 1 milliard d'individus. À peine 100 ans plus tard, ce chiffre avait doublé et, en 2012, il atteignait les 7 milliards. En 2030, la planète comptera 9 milliards d'habitants. Plus les hommes sont nombreux, plus ils ont besoin de ressources (nourriture, eau, terres arables, combustibles...) qu'ils puisent dans les ressources naturelles.

L'agriculture

L'activité agricole a démarré il y a 11 000 ans, quand les hommes ont commencé à planter et à élever du bétail. La croissance rapide de la population mondiale exige une augmentation de la production agricole, aux dépens de la préservation des forêts et des prairies. L'agriculture intensive occupe 40 % de la surface de la Terre, une surface autrefois riche de biodiversité.

La déforestation

La déforestation massive en Amazonie et en Indonésie, pour les besoins de l'industrie et de l'agriculture, a un effet immédiat sur la biodiversité. Elle impacte aussi la conservation des sols et provoque glissements de terrain, ruissellement et inondations.

La révolution industrielle

Depuis la révolution industrielle, à la fin du XVIIIe siècle, le développement économique et industriel s'accompagne d'exigences toujours plus grandes en matière d'énergie et de ressources naturelles, entraînant une pollution industrielle préoccupante.

La pollution et les déchets

Certaines personnes ont adopté le mode de vie “zéro déchet”, qui consiste à réduire ses déchets jusqu’à ne plus en produire.

Les activités humaines sont source de pollution et de déchets. Depuis 20 ans, la gestion des déchets devient une préoccupation mondiale.

La pollution de l’air et de l’eau

Les polluants introduits par les humains ont perturbé l’équilibre des gaz dans l’atmosphère. Le vent contribue à disperser la pollution de l’air, mais il la propage également. Les océans et les forêts, poumons de la planète, ne suffisent plus à absorber le CO_2 dégagé par la pollution industrielle. La pollution de l’eau par les déchets et les produits chimiques touche même les endroits les plus reculés comme l’Antarctique ou le fond des océans.

LES DÉCHETS RECYCLABLES

Le recyclage consiste à trier, à transformer et à réutiliser certaines catégories de déchets, comme le plastique, le verre, le métal et le papier. Cela contribue efficacement à réduire le volume des déchets. Le verre et le papier peuvent même être recyclés plusieurs fois.

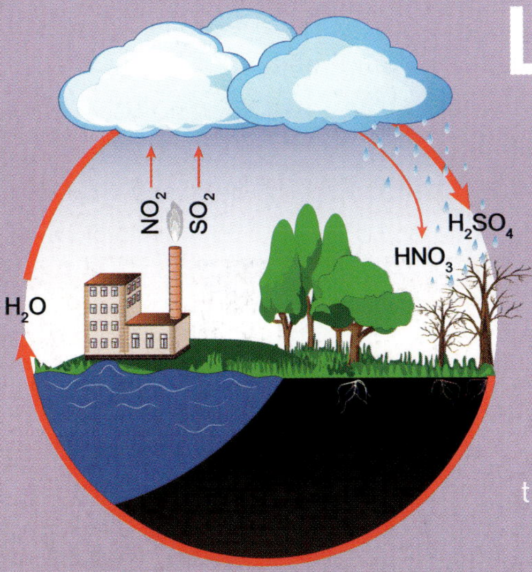

Les pluies acides

Les pluies acides, causées par des polluants (gaz d’échappement, fumées des usines…), passent de l’air à l’eau. Elles détruisent les arbres avant de s’écouler dans les cours d’eau, empoisonnant les poissons et toute forme de vie aquatique.

RÉDUIRE, RÉUTILISER ET RECYCLER

L’évolution des habitudes alimentaires et des modes de consommation et de production a entraîné une hausse considérable de la quantité de déchets. Chacun peut contribuer à les réduire en baissant sa consommation, en achetant moins d’emballages, en faisant réparer ses appareils plutôt que de s’en débarrasser ou en les recyclant.

Le changement climatique

La planète se réchauffe de plus en plus à cause de la pollution de l'air. Depuis quelques décennies, la hausse des températures affecte les habitats partout dans le monde.

Les conséquences du changement climatique

Le réchauffement climatique affecte la planète de plusieurs façons : les températures augmentent, le niveau des mers monte, la météo change (davantage de pluie et d'éclairs, des ouragans plus violents), les parcours migratoires des oiseaux se modifient, les couches de glace des pôles et sur les glaciers s'amenuisent, et le nombre d'animaux vivant dans les pôles diminue.

LA LUTTE CONTRE LE RÉCHAUFFEMENT CLIMATIQUE

Le réchauffement climatique compromet l'équilibre de la biosphère. Il faut donc agir sans délai pour minimiser ses effets. La réduction de la pollution due aux carburants fossiles et l'utilisation d'autres types de carburant sont indispensables.

LE RÉCHAUFFEMENT CLIMATIQUE

Depuis 1950, on observe une accélération brutale du réchauffement. Les scientifiques pensent que la pollution est à l'origine de ce réchauffement climatique mondial.

Variations des températures (°C)

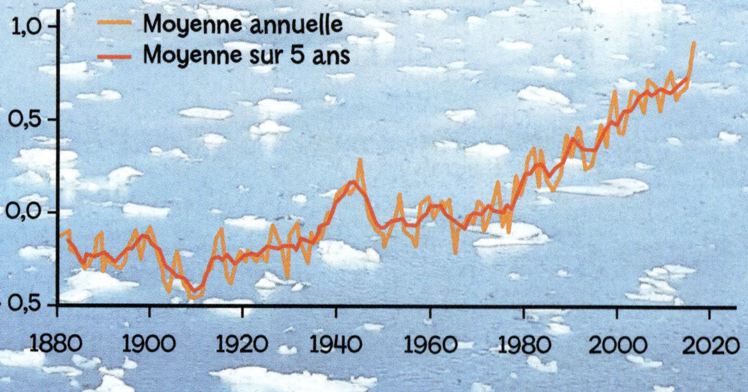

LES ÉPOQUES GLACIAIRES

Dans l'histoire de la Terre, les époques tempérées ont été suivies d'époques froides, les ères glaciaires, où la glace recouvrait jusqu'à un tiers de la surface terrestre.
Depuis la fin de la dernière ère glaciaire, il y a 12 000 ans, le climat se réchauffe lentement et régulièrement.

L'effet de serre

L'effet de serre est un phénomène naturel qui permet à la Terre de garder une température moyenne de 15 °C. Les activités humaines, en rejetant des gaz à effet de serre dans l'atmosphère augmentent l'effet de serre et contribuent au réchauffement de la planète.

Les gaz à effet de serre

L'atmosphère terrestre contient du dioxyde de carbone (CO_2), du méthane et de la vapeur d'eau. Ces gaz emprisonnent la chaleur à la surface de la Terre, et l'empêchent de se disperser dans l'atmosphère, comme le toit en verre d'une serre aide à en conserver la chaleur, d'où leur nom.

En brûlant des carburants fossiles (charbon, pétrole et gaz naturel), les véhicules, les usines et les centrales envoient dans l'atmosphère du dioxyde de carbone (CO_2) qui réchauffe l'air. Pendant des millénaires, les gaz à effet de serre ont maintenu la température de la Terre à un niveau favorable, mais aujourd'hui, le réchauffement est excessif.

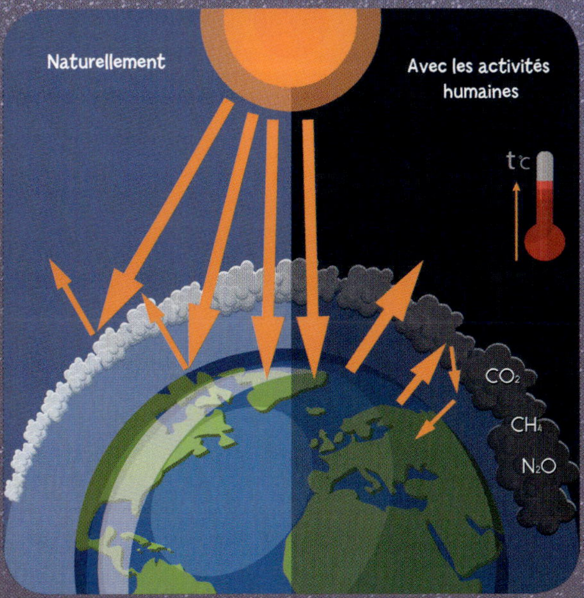

Des accords internationaux

Depuis la conférence de Kyoto en 1997, de nombreuses nations se sont engagées à réduire leurs émissions de CO_2. En 2015, à Paris, 195 chefs d'État du monde entier se sont mis d'accord sur de nouvelles mesures pour réduire les émissions de carbone (COP21). L'objectif est d'empêcher la température de monter de plus de 2 °C par rapport à ce qu'elle était avant l'ère industrielle.

Protéger l'environnement

Une utilisation intelligente des ressources naturelles est indispensable pour protéger la nature. Protéger l'environnement signifie protéger l'ensemble des êtres vivants, la faune et la flore.

L'écologie

C'est le mouvement qui se préoccupe de la protection de l'environnement. Dans les années 1970-80, des partis politiques appelés "verts" sont nés dans le monde industrialisé. Ils militent pour la promulgation de lois protégeant les habitats et les espèces rares.

LES CÔTES ET LES ZONES HUMIDES

Des parcs et des réserves naturelles sont créés dans le but de protéger les zones humides, comme les lacs et les marécages. Les réserves marines, elles, se consacrent à la protection des habitats côtiers, des îles et des récifs coralliens.

Les parcs et les réserves

Des réserves et des parcs nationaux ont été créés pour protéger la faune et la flore. Les parcs nationaux sont de vastes zones qui appartiennent généralement aux États.
Les réserves sont moins étendues, mais organisées pour protéger des espèces animales ou végétales menacées.

L'ANTARCTIQUE, UN SITE PROTÉGÉ

Ce continent est entièrement dédié à la protection de la faune et de la flore. Ce n'est pas un parc national, car il n'appartient à aucun État.
Au milieu des années 50, plusieurs pays ont tenté de s'approprier des territoires, mais en 1959, le continent a été déclaré zone protégée.
Toute implantation y est interdite et les eaux ont été décrétées sanctuaire pour les baleines.

Le développement durable

Nous devons prendre soin de l'environnement afin de préserver nos ressources pour l'avenir (l'oxygène, l'eau, la nourriture et l'énergie). C'est cela le développement durable.

L'empreinte écologique

C'est l'impact de l'activité humaine sur les ressources naturelles. Quand la consommation de ces ressources dépasse leur capacité à se régénérer, on parle de déficit écologique. En 2014, l'empreinte écologique mondiale était de 1,6. Cela signifie qu'il aurait fallu les ressources de 1,6 planète Terre pour faire face de façon durable à la consommation de cette année-là.

LE PARTAGE DES RESSOURCES ALIMENTAIRES

Le partage des ressources alimentaires est un autre enjeu planétaire.
Les Nations Unies travaillent à améliorer les techniques agricoles dans les pays en développement, afin de leur permettre d'atteindre l'autosuffisance alimentaire.
Le commerce équitable entre producteurs et industriels doit permettre d'assurer des revenus justes aux producteurs des pays en développement.

UNE EXPLOITATION DURABLE

L'exploitation durable consiste à puiser dans nos ressources en faisant attention à ne pas les épuiser. Par exemple, pour une exploitation durable des forêts, il faut sélectionner les arbres à abattre et les remplacer en plantant des jeunes pousses.

L'accès à l'eau

780 millions de personnes dans le monde manquent d'eau, alors que dans les pays développés, on consomme plus de 10 fois les besoins en eau par personne et par jour. Garantir l'accès à l'eau pour tous et en assurer une gestion durable est un des grands enjeux des décennies à venir.

Les énergies alternatives

Les carburants issus des énergies fossiles sont la première cause du réchauffement climatique. Il devient essentiel de passer à d'autres sources d'énergie, qui n'émettent pas de CO_2.

La France est le pays d'Europe qui émet le moins de CO_2, 75 % de son énergie est d'origine nucléaire.

L'énergie nucléaire

L'énergie nucléaire est libérée au moment où les noyaux des atomes d'uranium se cassent.
Ce procédé, appelé fission, ne produit pas de gaz à effet de serre, mais des déchets qui restent dangereusement radioactifs pendant des siècles. Personne n'a encore réussi à trouver le moyen de neutraliser ces déchets. La solution, qui était jusqu'à présent de les enterrer, a des répercussions considérables sur l'environnement à long terme.

UNE ÉNERGIE DANGEREUSE

Deux accidents graves ont déjà eu lieu depuis l'existence des centrales nucléaires : en 1986, l'explosion d'un réacteur à Tchernobyl, en Ukraine, a provoqué un nuage de pollution radioactive causant des radiations sur une partie de l'Europe. En 2011, un tsunami a endommagé une centrale japonaise, à Fukushima, provoquant des fuites radioactives dans la mer. Ces accidents ont démontré la dangerosité de cette énergie.

L'hydrogène

L'hydrogène est l'élément le plus abondant sur Terre, on le trouve à l'état de gaz ou dans l'eau. Il est utilisé dans des piles à combustible qui produisent de l'électricité. Pour l'obtenir, il faut le séparer des autres particules (carbone, oxygène...). Si l'énergie utilisée pour l'obtenir est propre, l'hydrogène est alors considéré comme une énergie propre, car la seule matière rejetée est de l'eau. Des chercheurs expérimentent des modèles de voitures fonctionnant à l'hydrogène liquide.

LES BIOCARBURANTS

Certaines plantes comme le colza et la betterave sont cultivées pour produire du bioéthanol. Les déjections animales produisent du méthane, un gaz capable d'alimenter une chaudière. Ces biocarburants sont renouvelables, mais produisent cependant des gaz à effet de serre.

Les énergies renouvelables

Ces énergies dites propres utilisent des forces naturelles, comme la lumière du Soleil, la force du vent et celle de l'eau. Ces technologies ne produisent pas de gaz à effet de serre et sont inépuisables.

Le vent

Les éoliennes sont équipées de pales qui font tourner un générateur, ce qui produit de l'électricité. Elles nécessitent des sites exposés à des vents réguliers. Les champs d'éoliennes en haute mer produisent plus d'électricité, mais exigent de gros investissements.

L'énergie hydroélectrique et marémotrice

L'énergie d'un fleuve ou des marées peut être transformée en électricité. La force de l'eau fait tourner des turbines reliées à un générateur. Cela ne produit aucun gaz à effet de serre. Néanmoins, les barrages construits pour réguler les flux détruisent des habitats.

L'énergie solaire

Le Soleil est la source majeure d'énergie sur Terre ; on peut l'exploiter de plusieurs manières. Les panneaux solaires placés sur les toits fournissent de la chaleur, les cellules photovoltaïques transforment la lumière en électricité. On peut également l'utiliser pour recharger des petits appareils, comme les lampes. Actuellement, l'énergie solaire est encore coûteuse à produire. Elle n'est rentable qu'à grande échelle et dans des conditions d'ensoleillement optimales.

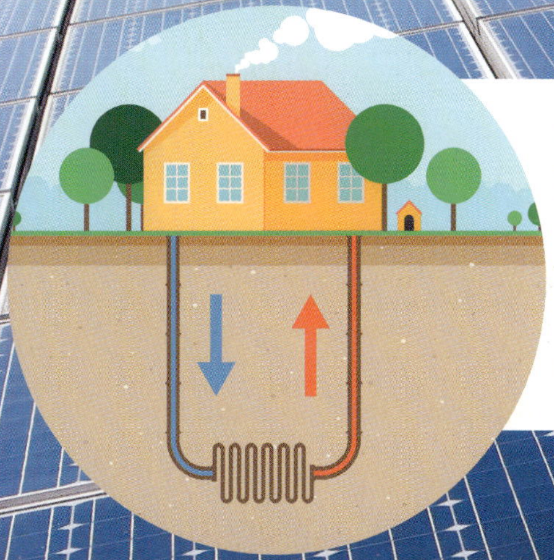

La géothermie

Cette technologie consiste à exploiter les calories du sol pour permettre de chauffer de l'eau et produire de l'électricité.

À chacun d'agir

Pour préserver notre planète, les gouvernements et les industriels ont leur rôle à jouer. Mais chacun d'entre nous peut aussi agir pour l'environnement en adoptant les bons gestes.

ADAPTER SON ALIMENTATION

- Choisir des produits avec un emballage réduit.
- Acheter des produits locaux et de saison, pour limiter les "kilomètres alimentaires".
- Manger moins de viande car l'élevage demande beaucoup de terres et de ressources agricoles.
  Un champ dont la récolte peut nourrir 150 personnes ne fournit de la viande que pour 5 personnes.

RÉDUIRE SA CONSOMMATION D'ÉNERGIE

Quelques réflexes simples à adopter :

- Éteindre les lumières quand elles sont inutiles.
- Éteindre ordinateurs, imprimantes et téléviseurs plutôt que de les laisser en veille.
- Utiliser systématiquement des ampoules à basse consommation.
- Mettre un pull plutôt que d'augmenter le chauffage.
- Faire sécher le linge dehors plutôt que dans un sèche-linge.

Économiser l'eau

Réduire sa consommation d'eau permet de préserver les réserves d'eau potable :

- Prendre une douche plutôt qu'un bain.
- Ne pas laisser couler l'eau du robinet et réparer les fuites.
- Fermer le robinet en se brossant les dents.
- Attendre qu'ils soient pleins pour faire fonctionner la machine à laver et le lave-vaisselle.
- Installer un récupérateur d'eau pour arroser le jardin.

Dans le jardin

- Installer un nichoir avec des graines pour les oiseaux.
- Semer des fleurs sauvages pour les insectes.
- Créer une petite mare pour les grenouilles, les libellules et autres formes de vie aquatique.

Agriculture durable et bio

L'agriculture durable autorise une utilisation raisonnée de certains produits chimiques sans polluer les sols.

L'agriculture bio n'utilise aucun produit chimique : elle remplace les insecticides par des mangeurs de pucerons, comme les coccinelles.

Pour fertiliser la terre, elle utilise du compost organique et du fumier.

LES DÉPLACEMENTS

Les voitures sont responsables d'au moins un cinquième des gaz à effet de serre. En favorisant les transports en commun, le vélo, la marche à pied ou le covoiturage, nous pouvons diminuer considérablement les émissions nocives de CO_2.

Des villes écologiques

Rendre les villes moins consommatrices d'énergie et moins polluantes est un enjeu pour les municipalités. Améliorer les transports en commun pour réduire le nombre de voitures, faire le choix d'autobus fonctionnant à l'hydrogène, favoriser la conception écologique des immeubles, organiser le tri des déchets, créer des espaces naturels... sont autant de pistes destinées à rendre nos villes plus respectueuses de l'environnement.

1000 CHOSES à SAVOIR

LES ANIMAUX

Les dinosaures

**Les dinosaures sont des reptiles apparus il y a 230 millions d'années.
Ils ont vécu pendant 165 millions d'années sur la terre ferme. Ils côtoyaient d'autres reptiles qui ne faisaient pas partie de la famille des dinosaures, et qui vivaient dans les océans ou dans les airs.**

Le Mésozoïque

Cette époque où les continents étaient en mouvement comprend trois périodes.
Au début du Trias, il n'y avait qu'un seul continent qui s'est divisé au cours du Jurassique et du Crétacé, pour former les cinq continents.

1 - LE TRIAS

Les premiers dinosaures étaient petits et agiles. Ils vivaient sur la Pangée, un "supercontinent" géant. Le climat était celui d'un désert, très chaud et très sec. Les dinosaures restaient près de la mer, là où poussaient les plantes dont ils se nourrissaient.

Compsognathus

2 - LE JURASSIQUE

La Pangée a commencé à se diviser. Le climat est devenu humide et la végétation luxuriante fournissait des abris et de la nourriture. Les dinosaures géants ont alors fait leur apparition.

3 - LE CRÉTACÉ

Les marécages, les forêts et les déserts constituaient des habitats différents qui ont permis le développement de nombreuses espèces. C'etait la période des dinosaures carnivores les plus féroces comme le T. Rex et des dinosaures blindés comme le Tricératops.

Brachiosaurus

Tyrannosaurus rex

En millions d'années

- 250 Ma	- 200 Ma	- 145 Ma	- 65 Ma

TRIAS	JURASSIQUE	CRÉTACÉ

1. Le climat est sec. Les premiers dinosaures sont de petite taille.
2. La végétation devient dense et luxuriante, favorisant l'apparition des grands dinosaures.
3. Premiers reptiles volants.
4. Premières plantes à fleurs.
5. Extinction des dinosaures après la chute d'une météorite.

Ptérodactyle

Les différentes espèces

Le mot dinosaure signifie "terrible lézard" en grec.

On a découvert plus de 700 espèces de dinosaures, de taille et d'aspect différents. Ils ne vivaient pas tous à la même période.

- **Les théropodes :** carnivores très féroces. Ils couraient sur leurs pattes arrière et leurs pattes avant se terminaient par des griffes qui leur permettaient de saisir leurs proies.
- **Les sauropodes :** très grands et très lourds, avec un très long cou et une petite tête ; ils étaient herbivores.
- **Les ornithopodes :** très rapides, avec un bec et des pattes semblables à ceux des oiseaux d'aujourd'hui. La plupart d'entre eux avaient une crête sur la tête.
- **Les ptérosaures :** lézard volant, généralement de petite taille, avec une aile semblable à une grande membrane, terminée par une petite main.

LA CHUTE D'UNE MÉTÉORITE

Les dinosaures ont disparu il y a 65 millions d'années, suite à la chute d'une météorite sur Terre. L'impact aurait provoqué un changement climatique anéantissant les plantes et les animaux.

La chaîne alimentaire s'est effondrée et tous les gros dinosaures ont disparu de la planète. Seuls certains reptiles volants et les reptiles marins ont survécu.

Les mammifères

Ce sont des animaux vertébrés qui nourrissent leurs petits avec du lait produit par les mamelles des femelles. Ils ont le sang chaud et la peau couverte de poils ou de fourrure. Ils sont vivipares : l'embryon grandit dans leur corps jusqu'à la naissance.

Des exceptions

La chauve-souris est le seul mammifère capable de voler. L'ornithorynque et l'échidné, deux animaux vivant en Australie et en Tasmanie, sont les seuls mammifères qui pondent des œufs. Ils allaitent leurs petits après la naissance.

LES MARSUPIAUX

On les trouve uniquement en Océanie. Les nouveau-nés ont la particularité de ne pas être complètement formés quand ils naissent. Ils finissent leur croissance dans la poche ventrale de leur mère.

L'allaitement

C'est la caractéristique commune à tous les mammifères. La nature est bien faite, car chaque femelle produit un type de lait adapté à ses petits. Le lait de baleine, par exemple, a une consistance épaisse (comme celle du dentifrice), pour qu'il ne se dilue pas dans l'eau.

Les premiers mammifères sont apparus il y a 200 millions d'années. Ils ont survécu à l'extinction des dinosaures et se sont développés sur toute la planète.

LES MAMMIFÈRES MARINS

Cette catégorie regroupe les baleines, dauphins, phoques, otaries, morses, loutres, ours blancs... Certains sont aquatiques et d'autres semi-aquatiques (ils vivent à la fois dans l'eau et sur la terre ferme). Ils partagent tous la caractéristique de sortir la tête de l'eau pour respirer et d'allaiter leurs petits, même sous l'eau. Ils avaient tous des poils à l'origine, mais certains les ont perdus au cours de l'évolution de l'espèce.

Les oiseaux

Les oiseaux sont des vertébrés ovipares (qui pondent), recouverts de plumes, avec un bec, deux pattes et deux ailes. Il existe environ 10 000 espèces d'oiseaux.

Des os creux et des plumes pour voler

Les os des oiseaux sont creux et remplis d'air, ce qui les rend légers. Quand un oiseau respire, c'est comme si l'air circulait dans tout son corps. En vol, ses plumes, très légères, augmentent la surface portante de son corps et lui permet de flotter dans l'air. Elles le protègent aussi contre le froid et l'eau.

De l'œuf au poussin

Pour que l'œuf devienne un poussin, il doit être couvé et maintenu à une température constante. L'incubation, le temps durant lequel l'œuf doit être couvé, peut aller de 10 à 80 jours, pour le kiwi et certains albatros.
Quand l'éclosion est proche, le poussin perce la coquille avec son bec terminé par une partie dure, appelé "diamant", et sort de l'œuf.

Le coucou fait partie des espèces parasites : il pond dans le nid d'une autre espèce.

LE KIWI : UN OISEAU SANS AILES

Le kiwi, emblème de la Nouvelle-Zélande, est un oiseau incapable de voler. Ses toutes petites ailes ressemblent à deux petits moignons et ses plumes à des poils !

DES CAILLOUX À LA PLACE DES DENTS !

Les oiseaux n'ont pas de dents dans leur bec. Contrairement aux mammifères, ils n'ont pas besoin de mâcher. Ils avalent des petits cailloux qu'ils stockent dans leur gésier. Ces cailloux permettent le broyage des aliments dans leur estomac et facilitent la digestion.

Les reptiles

On nomme généralement reptiles les animaux terrestres à sang froid, au corps souvent allongé et recouvert d'écailles. La classification scientifique ne les réunit plus sous le nom de reptiles, mais les distingue selon des critères morphologiques observables.

Beaucoup de reptiles ont une langue bifide : avec l'extrémité séparée en forme de fourche.

Les différents groupes

- **Les serpents** : ils sont souvent venimeux et changent de peau plusieurs fois par an, c'est la mue.
- **Les lézards :** leur taille varie de quelques cm à environ 3 m pour le varan. Leur langue est une sorte de radar qui capte les particules odorantes et leur permet de repérer leurs proies.
- **Les crocodiliens :** crocodiles et alligators appartiennent à l'espèce terrestre la plus ancienne. Ils existaient à l'époque des dinosaures et ont très peu évolué depuis. Leur peau très résistante est revêtue d'une couche cornée.
- **Les tortues :** elles ont une carapace et certaines espèces peuvent vivre jusqu'à 200 ans. Elles résistent très bien au manque de nourriture et peuvent survivre deux ou trois ans sans manger.

LA REPRODUCTION

La plupart des reptiles sont ovipares : la femelle pond et l'éclosion se produit hors de son corps.
Certaines espèces de lézards et de serpents sont ovovivipares : les œufs éclosent dans le corps de la femelle et les petits naissent déjà formés. C'est le cas de la vipère ou de l'orvet, qui protègent ainsi leur progéniture avant la naissance.

L'ART DU CAMOUFLAGE

Le caméléon change de couleur pour se camoufler et se protéger des prédateurs.
Il devient vert s'il est sur des feuilles ou marron s'il est sur un tronc d'arbre.

Les amphibiens

Ce sont les premiers vertébrés apparus sur Terre. Ils ont la peau humide et le sang froid. Les amphibiens descendent des poissons et ont la particularité de vivre dans deux milieux différents : sur terre et dans l'eau.

Triton

3 groupes

- **Les urodèles :** (salamandre, triton) conservent leur queue à l'âge adulte et ne vont dans l'eau que pour pondre.
- **Les anoures :** (grenouille, crapaud…) ne conservent pas leur queue à l'âge adulte. La plupart d'entre eux ont de longues pattes qui leur permettent de sauter. L'extrémité de leurs pattes est palmée.
- **Les apodes :** (cécilies) sont des vertébrés sans pattes. Ils ressemblent à des vers de terre, mais sont bien des amphibiens.

DE L'EAU À LA TERRE

Les amphibiens peuvent être terrestres, aquatiques ou semi-aquatiques. En général, ils commencent leur vie dans l'eau et la terminent sur terre. Ce sont les rois de la métamorphose. Au début de leur vie, ils respirent grâce à des branchies comme les poissons, et développent ensuite des poumons comme les animaux terrestres.

Le plus grand amphibien est la salamandre de Chine, elle peut atteindre 1,8 mètre.

Se reproduire dans l'eau

La grenouille femelle pond ses œufs dans l'eau. La larve qui sort de l'œuf, le têtard, est très différent de la grenouille.

Il a une tête disproportionnée, il n'a pas de pattes et possède une longue queue. Il respire dans l'eau grâce à des branchies. Vers l'âge de cinq semaines, ses poumons se développent, ses pattes se forment et sa queue tombe. Il peut alors vivre hors de l'eau.

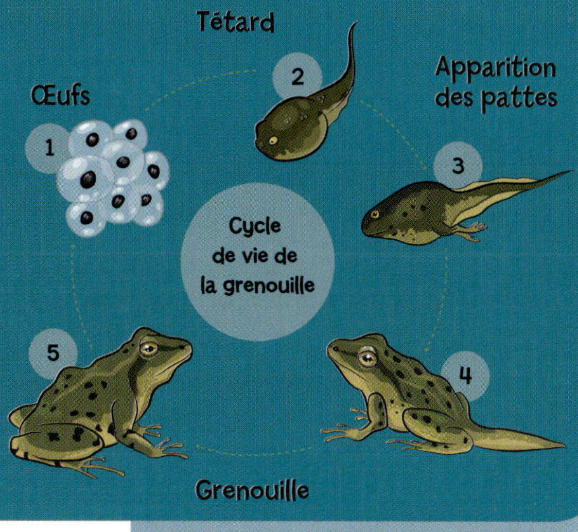

Les poissons

Les poissons sont les premiers animaux vertébrés apparus sur Terre, il y a 530 millions d'années. Ils naissent et vivent dans l'eau. Ils sont souvent couverts d'écailles, possèdent des branchies pour respirer et se déplacent à l'aide de nageoires.

OSSEUX OU CARTILAGINEUX

On classe les poissons en deux groupes dont la caractéristique commune est la forme de leurs branchies : les poissons osseux (leur squelette est formé d'os, les arêtes) et les poissons cartilagineux. Les cartilagineux regroupent les requins, les raies et les chimères. Leur peau n'est pas recouverte d'écailles contrairement aux poissons osseux.

Raie manta

Eau douce - Eau salée

Tous les poissons vivent dans l'eau : soit dans l'eau de mer salée (dans les océans ou les récifs coralliens), soit dans l'eau douce des rivières et des étangs. Certains poissons peuvent vivre à la fois en eau douce et en eau de mer. C'est le cas du saumon et de la truite fario.

Le poisson est hétérotherme : la température de son corps varie selon la température de l'eau dans laquelle il vit.

OVIPARES

La plupart des poissons sont ovipares : ils pondent. Certains sont vivipares : ils gardent leurs œufs dans une poche ventrale.

Femelle guppy

COMMENT RESPIRENT LES POISSONS ?

Respirer est une condition indispensable à la vie. L'eau contient 35 fois moins d'oxygène que l'air et les poissons y sont habitués car ils ont des besoins respiratoires limités. Ils possèdent des branchies situées symétriquement sur les deux côtés du corps à l'arrière de la tête.
Pour respirer, le poisson ouvre la bouche et aspire l'eau. Les branchies permettent de capter l'oxygène (O_2) qui se trouve dans l'eau et de rejeter le dioxyde de carbone (CO_2).

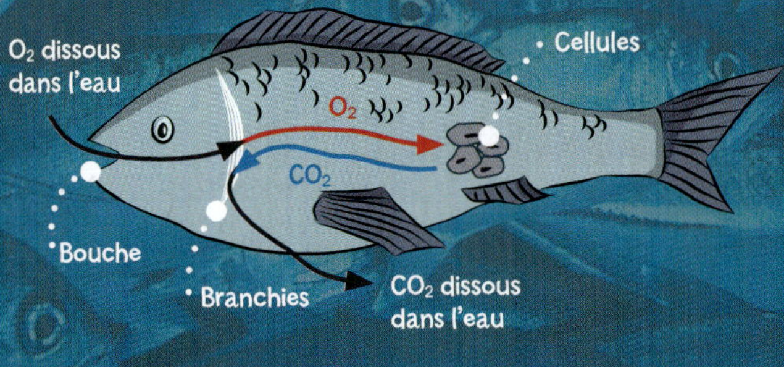

Méduse

Les invertébrés

On appelle "invertébrés" les animaux sans colonne vertébrale. D'un point de vue scientifique, ils ne constituent pas une famille à part entière, car ils ont trop de différences pour être rassemblés autour des mêmes critères.
On les trouve sur toute la surface du globe, sur terre, dans l'eau, ainsi que dans les airs.

AUTRES INVERTÉBRÉS

- **Les crustacés** (50 000 espèces) : crabe, langouste, homard, écrevisse, crevette.
- **Les arachnides** (50 000 espèces) : araignée, mygale, scorpion. Ils ont tous quatre paires de pattes et deux pinces à l'avant du corps.
- **Les annélides** (14 500 espèces) : sangsue, lombric.
- **Les cnidaires** (9 700 espèces) : méduse, anémone de mer, corail.
- **Les myriapodes** (12 000 espèces) : mille-pattes, scolopendre.
- **Les échinodermes** (7 000 espèces) : étoile de mer, oursin.

Les insectes

Ils ont 3 paires de pattes et 2 antennes.

- **Les coléoptères** (300 000 espèces) : scarabée, hanneton, titan de Guyane.
- **Les diptères** (100 000 espèces) : mouche, moustique.
- **Les hyménoptères** (100 000 espèces) : fourmi, guêpe, abeille.
- **Les papillons** (150 000 espèces) : Vulcain, Morpho.
  La particularité du papillon est sa métamorphose : la chenille se transforme en chrysalide, puis en papillon.

Scarabées

Seiche

Les mollusques

Ils ont le corps mou, avec ou sans coquille.

- **Les gastéropodes** (100 000 espèces) : bigorneau, escargot, patelle.
- **Les bivalves** (12 000 espèces) : moule, couteau, huître.
- **Les spongiaires** (30 000 espèces) : éponges.
- **Les céphalopodes** (730 espèces) : pieuvre, calamar, seiche.
  Les céphalopodes ont des bras sur la tête que l'on appelle tentacules.

Les animaux des océans

Plus de 300 000 espèces d'animaux vivent dans les océans. Du minuscule plancton à la baleine géante, elles peuplent les océans depuis la surface jusqu'aux profondeurs abyssales.

Le dauphin

C'est un mammifère marin très intelligent. Sociable et joueur, il apprécie la compagnie des hommes. C'est aussi un excellent nageur dont la vitesse peut atteindre 45 km/h. Les dauphins vivent en groupes et s'entraident pour la chasse.

Avec des yeux très écartés, ils peuvent voir sur les côtés et derrière, mais pas devant eux.

LA PIEUVRE

la pieuvre (aussi appelée poulpe) est un mollusque dépourvu de coquille. Elle possède 8 tentacules munis de ventouses, 2 gros yeux et une bouche qui ressemble à un "bec-de-perroquet". Les ventouses lui servent à capturer ses proies, mais aussi à goûter et sentir. La pieuvre a le sang bleu et 3 cœurs.

80 % des formes de vie marine sont animales.

LA BALEINE BLEUE

Aussi appelé "rorqual bleu", ce mammifère marin vivipare est le plus gros animal au monde. On reconnaît la baleine bleue à sa peau gris bleuté, à son chant mélodieux, ainsi qu'aux geysers qu'elle expulse, qui atteignent jusqu'à 9 m.

Elle est inoffensive, mais peut se montrer agressive si elle est menacée. Les baleines bleues vivent en groupes et effectuent fréquemment des migrations d'un océan à l'autre.

LE REQUIN

Ce gros poisson à la silhouette fuselée et à la peau rugueuse est un nageur très rapide. Sa musculature et ses dents sont puissantes, et ses sens très développés. Le requin nage avec la bouche entrouverte, même pendant son sommeil, pour faire circuler l'eau à travers ses branchies, c'est ainsi qu'il respire.

L'OURSIN

Ce drôle d'animal en forme de boule, n'a ni tête, ni yeux. Il est couvert de piquants plus ou moins longs et sa bouche contient 5 dents. Il passe son temps à brouter les fonds marins, en se déplaçant lentement à l'aide de petites ventouses.

L'éponge de mer

On la trouve à faible profondeur, fixée sur des supports variés selon l'endroit où elle vit. C'est un animal au corps mou, percé de petits trous laissant passer l'eau. Pour se nourrir, elle filtre cette eau. L'éponge naturelle pour le bain est une éponge de mer qui a été traitée.

Le bernard-l'ermite

Ce petit crustacé à 10 pattes ressemble un peu à un crabe avec ses pinces. Comme son ventre est mou, Il se protège des prédateurs en se réfugiant dans une coquille inhabitée. Sa pince droite est plus grande que la gauche et elle lui sert à boucher l'entrée de sa coquille.

Les animaux des marais, des rivières et des lacs

Les biomes aquatiques, ainsi que leurs abords appelés zones humides, sont des habitats avec une faune très riche et très diversifiée.

La grenouille verte

C'est l'unique grenouille vraiment aquatique qui passe sa vie dans l'eau. Ses pattes arrière sont longues et palmées, repliées en Z, bien adaptées au saut et à la nage. Elle est carnivore et attrape sa nourriture avec sa langue longue et gluante. L'hiver, elle hiberne au fond de l'eau, enfouie sous la vase.

LA COULEUVRE

EUROPE, AFRIQUE ET MOYEN-ORIENT

Elle vit dans les zones humides et hiverne en tribus dans des galeries naturelles ou des terriers. C'est un animal diurne qui aime se prélasser dans l'eau ou au soleil. Pour fuir le danger, elle se laisse couler au fond de l'eau ou se cache dans les herbes hautes. Elle est inoffensive pour l'homme et non venimeuse.

Le raton laveur

Amérique, Europe, Asie

Ce petit mammifère est originaire d'Amérique. Avec ses yeux cernés de noir, on dirait qu'il porte un masque. Vif et peu farouche, il maraude aussi bien dans la nature que dans les villes où il fouille les poubelles !

LE COLVERT EUROPE

C'est un grand canard sauvage. Le mâle est reconnaissable à ses plumes vertes sur la tête et au liseré blanc à la base de son cou. Le colvert est un palmipède et comme tous les canards, il se déplace en se dandinant. Pourtant son envol est très rapide et il peut atteindre une vitesse une vitesse "en vol" de près de 80 km/heure.

LA TRUITE AMÉRIQUE ET ASIE DU NORD, EUROPE

Ce poisson d'eau douce a une grande bouche et une robe composée d'écailles brunes avec des petites taches rouges et noires. Les truites adorent les eaux fraîches et bien oxygénées.
La présence de truites est un bon indicateur de la qualité de l'eau et de sa pureté.

Le martin-pêcheur

Europe, Asie et Maroc

Cet oiseau est identifiable grâce à ses couleurs vives. Son vol est rapide et acrobatique, au ras de l'eau. C'est un excellent pêcheur, il plonge très vite pour attraper les poissons. Lors de la parade nuptiale, pour séduire la femelle, le mâle lui offre des poissons et s'aplatit devant elle.

La poule d'eau

Elle vit près des cours d'eau où la végétation est riche. Cette excellente nageuse et plongeuse n'est pourtant pas un palmipède comme le canard ou l'oie. Ses ailes sont courtes, mais lui permettent cependant de bien voler.
Le couple de poules d'eau construit son nid à deux et reste fidèle toute sa vie.

Les animaux des forêts tropicales

Les forêts tropicales, au climat chaud et humide, sont situées entre le tropique du Cancer et le tropique du Capricorne. On peut les trouver en Amérique, en Afrique, en Asie et en Australie.

La plus grande forêt tropicale du monde est la forêt amazonienne, au Brésil.

LE TIGRE ASIE

Puissant et rapide, c'est le plus grand des félins. Il porte une belle fourrure orange avec des rayures noires, au motif unique pour chaque individu. Ses rayures lui permettent de se camoufler dans la végétation dense. Le tigre marque son territoire et signale sa présence en griffant l'écorce des arbres. Il aime passer du temps dans l'eau, c'est un très bon nageur.

LE PARESSEUX

AMÉRIQUE DU SUD

Ce drôle d'animal à poils longs, qui donne l'impression d'avoir toujours le sourire, passe la plupart de son temps à dormir. Il se déplace lentement et vit accroché aux arbres, suspendu la tête en bas. Il ne marche pas bien car ses longues griffes l'encombrent, mais c'est un bon nageur.

Le chimpanzé Afrique

Il a la particularité d'avoir des bras très longs, qui font une fois et demie la longueur de son torse ! C'est un singe sociable qui vit en famille. Il passe beaucoup de temps à caresser et à épouiller ses congénères, ce qui renforce leurs liens. Le chimpanzé est le plus proche parent de l'homme, avec près de 99 % de gènes en commun.

LE JAGUAR

AMÉRIQUE DU SUD ET CENTRALE

Avec le tigre, le léopard et le lion, le jaguar fait partie des "quatre grands félins". Il est reconnaissable à son pelage tacheté de rosettes qui lui servent de camouflage.
Sa technique de chasse est unique : il attaque ses proies par surprise et les tue d'une morsure puissante au niveau du crâne. C'est un animal nocturne, silencieux et solitaire.

LE TATOU

AMÉRIQUE DU SUD ET CENTRALE

Cet animal fouisseur est reconnaissable à sa carapace, semblable à une cuirasse.
Elle est faite de plaques d'os reliées entre elles par de la peau. Elle lui sert de bouclier contre les prédateurs. En cas de danger, il se recroqueville et se met en boule. Sa langue longue et fine est enduite d'une substance visqueuse, qui lui permet de capturer des fourmis.

Le tamarin Amérique du Sud et centrale

En raison de sa petite taille, il est aussi appelé "singe-écureuil". Les espèces les plus connues sont le tamarin empereur avec sa grande moustache blanche, et le tamarin lion doré au pelage et à la crinière orangés. Les tamarins se distinguent des ouistitis par leur mâchoire en forme de U, alors que celle des ouistitis forme un V.

Le python de Seba Afrique

C'est le plus grand serpent d'Afrique avec ses 7 mètres de long. Son large champ visuel et son odorat très développé font de lui un redoutable chasseur capable de manger une antilope ! Il n'est pas venimeux, mais tue ses proies en les enserrant dans ses anneaux, on dit qu'il est "constricteur".

Les animaux de la savane

La savane recouvre plus d'un tiers de l'Afrique. La végétation est constituée d'herbes hautes, d'arbustes et d'arbres à cime large comme le baobab ou l'acacia. Les animaux sauvages y vivent au rythme des saisons humides et des longues saisons sèches.

L'ÉLÉPHANT D'AFRIQUE

L'éléphant de la savane est le plus gros des éléphants. Son poids peut atteindre 7 tonnes.
Sa trompe lui sert à attraper sa nourriture, à se désaltérer et à s'asperger.
Contrairement à l'éléphant d'Asie, il a deux pinces à l'extrémité de sa trompe, ainsi que de très grandes oreilles.
Herbivore, il absorbe 20 % de son poids en nourriture et environ 200 litres d'eau par jour.

L'HIPPOPOTAME

Cet animal aquatique passe la journée dans l'eau boueuse pour protéger sa peau qui se dessèche très vite. Il est massif et court sur pattes. Ses yeux, ses oreilles et ses narines sont situés au sommet de sa grosse tête. Plus dangereux que les fauves, il peut tuer des hommes quand il charge à 30 km/h.

Le zèbre

Ce mammifère proche du cheval est reconnaissable à sa robe rayée noire et blanche qui lui sert de camouflage contre les prédateurs. Il se déplace en groupes sur de longues distances et se nourrit de feuilles, d'herbes et de racines. Chaque dessin formé par ses rayures est unique, comme une empreinte digitale.

La girafe

Du haut de ses 4 à 6 mètres, c'est le plus grand des mammifères terrestres. La girafe est herbivore, et grâce à son long cou, elle peut brouter à la cime des arbres. Elle a deux petites cornes recouvertes de peau sur la tête. La girafe est inoffensive et vit en petits groupes. Elle a la particularité de courir à l'amble, c'est-à-dire en levant ses longues pattes du même côté ensemble.

Le dik-dik

Cette minuscule antilope mesure entre 30 et 45 cm et pèse moins de 6 kg. Le nom "dik-dik" vient du cri qu'il pousse lorsqu'il est en danger. Il peut courir jusqu'à 50 km/h. Il est vif et se cache facilement, ce qui le préserve des fauves et autres prédateurs.
Le dik-dik a la particularité de rester avec le même compagnon toute sa vie.

Le lion

On le surnomme le roi des animaux en raison de sa majestueuse crinière, et parce que c'est le plus grand prédateur du continent africain. Les mâles s'occupent principalement de défendre le territoire et ce sont surtout les femelles qui attrapent les proies. Les lionnes ont une stratégie de chasse coopérative et chassent en meutes de 5 ou 6, alors que le lion chasse seul. Le mâle mange toujours en premier, avant la lionne et les lionceaux.

Les animaux des forêts tempérées

Les forêts situées dans des zones au climat tempéré offrent de nombreux habitats aux animaux.

Le chevreuil
Europe, Asie

C'est un herbivore ruminant discret et craintif, qui a de nombreux prédateurs (loups, renards, lynx...). On peut le voir au lever du jour ou à la tombée de la nuit. Sa morphologie adaptée à la course et aux bonds lui permet de fuir rapidement en cas de danger. Seul le mâle porte des bois, ce qui permet de le distinguer de la femelle.

L'ORVET EUROPE

On confond souvent ce lézard sans pattes avec un serpent. Il est inoffensif et a besoin de calme. Il trouve refuge dans les endroits humides et se nourrit d'invertébrés.
L'orvet a la faculté d'autotomie : il se sépare d'une partie de sa queue en cas de danger, pour leurrer ses prédateurs.

LE BLAIREAU EUROPE, ASIE

Cet animal fouisseur est reconnaissable aux trois bandes blanches qui traversent son visage conique, allant du museau jusqu'au cou. Le blaireau est omnivore et nocturne, il ne sort de son terrier que le soir pour se nourrir.

Le faisan
Europe, Asie et Amérique du Nord

Avec son beau plumage coloré, sa très longue queue et sa barbe rouge, il se déplace en marchant la tête haute, avec beaucoup d'élégance. Il peut voler rapidement, mais pas sur de longues distances.

LE SANGLIER EUROPE ET ASIE

On reconnaît cet animal massif au pelage foncé, à sa tête allongée et à son groin entouré de deux défenses incurvées. Il dort dans un trou creusé à même le sol et se roule dans la boue pour se rafraîchir et se débarrasser des parasites.

Les animaux des montagnes

Les montagnes abritent une diversité exceptionnelle d'animaux que l'on ne trouve nulle part ailleurs. Ces animaux ont su adapter leur mode de vie à l'altitude et aux reliefs montagneux.

L'aigle royal

Il a longtemps symbolisé la puissance. Il a été beaucoup chassé et fait maintenant partie des espèces protégées. Son excellente vision (huit fois plus perçante que celle de l'homme) fait de lui un prédateur hors-pair.

LE LYNX BORÉAL EUROPE

C'est un félin qui ressemble à un gros chat avec une queue courte. Il possède des griffes rétractiles, des grandes moustaches et des oreilles triangulaires qui se terminent par une touffe de poils. Le lynx boréal vit dans des grottes ou les terriers d'autres animaux. Il a une excellente vue et c'est aussi un très bon grimpeur.

LA MARMOTTE

PYRÉNÉES, ALPES, JURA

Farouche, ce rongeur se dresse sur ses pattes arrière pour faire le guet. La marmotte prévient ses congénères d'un danger en sifflant. Elle mange beaucoup à l'automne pour faire des réserves de graisse avant d'hiberner pendant 6 mois. Elle a longtemps été chassée pour sa fourrure et sa chair.

L'OURS BRUN

AMÉRIQUE DU NORD, EUROPE

Ce puissant carnivore au corps massif, a une fourrure épaisse et des pattes dotées de grandes griffes. L'ours brun est un grand solitaire, plutôt nocturne, qui descend rarement dans la vallée et hiverne à la saison froide. Plantigrade comme l'homme, il marche en appuyant toute la plante des pieds sur le sol.

LE LOUP GRIS EUROPE

Ce carnivore possède une mâchoire très puissante. Connu pour son hurlement lugubre ressemblant à des pleurs et ses yeux couleur jaune or, il vit et chasse en meutes organisées.

Les animaux des pôles

Les régions polaires sont les zones autour des pôles situées au-delà des deux cercles polaires : le cercle Arctique (hémisphère Nord) et le cercle Antarctique (hémisphère Sud). Les animaux qui y vivent sont habitués aux températures extrêmes.

Le phoque Arctique, Antarctique

Cet énorme mammifère marin pinnipède (pattes en forme de nageoires) se propulse en s'aidant des membres antérieurs.
Les phoques peuvent s'immerger 20 minutes pour pêcher au fond de l'eau. Ils reviennent régulièrement à la surface pour respirer et stocker l'oxygène dans leur sang et leurs muscles.

Le caribou
Amérique du Nord, Asie, Europe

C'est le nom donné au renne par les Indiens du Canada. Avec leurs larges sabots, ils fouillent la neige pour trouver leur nourriture. Contrairement au renne de Laponie, le caribou n'a jamais été domestiqué, il est resté à l'état sauvage.
Quand il est en danger, il se dresse sur ses pattes arrière pour alerter les autres caribous.

Les océans des pôles sont recouverts d'une couche de glace flottante : la banquise.

L'OURS BLANC ARCTIQUE

Il est le seul ours à posséder cette couleur de fourrure. Ses poils ne sont pas blancs, mais transparents. C'est la réverbération sur la neige qui donne cette impression de blancheur.
C'est un excellent nageur et chasseur. Il se nourrit de phoques qu'il tue d'un coup de patte.

LE MORSE ARCTIQUE

Ce gros mammifère marin est reconnaissable à ses énormes canines appelées défenses et à ses grosses moustaches. Son corps massif est constitué d'une épaisse couche de graisse et de peau qui lui sert d'isolant. C'est un très bon nageur, mais il est maladroit sur la terre ferme. Il vit en grandes colonies et aime se prélasser au soleil.

Le lemming Norvège

Ce petit rongeur possède des griffes qui lui servent à trouver sa nourriture enfouie sous la neige. C'est un migrateur qui se déplace en grandes colonies. Il n'hiberne pas, mais construit des tunnels à plus de 90 cm de profondeur. Il les isole du froid avec des herbes qu'il a préalablement stockées sous la neige.

LE MANCHOT EMPEREUR

ANTARCTIQUE

C'est le plus grand de tous les manchots.
Il peut mesurer plus de 1,20 m et peser jusqu'à 40 kg.
Contrairement au pingouin, Il ne peut pas voler et ses deux petites ailes lui servent à nager. Son alimentation est essentiellement composée de poissons. Chaque année, il revient pondre et élever ses petits au même endroit.
Les parents se relaient pour couver et nourrir le poussin.

LE HARFANG DES NEIGES

AMÉRIQUE DU NORD, CANADA, EURASIE

Ce hibou, emblème du Québec, est un oiseau de proie carnivore au visage plat semblable à un masque. Son pelage adulte est blanc avec des traits noirs. Ses yeux sont jaunes et son bec est recouvert de plumes. Il construit son nid dans une crevasse perchée et chasse à l'affût de jour comme de nuit. C'est aussi la chouette de Harry Potter nommée Hedwige !

Les animaux du désert

L'aridité, c'est-à-dire le manque d'eau, est le caractère commun à tous les déserts. Les animaux qui y vivent sont capables de subsister avec très peu d'eau.

Le chameau
Désert de Gobi, Asie centrale

Ses bosses ne sont pas des réserves d'eau, mais une réserve de graisse et d'énergie dans laquelle il peut puiser lorsqu'il manque d'eau. En hiver, lorsque la végétation est plus riche en eau, il peut se passer complètement de boire. Ses pattes courtes sont adaptées aux montagnes et aux déserts froids. Sa vitesse maximale est de 25 km/h.

LE CROTALE
SUD-OUEST DES ÉTATS-UNIS, MEXIQUE

Appelé aussi "serpent à sonnette", il possède des petits anneaux en chapelet au bout de la queue qui émettent un bruit de crécelle. Il s'en sert comme signal pour tétaniser ses proies avant de les capturer, ou s'il est menacé. Lorsqu'il avale de grosses proies, sa mâchoire peut s'ouvrir à 180° et son cou peut aussi se distendre.

Le suricate Afrique Australe

Il est souvent posté en guetteur, debout sur ses pattes arrière et en appui sur sa queue, prêt à donner l'alerte à son clan en cas de menace. C'est un animal nomade qui change de terrier, en fonction des lieux où il peut trouver de la nourriture. Les suricates ont une vie sociale très organisée et se répartissent les tâches à tour de rôle (surveillance, nettoyage, garde des petits...).

LE GÉOCOUCOU CALIFORNIEN ÉTATS-UNIS

Ce coucou terrestre de Californie (le "bip-bip" du dessin animé) est aussi appelé road runner car c'est un oiseau qui préfère courir que voler. Il est surnommé "le clown du désert" aux USA, et se nourrit de serpents, de lézards et d'insectes.

LE SCORPION

C'est un prédateur qui possède des petites mâchoires en forme de pinces et un dard venimeux au bout de la queue.
Il est très dangereux et sa piqûre peut être mortelle. Il vit sous les pierres, les écorces, les souches, les galeries de sable...
C'est un animal solitaire qui chasse la nuit.

Le kangourou
Australie

Il fait partie des marsupiaux, les animaux qui élèvent leurs petits dans une poche ventrale.
Il existe plusieurs espèces, dont le kangourou roux d'Australie qui est le plus connu. Ses pattes arrière sont très grandes et lui permettent de faire des bonds de plusieurs mètres de haut ou de long.

Le varan du désert
Afrique, Australie, Asie

Ce lézard carnivore (de couleur grisâtre) peut atteindre 1,30 m.
Il est très vorace et rapide et peut avaler une proie entière sans la mâcher. Avant d'attaquer ses proies, le varan gonfle son corps, allonge son cou et ouvre son imposante mâchoire en sifflant.

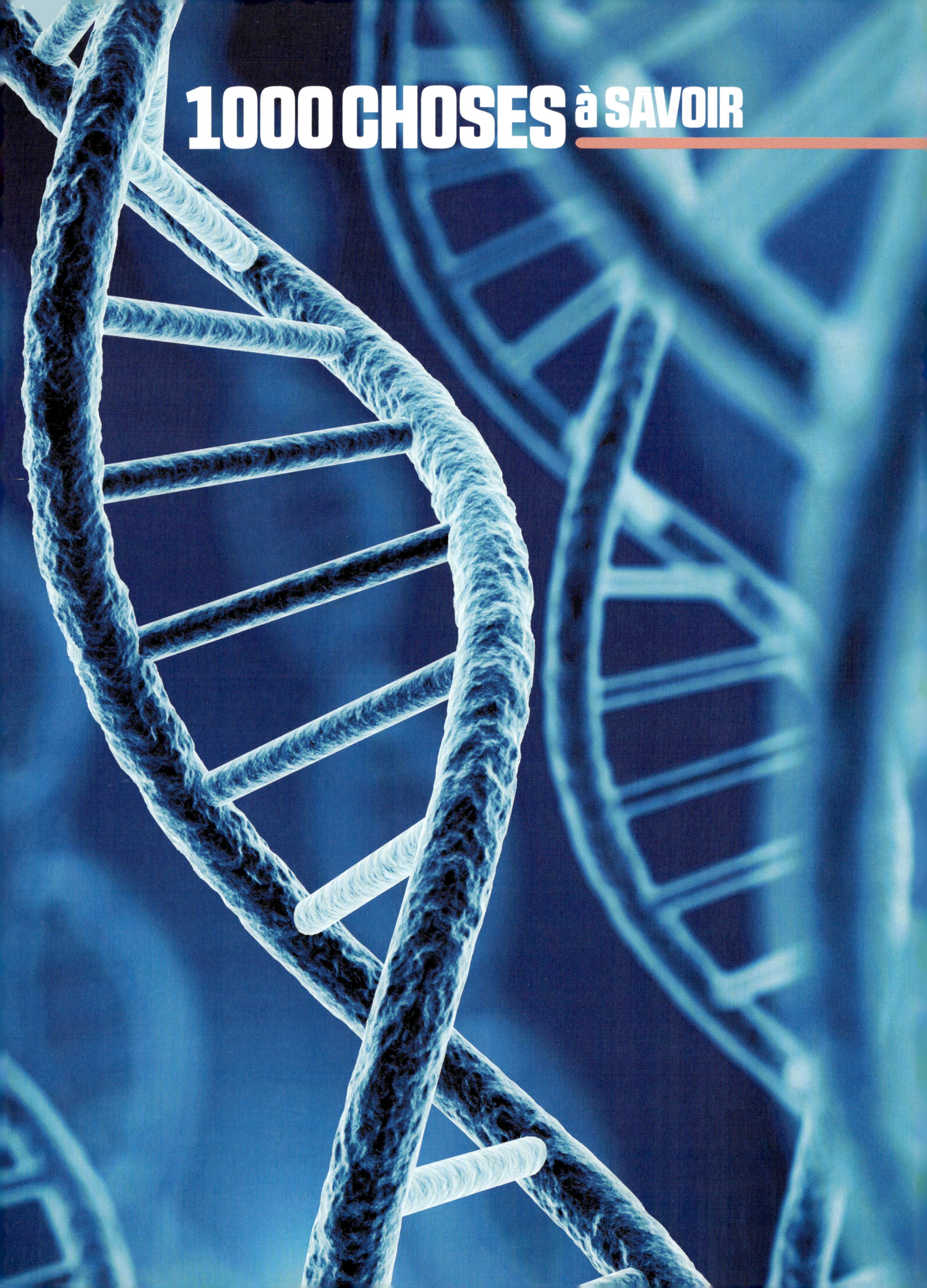
1000 CHOSES à SAVOIR

LE CORPS HUMAIN

Les cellules

L'être humain se développe à partir d'une seule cellule qui, très vite, se divise en deux, puis en quatre, puis en huit, etc. Les cellules osseuses ne ressemblent pas aux cellules nerveuses, ni aux cellules intestinales, mais elles travaillent toutes ensemble.

Le corps humain est composé de 37 milliards de cellules microscopiques.

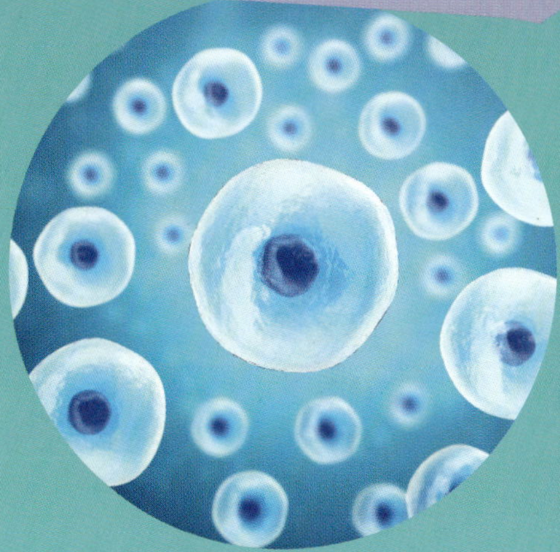

Les cellules se renouvellent

C'est le renouvellement des cellules qui fait que l'on voit notre corps grandir et changer. Chaque seconde, il fabrique des millions de nouvelles cellules pour remplacer celles qui meurent.
Les cellules de la paroi intestinale ne survivent que quelques jours. En revanche, celles du cerveau et du cœur ne se renouvellent pratiquement pas. Elles durent la vie entière, il faut donc en prendre soin !

L'INTÉRIEUR DE LA CELLULE

Une cellule humaine est composée d'un liquide, le cytoplasme, entouré d'une membrane. Les organites, tels que le noyau, flottent dans le cytoplasme.

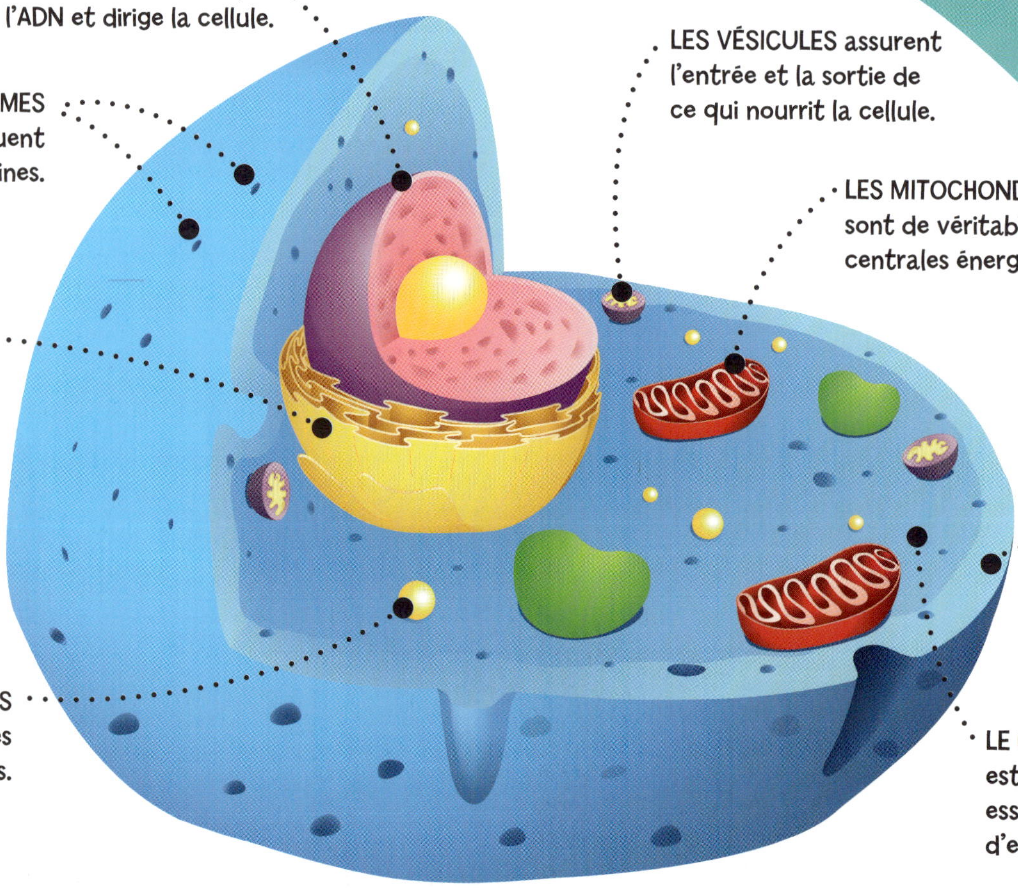

L'ADN

C'est à l'intérieur de la cellule que l'on trouve l'acide désoxyribonucléique, plus connu sous le nom d'ADN. Chaque cellule contient un noyau, dans le noyau il y a les chromosomes, et c'est dans ces chromosomes qu'on trouve l'ADN. C'est notre patrimoine génétique.

L'ADN

L'ADN se trouve dans les chromosomes. Ce que l'on appelle le fil d'ADN ressemble à une très longue échelle et contient toute l'information sur les caractéristiques d'un être vivant. Chaque être humain possède dans ses cellules un ADN qui lui est propre.

LES GÈNES EN HÉRITAGE

Les différents morceaux de l'ADN sont appelés des gènes. Ce sont les gènes qui sont à l'origine de la ressemblance avec nos parents et qui font que nous sommes tous différents. Tout le monde a les mêmes gènes, la différence est qu'ils ne sont pas tous placés de la même façon sur le fil d'ADN.

LES MALADIES GÉNÉTIQUES

Il existe différents types de maladies génétiques. Certaines peuvent toucher juste un gène, d'autres un chromosome ou même un génome entier. La trisomie 21, par exemple, est une anomalie génétique où l'on trouve un chromosome supplémentaire dans la 21e paire.

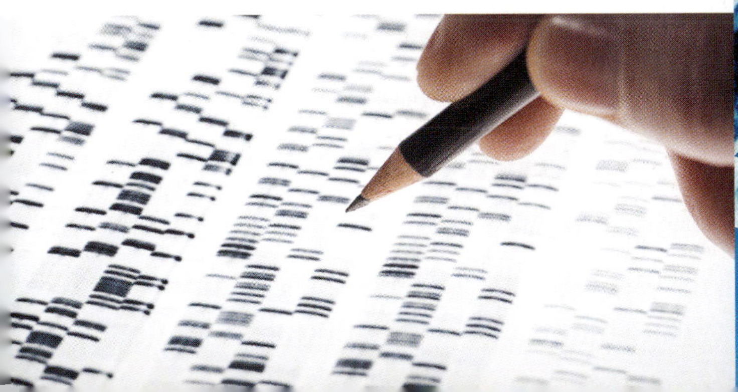

Les chromosomes

Les êtres humains possèdent 46 chromosomes. Chaque chromosome a son jumeau (même taille et même forme). Il y a donc 23 paires de chromosomes dans une cellule humaine. On appelle ces paires, des génomes. Une de ces paires de chromosomes détermine le sexe d'un individu.

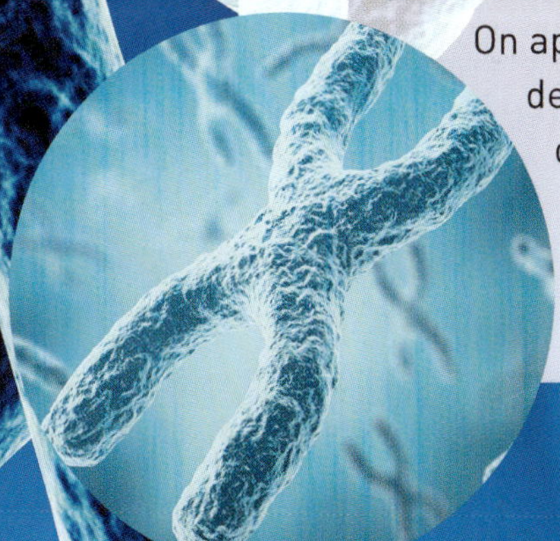

L'enveloppe corporelle

La peau est une couche protectrice très fine qui recouvre tout le corps. Elle isole des agressions extérieures et bloque l'entrée des microbes. Elle est élastique et suit les mouvements du corps.

La transpiration

L'étanchéité de la peau empêche le corps de se déshydrater complètement. 2 500 000 glandes sudoripares fonctionnent en permanence pour produire et évacuer la sueur, chargée de toxines et de sel. Elles servent à réguler la température du corps.

LES EMPREINTES DIGITALES

Au bout des doigts, la peau forme des boucles et des spirales. Les empreintes digitales de chaque être humain sont uniques.

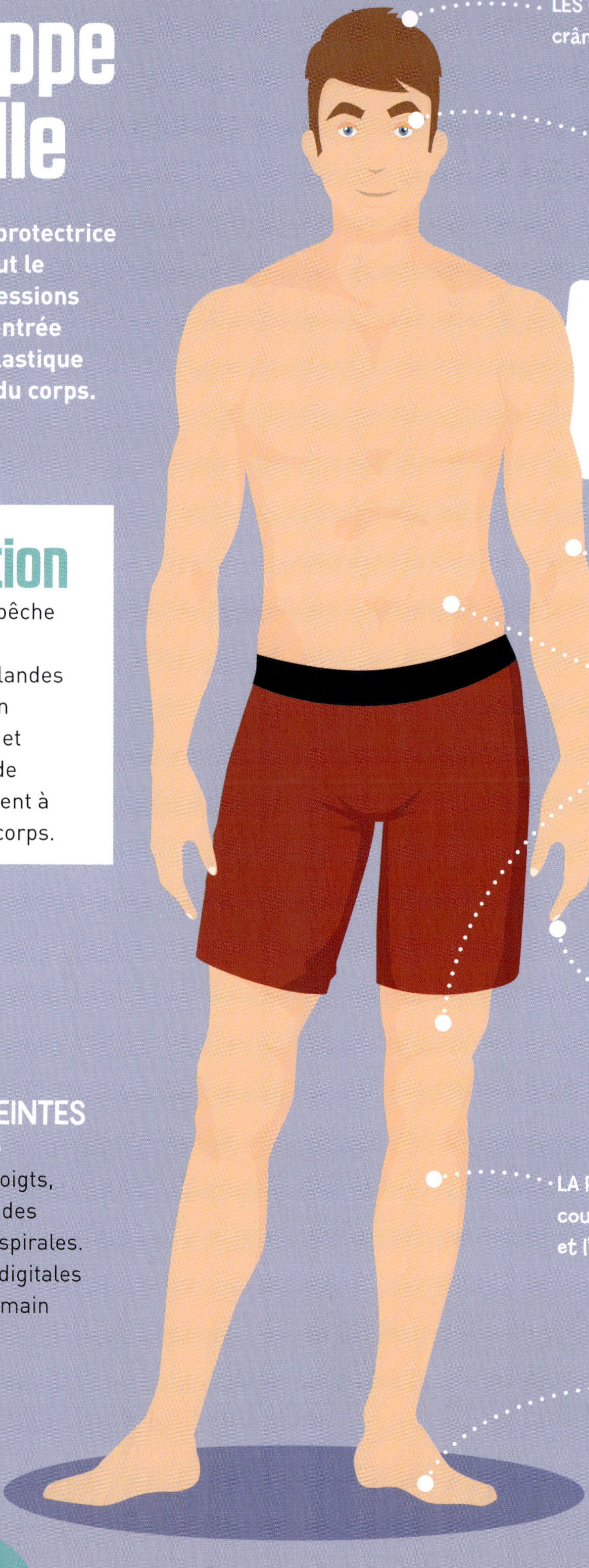

La couleur des cheveux, des yeux et de la peau dépend de la quantité de mélanine qu'ils contiennent.

Le derme et l'épiderme

La couche profonde de la peau s'appelle le derme. On y trouve les racines des poils, les glandes sudoripares, les vaisseaux sanguins et les nerfs. Le derme est protégé par l'épiderme, la couche superficielle.

Réguler la température

La peau permet au corps de réguler sa température et de se maintenir aux alentours de 37 °C. Dès qu'on a froid, on frissonne : la peau se couvre de chair de poule et les poils se dressent pour emprisonner de l'air, comme un oiseau qui gonfle ses plumes. Quand on a trop chaud, les glandes sudoripares augmentent leur production de sueur qui, en s'évaporant, rafraîchit le corps.

LA CROISSANCE DES CHEVEUX

Les cheveux poussent par cycles, pendant plusieurs années, à partir du follicule pileux. Quand le follicule ralentit sa production, le cheveu tombe, le follicule se repose pendant quelques mois, puis un nouveau cheveu apparaît. Après plusieurs cycles, le follicule ne produit plus.

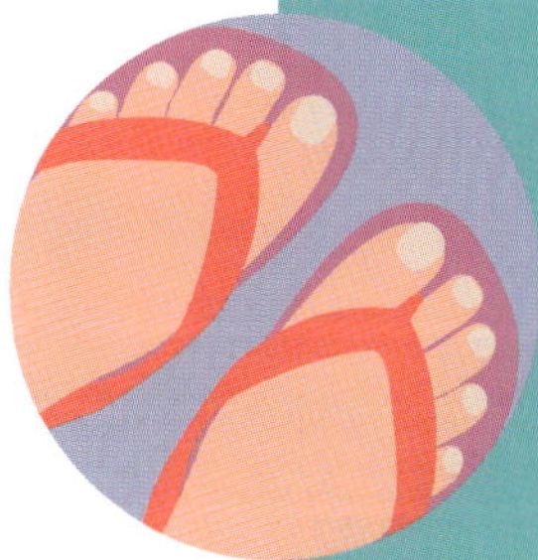

COMMENT POUSSENT LES ONGLES ?

Les ongles protègent l'extrémité des doigts et des orteils. Ils poussent en moyenne de 2,5 millimètres par mois. La cuticule, la peau épaisse à la base de l'ongle, génère de nouvelles cellules. À mesure que l'ongle pousse, les cellules progressent vers l'extrémité.

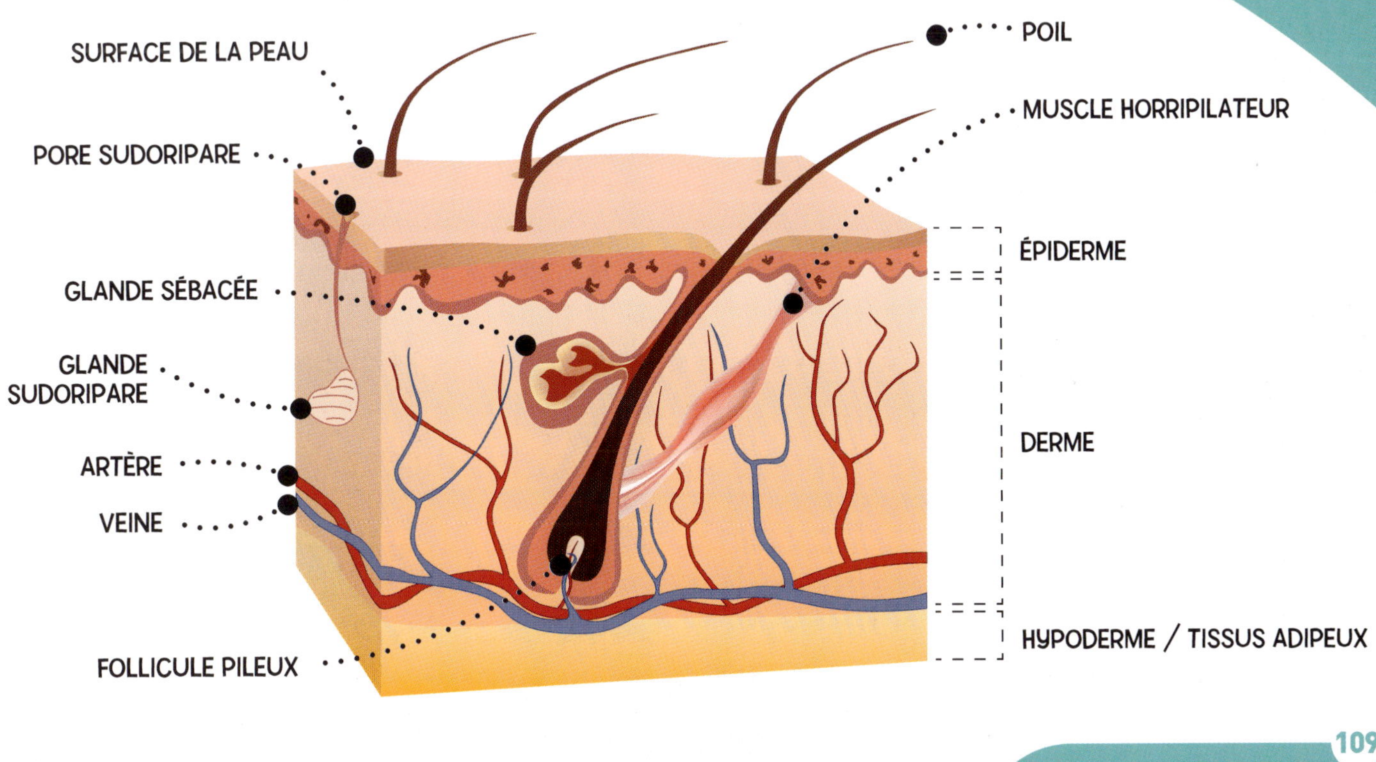

Le système nerveux

Le système nerveux est un système de communication complexe et efficace. Il implique le cerveau, les nerfs et les cinq sens. Les sens recueillent les informations extérieures. Les nerfs les transforment en influx électriques qu'ils transmettent au cerveau, le centre décisionnaire. Le système nerveux transmet également les signaux du cerveau aux muscles et aux glandes.

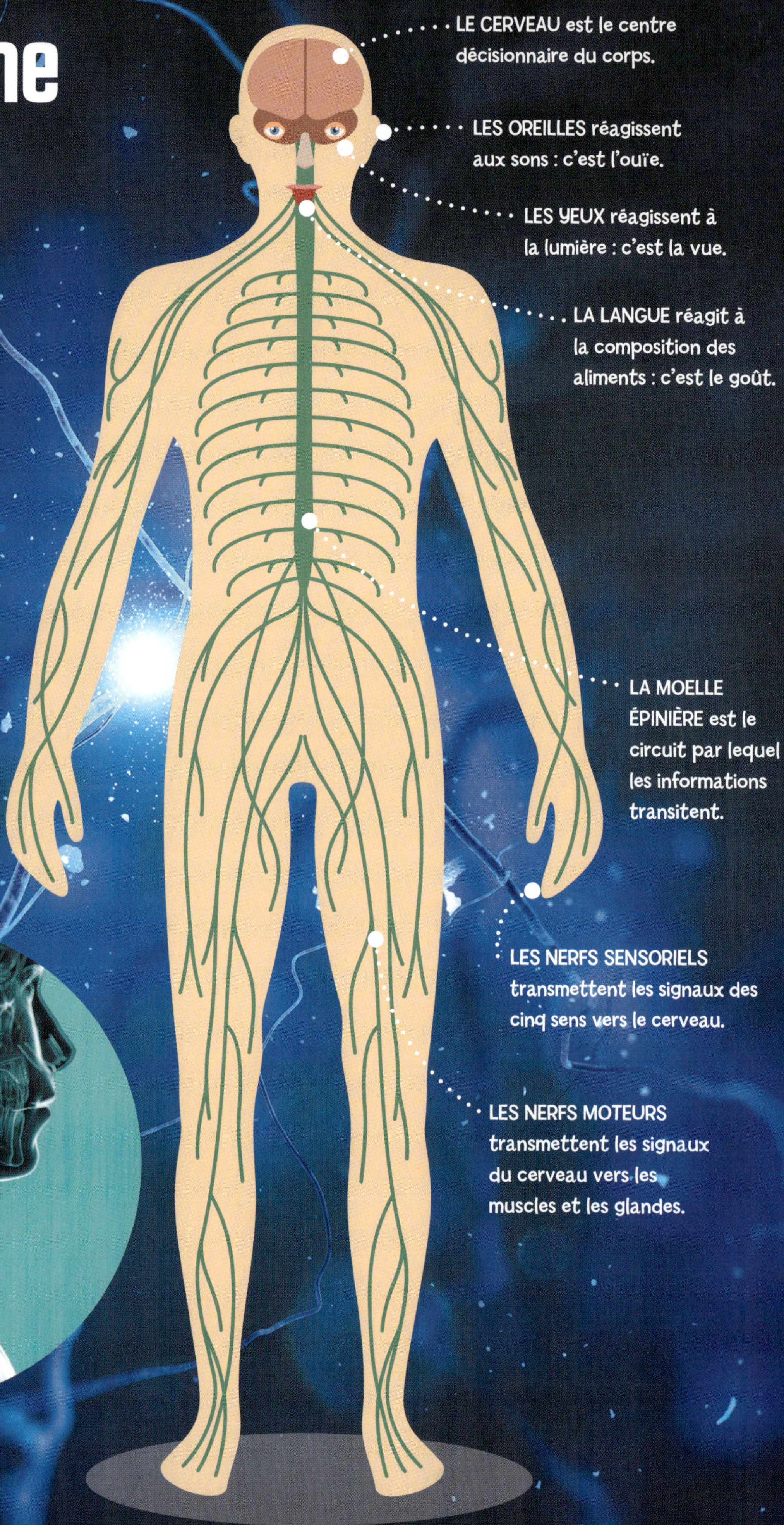

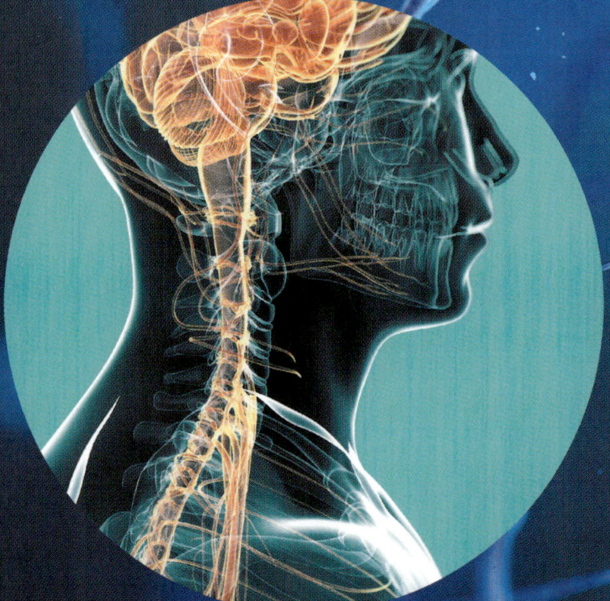

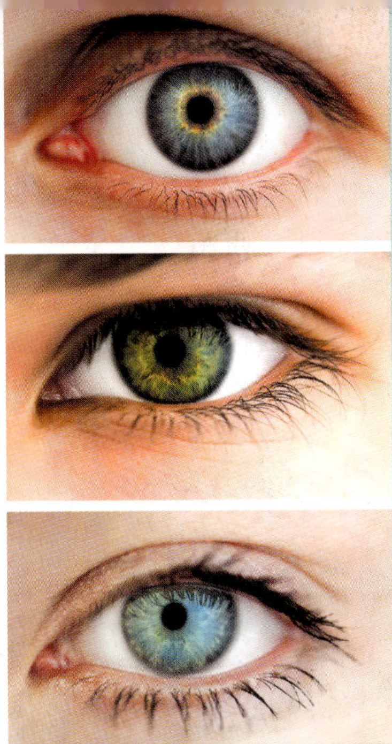

La vue

La lumière entre dans notre œil par la pupille, le petit rond noir au centre de l'œil. Un mécanisme complexe se cache derrière la pupille.

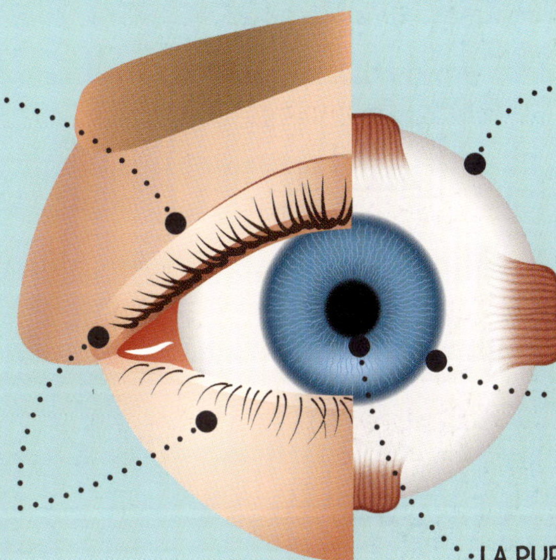

LES PAUPIÈRES se ferment pour nettoyer la cornée.

LES CILS empêchent la poussière de pénétrer dans l'œil.

LE GLOBE OCULAIRE se déplace grâce à des muscles.

L'IRIS se rétracte et se dilate pour réduire et agrandir la pupille.

LA PUPILLE est l'entrée de l'œil interne.

L'iris

La pupille est entourée d'un anneau de couleur, l'iris, qui contrôle la taille de la pupille.
Dans la pénombre, la pupille s'agrandit pour laisser passer plus de lumière, et quand il fait très clair, elle rétrécit.

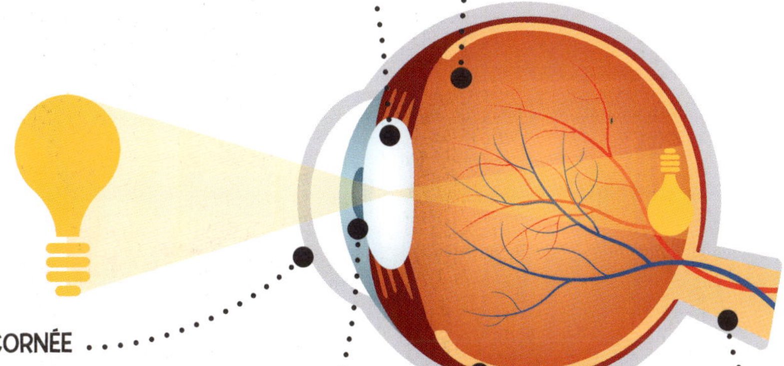

LA LENTILLE se modifie pour concentrer la lumière sur la rétine.

L'HUMEUR VITRÉE est comme une gelée qui remplit le globe oculaire.

LA CORNÉE est faite de matière dure et transparente.

LA PUPILLE filtre la quantité de lumière dans l'œil.

LA RÉTINE est un écran incurvé rempli de cellules nerveuses.

LE NERF OPTIQUE transmet des influx au cerveau.

UNE IMAGE À L'ENVERS

À l'intérieur de l'œil, une lentille concentre la lumière et reproduit sur la rétine une image à l'envers. Les cellules nerveuses de la rétine envoient des signaux au cerveau par le nerf optique. Le cerveau remet aussitôt l'image à l'endroit, telle que nous la voyons.

L'ouïe

Un son produit une vibration qui se répercute dans l'air. Les vibrations envoient des ondes sonores dans toutes les directions, comme des vaguelettes à la surface de l'eau. Le son devient audible lorsque ces vibrations atteignent les oreilles.

Le fait d'entendre s'appelle l'audition ou l'ouïe.

Garder l'équilibre

Une partie de l'oreille interne, les canaux semi-circulaires, ne servent pas à l'ouïe, mais à notre équilibre. Ils sont remplis de liquide et dès qu'on bouge, le liquide bouge aussi, transmettant au cerveau la position du corps.

L'odorat

Si on veut éviter de renifler une odeur désagréable, on se bouche le nez, mais quand ça sent bon, on ouvre grand les narines ! C'est parce que les cellules chargées de détecter les odeurs, les cellules olfactives, sont situées à l'intérieur du nez.

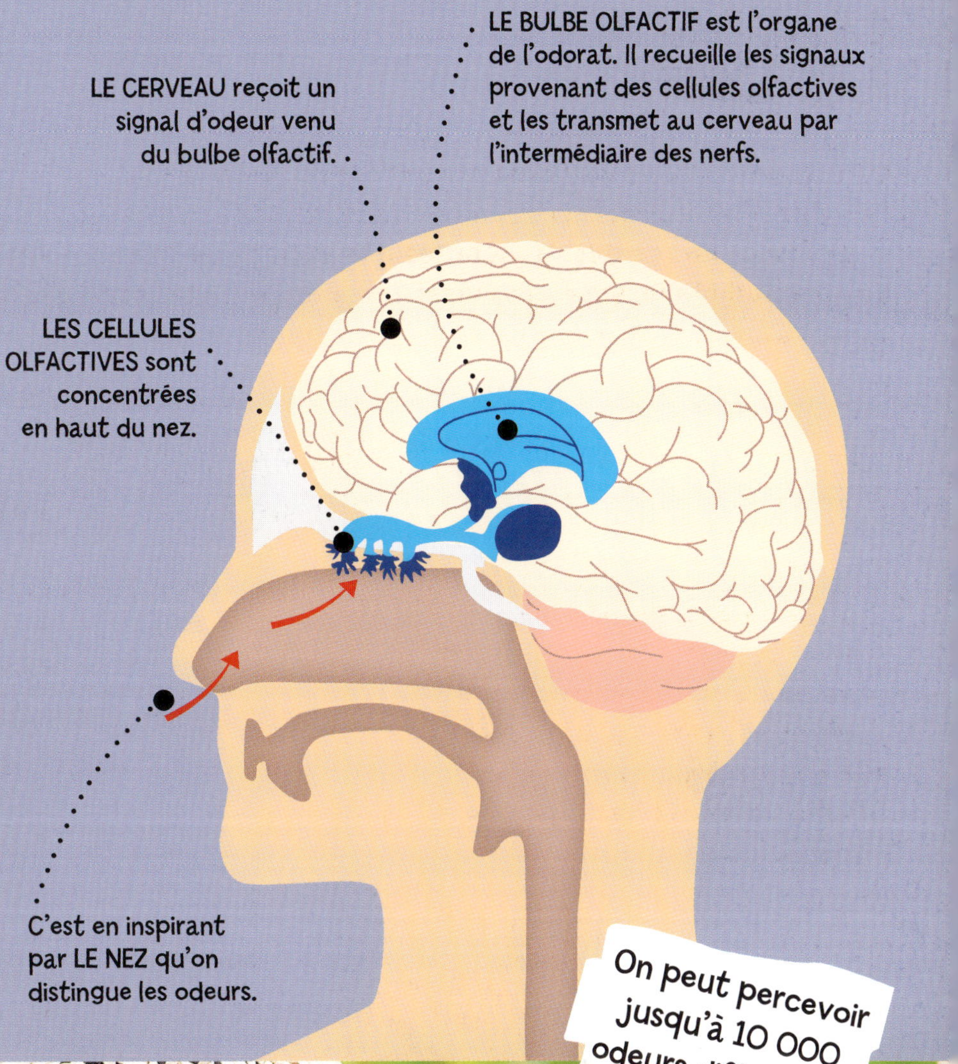

On peut percevoir jusqu'à 10 000 odeurs différentes.

Les particules à l'origine des odeurs

Les particules qui parviennent à l'intérieur du nez permettent de sentir les odeurs.
Le café a une odeur forte, car il laisse échapper dans l'air de nombreuses particules.
En revanche, le verre, lui, ne sent rien, car il ne libère aucune particule. L'intérieur du nez est tapissé de mucus.
Les cellules olfactives ne détectent que les particules dissoutes dans le mucus.
Lorsqu'un signal d'odeur parvient au cerveau, le corps réagit de différentes façons.
Une appétissante odeur de nourriture met l'eau à la bouche, mais une odeur répugnante donne la nausée.

Le goût

Dans la bouche, les cellules du goût réagissent aux différents composants alimentaires. Elles sont situées à l'intérieur des papilles gustatives, sur la langue. Le goût et l'odorat sont étroitement liés. Le goût des aliments est beaucoup moins prononcé quand on a le nez bouché et l'odorat affaibli.

Dans les papilles, les cinq saveurs fondamentales sont identifiées par différents types de récepteurs

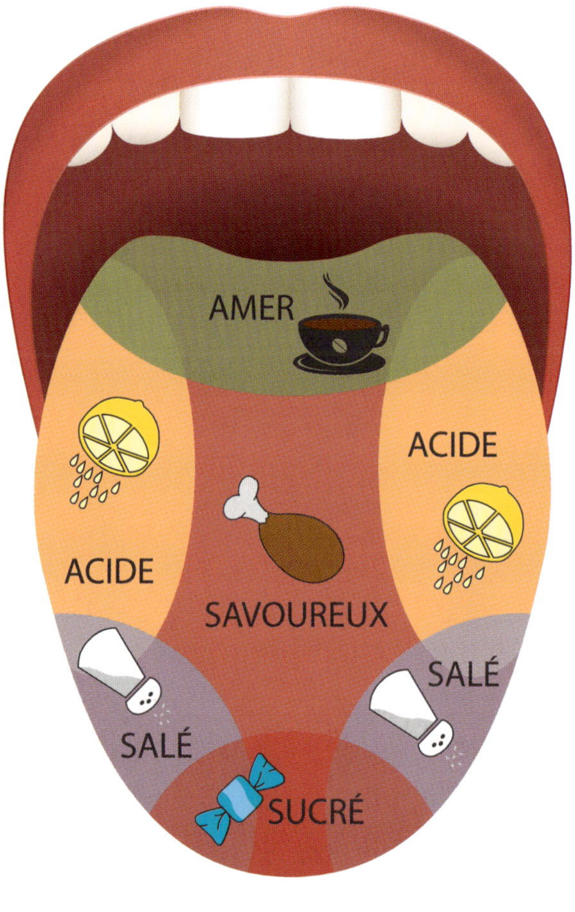

TOUT SUR LE GOÛT

1 • Les composants chimiques des aliments et des boissons se dissolvent dans la salive
2 • La salive entre dans la papille, qui contient entre 50 et 150 cellules gustatives
3 • Les cellules gustatives transmettent des messages au cerveau
4 • Au même moment, les cellules olfactives envoient des messages sur l'odorat
5 • Plus l'odorat se mélange au goût, plus celui-ci est intense

Les saveurs fondamentales

Il existe quatre saveurs fondamentales : le sucré, le salé, l'acide et l'amer. La totalité des goûts se constitue à partir de ces quatre saveurs. Des scientifiques ont récemment découvert une cinquième saveur appelée le savoureux (ou l'umami en japonais), un goût proche de celui du bouillon ou de la viande.

Le toucher

Les récepteurs tactiles sont des cellules nerveuses qui réagissent au toucher, à la douleur et à la température. Elles sont présentes sur la peau, mais aussi à l'intérieur du corps, dans les muscles, l'estomac ou d'autres parties du corps.

Sur la peau, on compte environ 5 millions de récepteurs tactiles qui envoient des signaux au cerveau.

L'extrémité des doigts

C'est l'une des zones les plus sensibles de la peau. Elle est remplie de terminaisons nerveuses qui permettent de sentir des reliefs qui ne seraient pas décelables à l'œil nu.

DES RÉCEPTEURS CIBLÉS

Certaines parties du corps réagissent plus que d'autres au toucher et aux variations de température. Les lèvres et la langue sont très sensibles.
Le coude est sensible à la chaleur parce qu'il concentre des terminaisons nerveuses réceptives à la température.

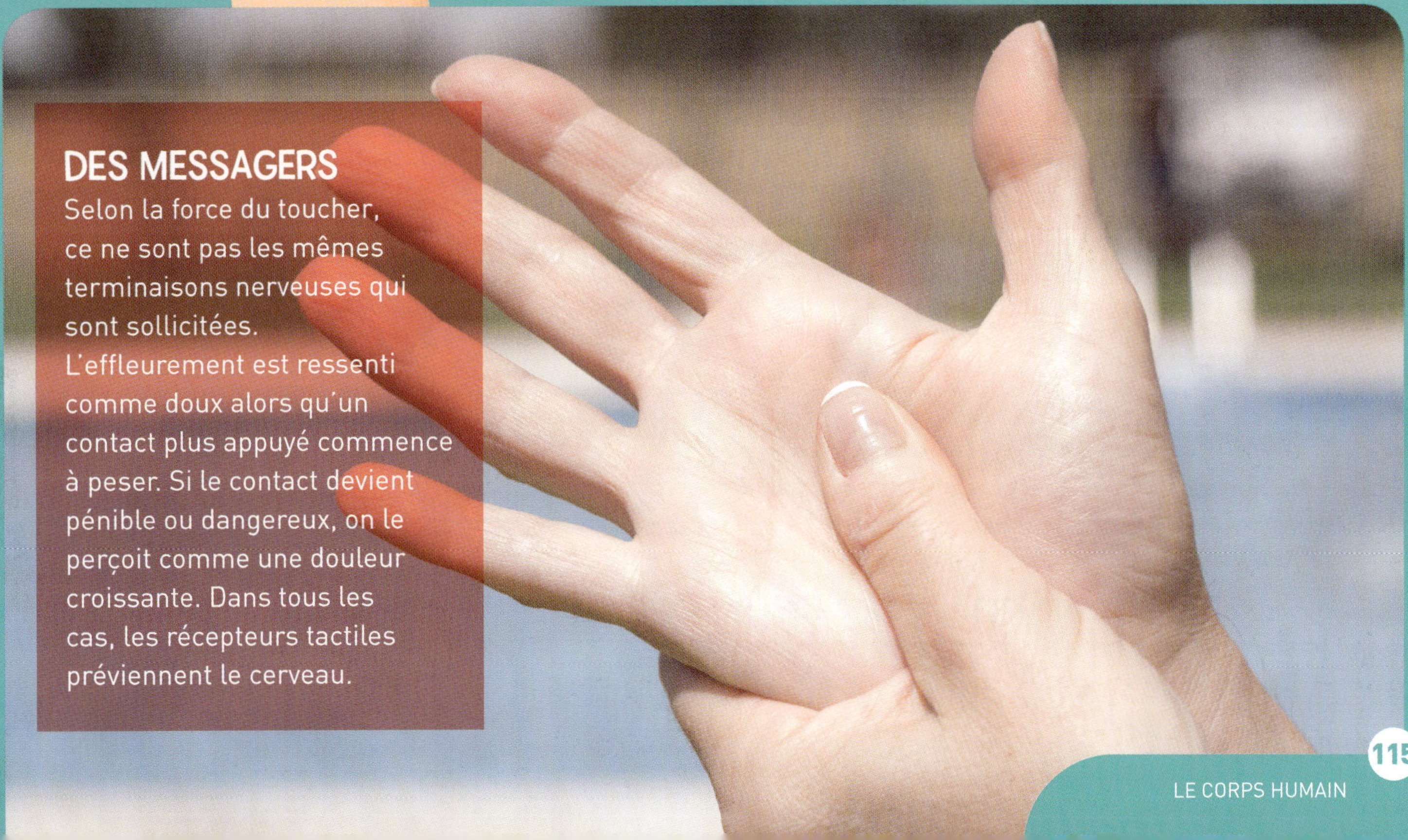

DES MESSAGERS

Selon la force du toucher, ce ne sont pas les mêmes terminaisons nerveuses qui sont sollicitées.
L'effleurement est ressenti comme doux alors qu'un contact plus appuyé commence à peser. Si le contact devient pénible ou dangereux, on le perçoit comme une douleur croissante. Dans tous les cas, les récepteurs tactiles préviennent le cerveau.

Les nerfs

Il existe deux sortes de nerfs. Les nerfs sensitifs transmettent les signaux des yeux, des oreilles et des autres organes des sens vers le cerveau. Les nerfs moteurs transportent les instructions du cerveau vers les muscles et les glandes.

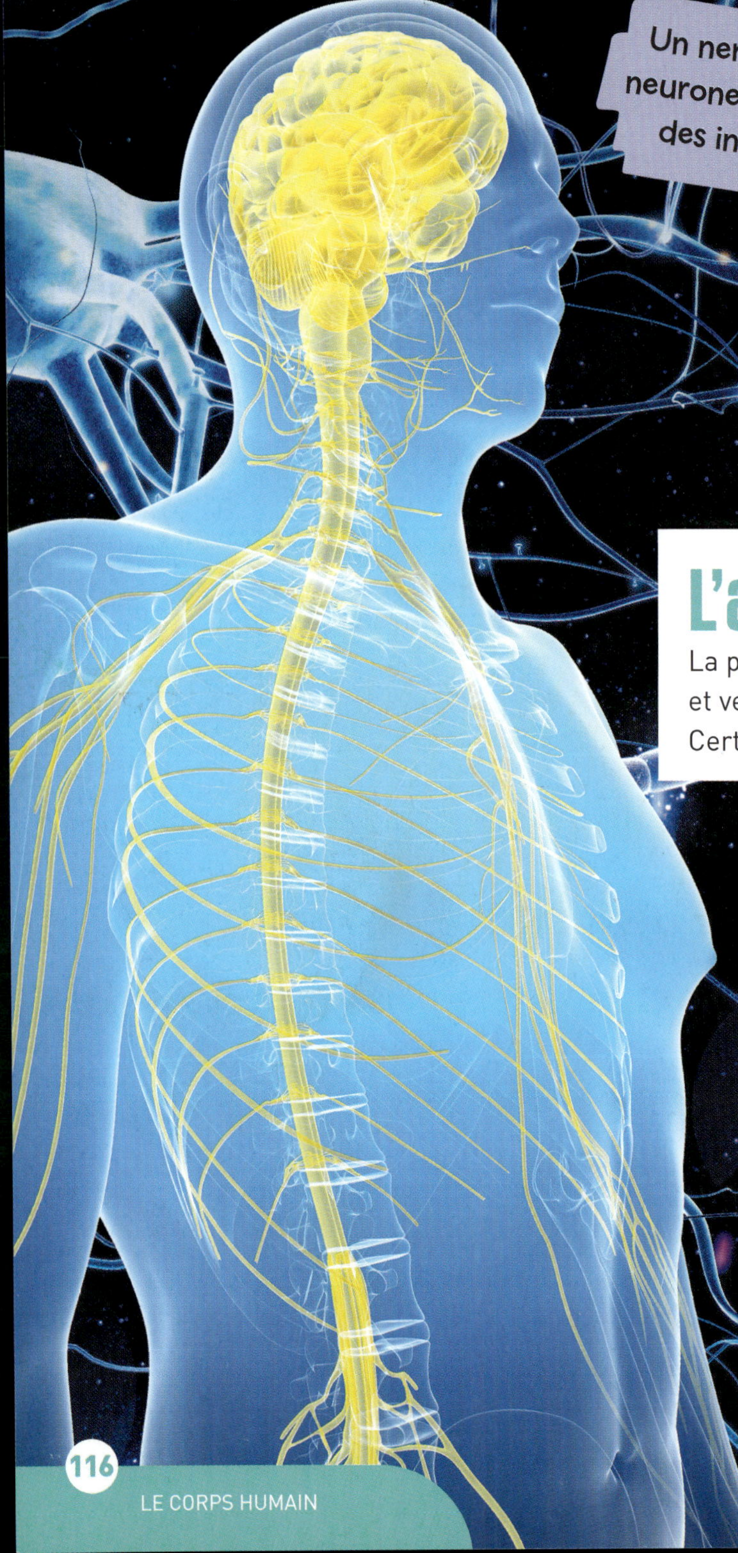

Un nerf est constitué de neurones qui transmettent des influx électriques.

DES RÉACTIONS RAPIDES

En cas d'urgence, les nerfs sensitifs envoient un message direct aux nerfs moteurs par la moelle épinière. On appelle cela un réflexe. Par exemple, dès qu'on touche quelque chose de chaud, on retire sa main avant que le cerveau n'ait enregistré la douleur.

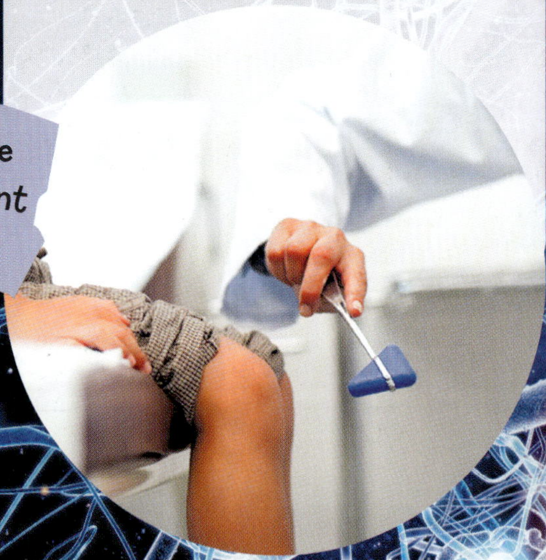

L'autoroute des nerfs

La plupart des nerfs passent par la moelle épinière pour aller et venir entre toutes les parties du corps.
Certaines cellules nerveuses mesurent plus d'un mètre de long.

PASSER LES MESSAGES

Selon les messages sensitifs reçus, le cerveau déclenche la réaction de muscles spécifiques :

- Les yeux lorsque l'on joue à des jeux vidéo → les muscles qui font bouger les doigts.
- Les oreilles lorsque le téléphone sonne → les muscles des bras pour répondre.

Le cerveau

Le cerveau est un organe souple, de couleur gris rosé, qui contrôle toutes nos actions, de la respiration à la lecture en passant par la résolution de problèmes mathématiques. Il stocke également les souvenirs et les sentiments.

Des voies de communication

À partir des informations reçues des cinq sens, le cerveau envoie des signaux au reste du corps.
Le cerveau communique également avec lui-même ! Les milliards de neurones dont il est constitué forment des réseaux en étroites relations.

Le cerveau contient 100 milliards de neurones (cellules nerveuses) serrés les uns contre les autres.

- Le LOBE FRONTAL contrôle la pensée, les mouvements et le comportement
- Le LOBE PARIÉTAL traduit l'information transmise par les sens
- Le LOBE OCCIPITAL contrôle la vue
- Le LOBE TEMPORAL contrôle la parole, la mémoire et l'odorat
- Le CERVELET contrôle l'équilibre et le mouvement
- Le TRONC CÉRÉBRAL contrôle le rythme cardiaque et la respiration. Il coordonne les messages qui entrent et sortent du cerveau

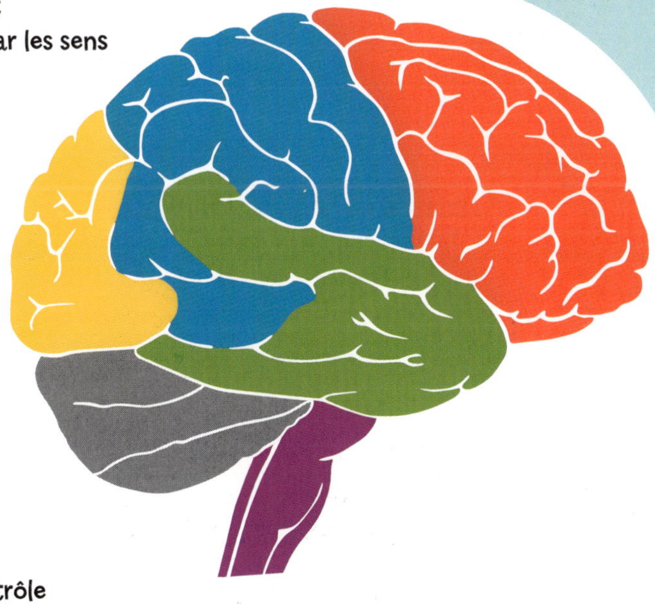

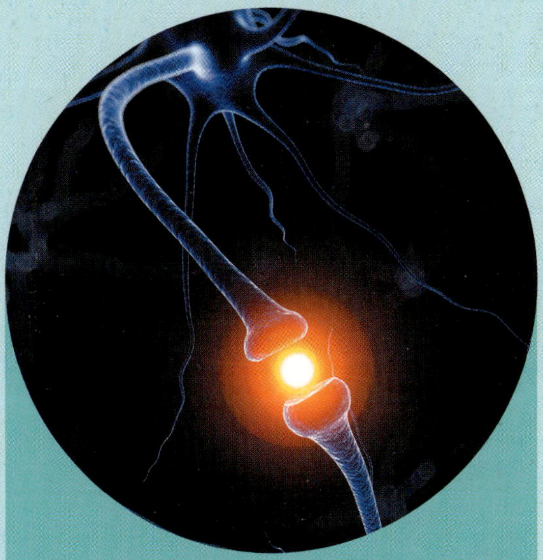

L'APPRENTISSAGE

Quand on apprend quelque chose de nouveau, le cerveau mobilise des neurones pour former un réseau adapté. Quand on apprend à faire du vélo, les débuts sont difficiles, mais rapidement, on parvient à pédaler sans réfléchir, car des connexions s'établissent entre les neurones impliqués.

LE CORTEX

Le cortex cérébral est la couche externe du cerveau, toute ridée et plissée. C'est la partie consciente du cerveau. Ses quatre zones, les lobes, sont liées à des fonctions cérébrales différentes.

Les os

Les os s'emboîtent pour former le squelette qui protège les organes et donne sa stature au corps. Ils sont durs et solides. Ils forment la structure qui maintient le cœur, l'estomac et les autres organes vitaux.

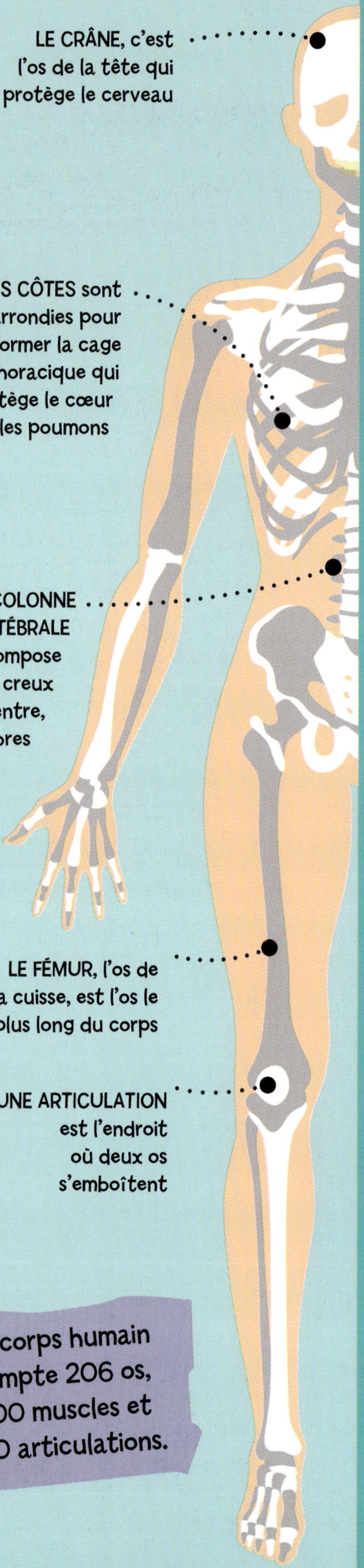

Le corps humain compte 206 os, 600 muscles et 360 articulations.

LES ARTICULATIONS

Les os bougent grâce aux articulations.
L'articulation à rotule de l'épaule assure des mouvements amples, en cercle.
L'articulation à charnière du genou ne permet de bouger que dans une seule direction.
Dans l'articulation, le liquide synovial agit comme de l'huile pour éviter que les extrémités des os ne frottent les unes contre les autres.
Les ligaments sont des bandes de tissu conjonctif qui maintiennent l'articulation.

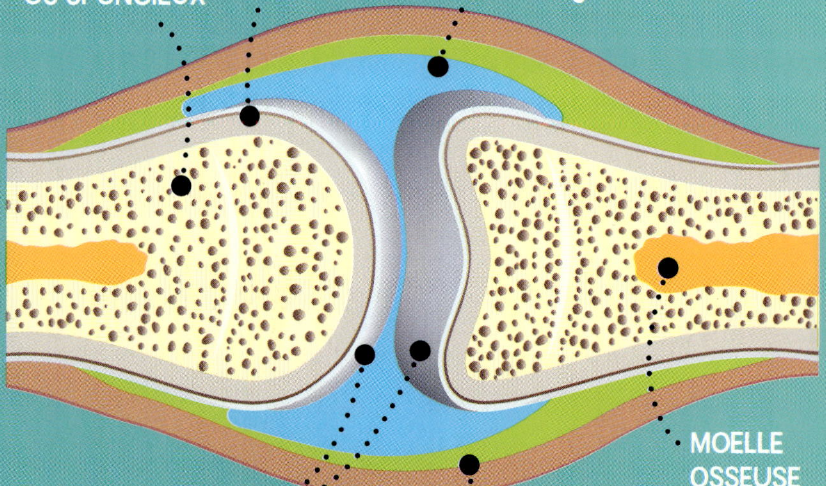

L'intérieur d'un os

L'intérieur des os est spongieux. S'ils étaient totalement pleins, leur poids les empêcherait de bouger.
Les petites cavités sont remplies de vaisseaux sanguins.
Le sang nourrit l'os et le maintient en vie.

Les muscles

Les muscles, eux, sont souples. Ils recouvrent les os et leur permettent de bouger. Ce sont eux qui donnent au corps son aspect enveloppé.

Un muscle tire, mais ne pousse pas ; les muscles fonctionnent donc souvent par deux, l'un pour plier une articulation et l'autre pour la déplier.

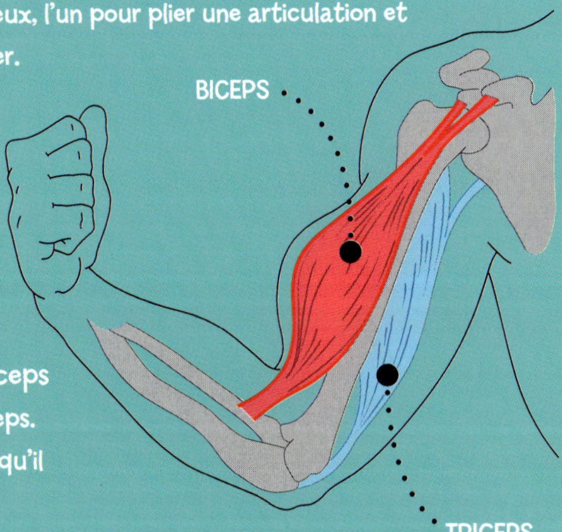

Pour plier le bras, on contracte le biceps et on détend le triceps. Le biceps gonfle lorsqu'il se contracte.

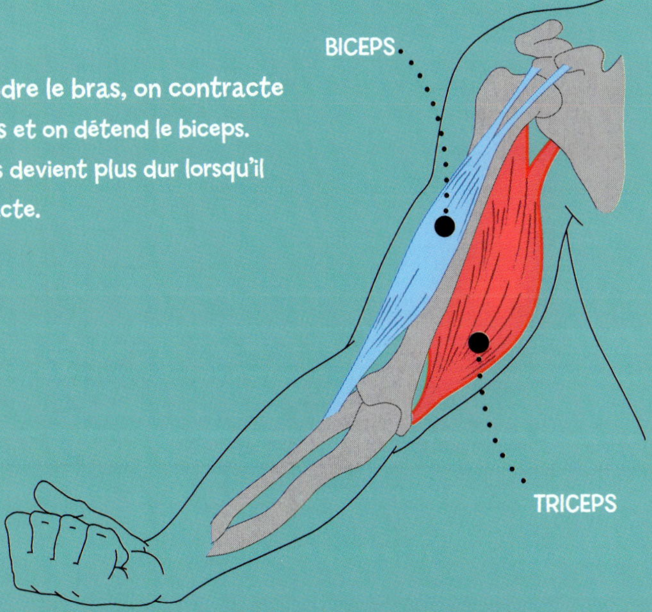

Pour tendre le bras, on contracte le triceps et on détend le biceps. Le triceps devient plus dur lorsqu'il se contracte.

Faire du sport rend les muscles plus puissants, le cœur et les poumons plus résistants.

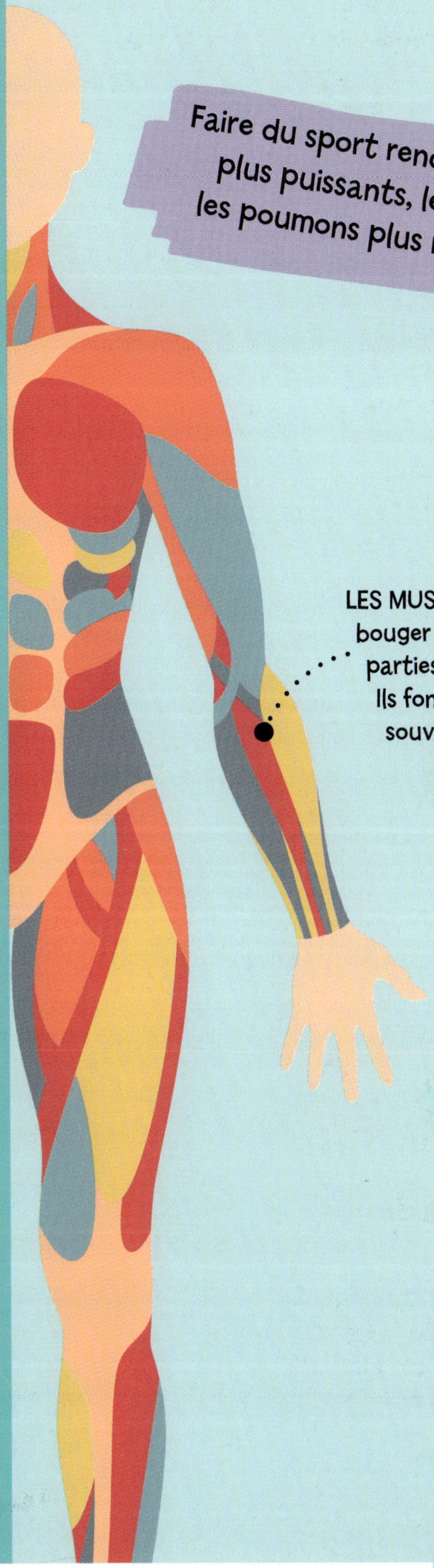

Le fonctionnement des muscles

Les muscles sont des faisceaux de fibres qui se contractent lorsque le muscle reçoit un signal par l'intermédiaire du nerf moteur ; dans ce cas, ils deviennent plus courts et plus épais.
Le muscle est relié à l'os qu'il déplace par une bande solide qu'on appelle un tendon.
Pour faire bouger l'os, le muscle se contracte en tirant l'os au niveau de l'articulation.

Le système respiratoire

Le système respiratoire fait entrer l'air dans les poumons. C'est là que l'oxygène passe dans le sang, tandis que le dioxyde de carbone est rejeté.

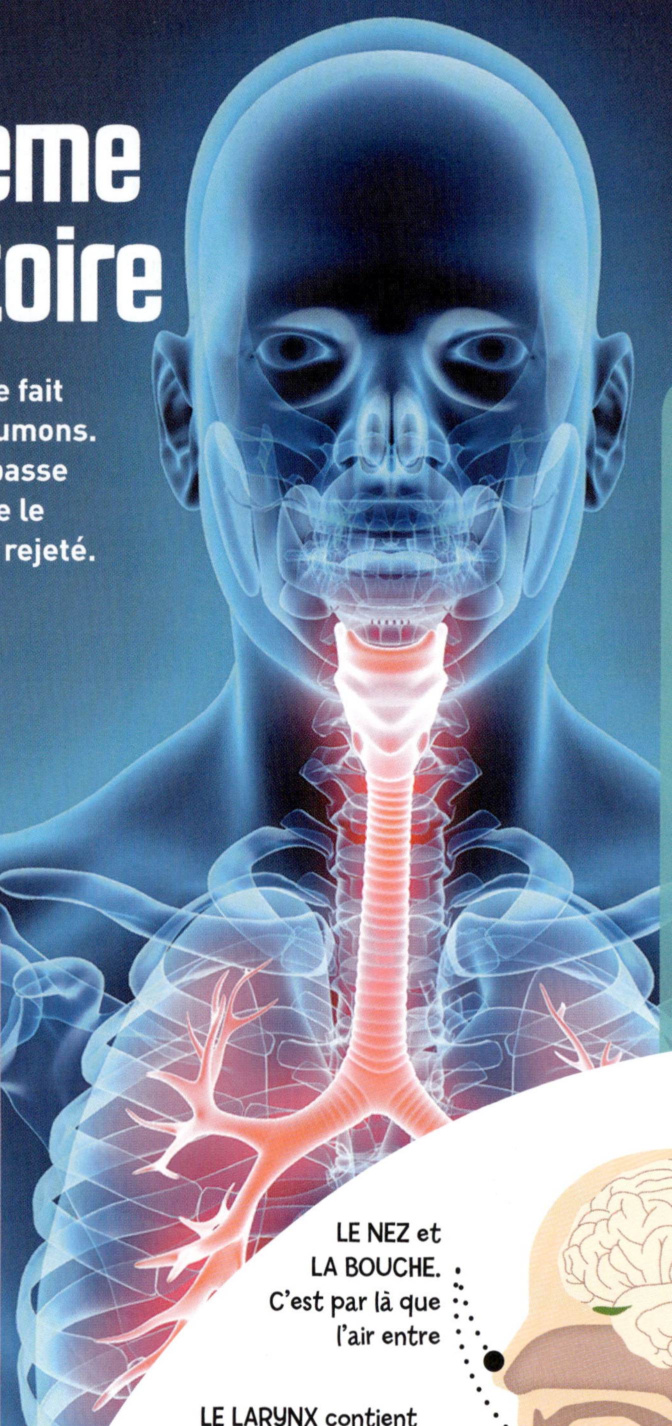

LES BRONCHES

Après avoir été inspiré par le nez ou la bouche, l'air descend dans les poumons par la trachée.
On peut se représenter l'appareil respiratoire au-delà de la gorge comme un arbre dont la trachée est le tronc. Il se divise en deux branches principales, les bronches, une pour chaque poumon. Chaque bronche se ramifie ensuite en tubes plus petits, les bronchioles. Bronches et bronchioles évoquent les rameaux d'un arbre, tête en bas.

Le nez

Le nez est un couloir qui permet à l'air de pénétrer dans les poumons. Il joue également un rôle de filtre en nettoyant l'air avant qu'on ne l'inspire. On éternue pour se dégager le nez de particules telles que la poussière, le pollen ou les microbes.

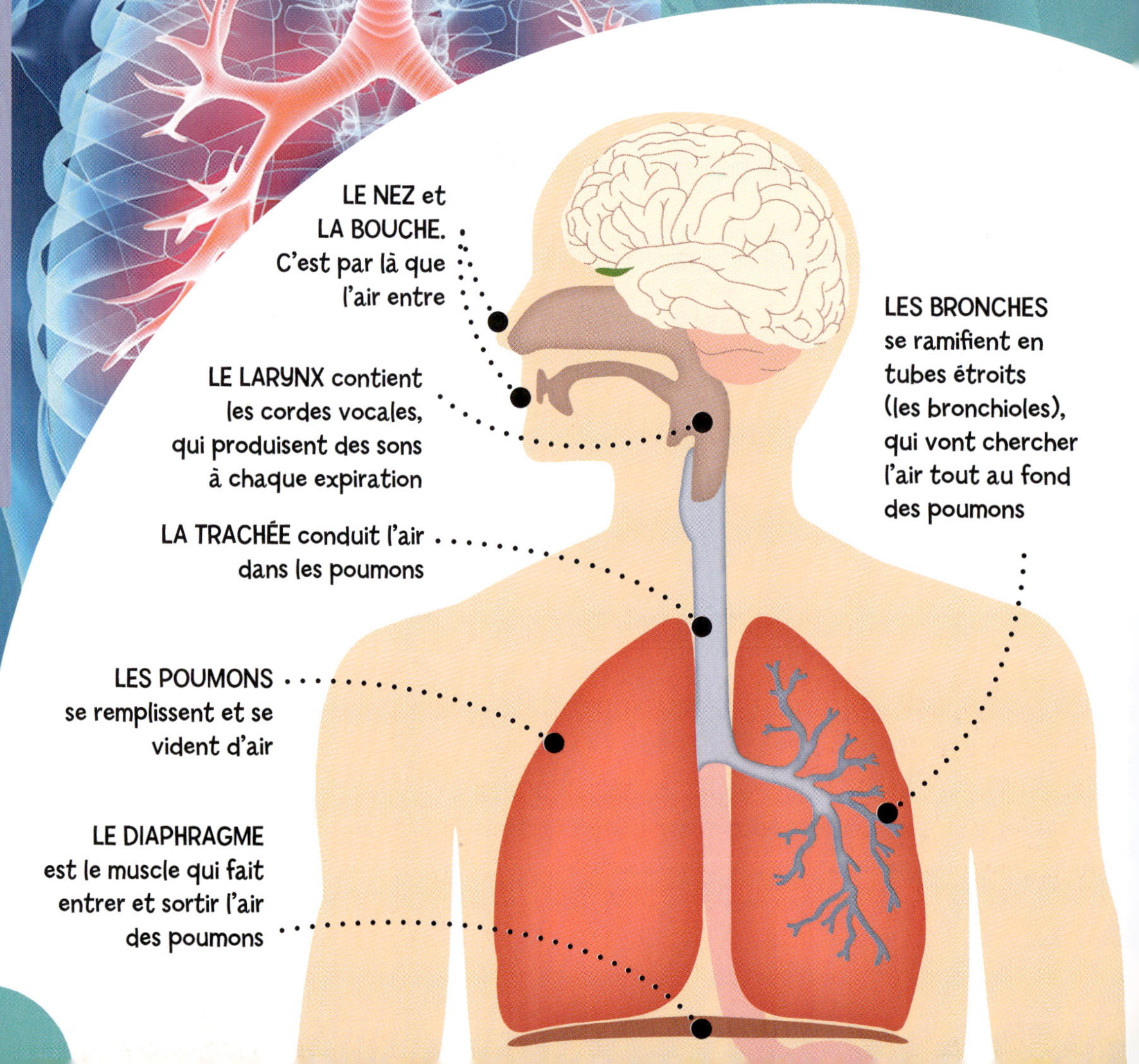

On inspire et on expire à peu près 20 000 fois par jour.

De l'air dans les poumons

La respiration agit sur un muscle plat situé sous les poumons et la cage thoracique : le diaphragme. Celui-ci s'abaisse lorsqu'il se contracte et les côtes suivent le mouvement, libérant de l'espace dans les poumons. On inspire alors pour combler cet espace. Lorsque le diaphragme et les côtes se détendent, on expire en expulsant l'air.

INSPIRATION

L'air entre dans la trachée et les poumons.
Le diaphragme descend : les poumons se gonflent.

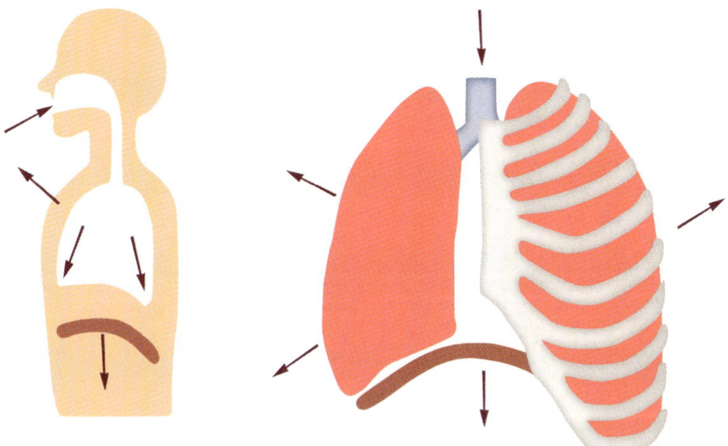

EXPIRATION

Le diaphragme remonte : les poumons se contractent.
L'air est expulsé des poumons et ressort.

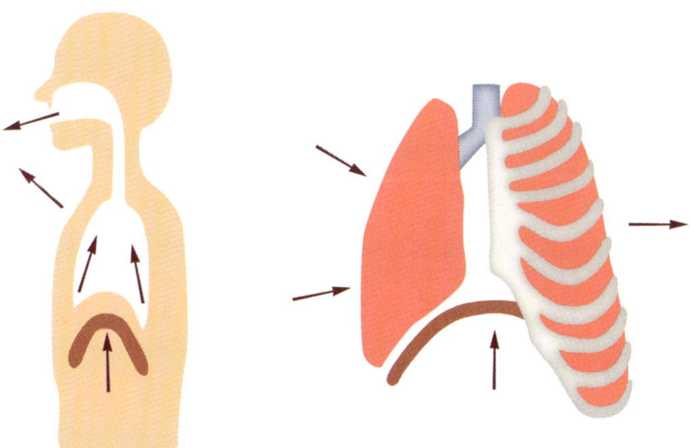

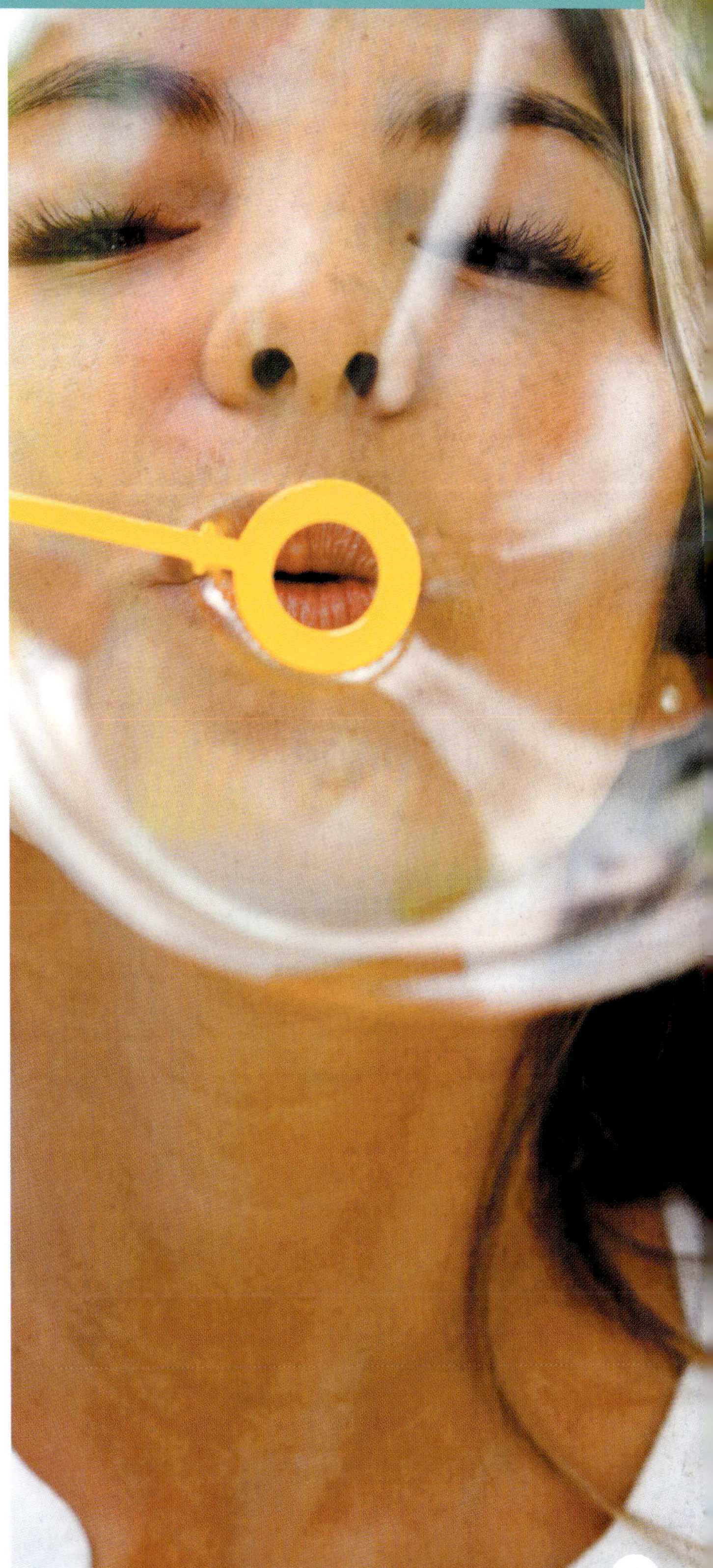

LE HOQUET

Parfois, le diaphragme se contracte. À chaque contraction, on avale une bouffée d'air en faisant un petit "hic". Le hoquet peut se produire sans raison apparente, mais il se déclenche parfois lorsqu'on avale une bouchée sans l'avoir bien mâchée.

Le cœur et le sang

Le cœur, le sang et les vaisseaux sanguins forment un étonnant système de transport appelé le système circulatoire. Pour faire la distribution à toutes les cellules du corps, le sang recueille l'oxygène dans les poumons et les nutriments dans l'appareil digestif. Tout le système fonctionne grâce à une pompe incroyable, le cœur.

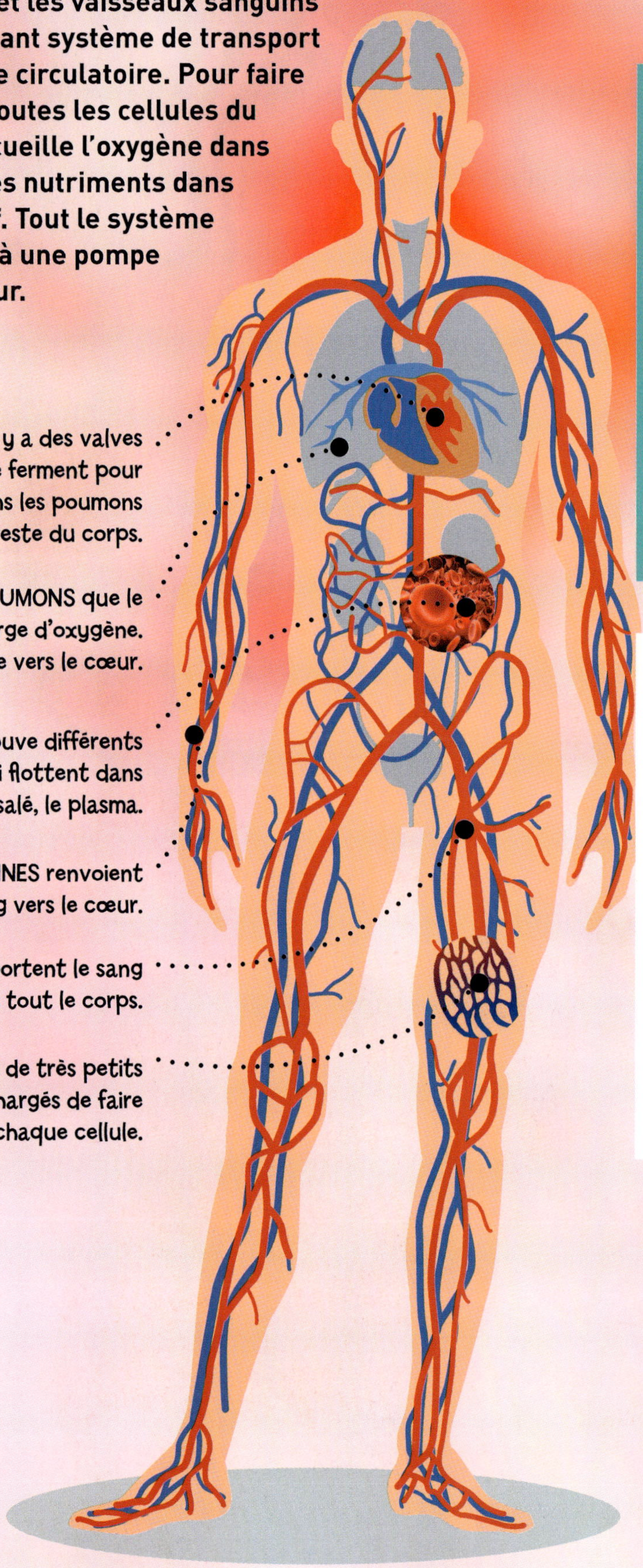

Une circulation constante

Le cœur envoie le sang dans les artères, qui retourne ensuite vers le cœur par les capillaires et les veines. Chaque partie du corps est irriguée par des artères différentes. 100 000 km de tuyauterie, les vaisseaux sanguins, font circuler le sang dans tout le corps.

LE CŒUR BATTANT

Le cœur est un muscle qui se contracte pour envoyer le sang dans les artères. C'est comme une pompe composée de quatre cavités : en haut, les oreillettes, en bas, les ventricules. Le côté droit envoie le sang vers les poumons. Le côté gauche pompe le sang oxygéné pour le redistribuer dans tout le corps. Les valves à l'intérieur du cœur s'ouvrent et se ferment pour faire passer le sang dans la bonne cavité.

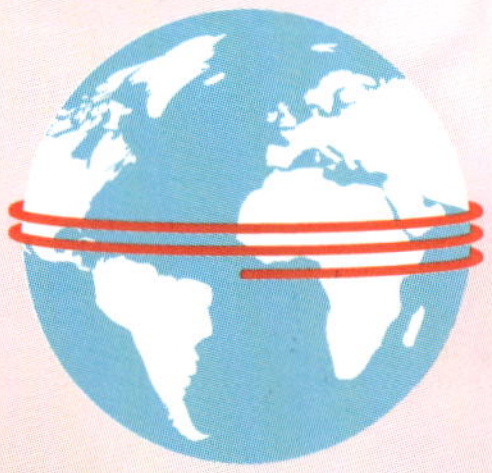

Si on mettait bout à bout tous les capillaires du corps humain, ils feraient deux fois et demie le tour de la Terre.

ROUGE SANG

Les globules rouges collectent l'oxygène des poumons qu'ils transportent vers les cellules. Le corps produit environ 2 millions de globules rouges par seconde.
Ce sont eux qui donnent au sang sa couleur.

LES PLAQUETTES

Les plaquettes sont les cellules chargées d'arrêter les saignements. Quand les vaisseaux capillaires éclatent, les plaquettes s'agrègent pour aider le sang à coaguler et stopper l'écoulement. Il se forme un caillot qui devient une croûte.

Les battements du cœur

La peur accélère les battements du cœur. La course à pied aussi. Lorsqu'on dort, le cœur ralentit. Il bat normalement entre 60 et 100 fois par minute. Pour compter les battements de son cœur, il faut prendre son pouls.

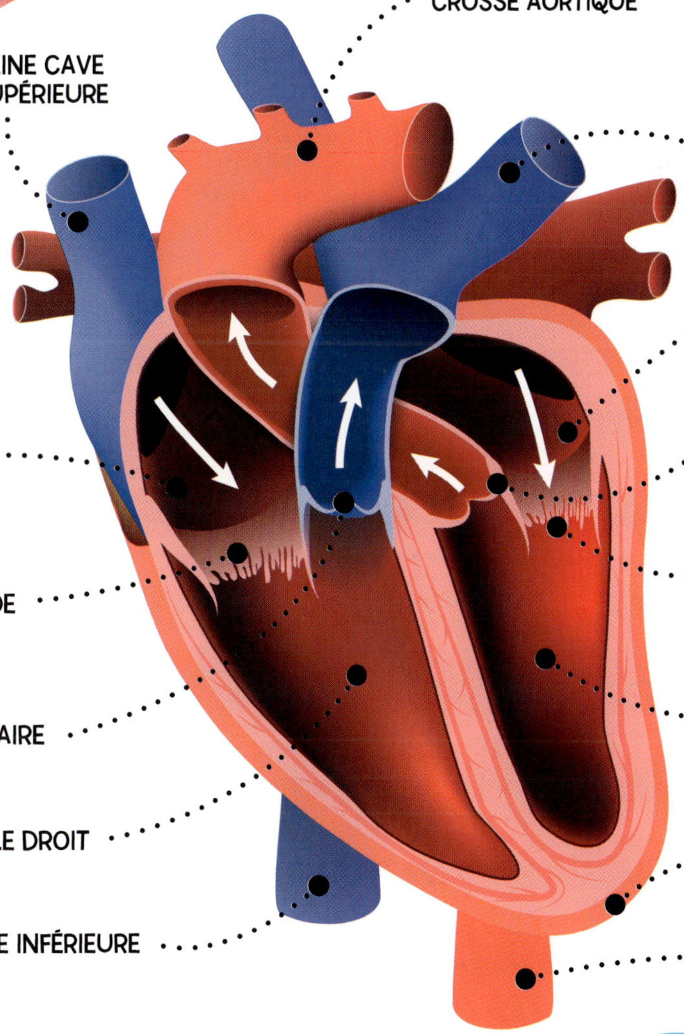

Le système digestif

Le système digestif décompose la nourriture pour la transformer en nutriments ou éléments nutritifs. Ils sont suffisamment petits pour passer dans le sang, qui les transporte jusqu'aux cellules.

LE GROS INTESTIN

Un mélange d'aliments encore non digérés, d'eau, de sucs digestifs et de cellules passe dans le gros intestin, appelé aussi le côlon. Au cours de ce transit, l'eau est absorbée par le sang et les déchets restants se solidifient : ce sont les excréments. Dans l'intestin, les bactéries produisent des gaz qui donnent leur mauvaise odeur aux excréments. Ces gaz sont libérés par les pets.

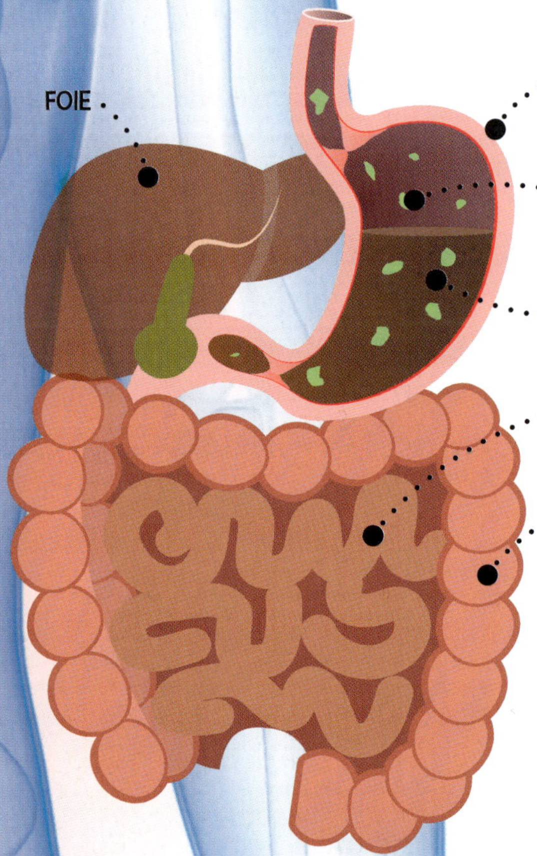

L'estomac

L'estomac est un sac dont les parois sont des muscles puissants qui brassent la nourriture. À l'intérieur, les acides et les sucs gastriques détruisent la plupart des microbes et dissolvent les aliments, réduisant ce qu'on mange à une soupe épaisse, le chyme.

UN CLAPET DE SÉCURITÉ

Il y a deux tuyaux au fond de la gorge : la trachée, qui descend dans les poumons, et l'œsophage, qui va dans l'estomac. L'épiglotte est un clapet qui, au niveau de la gorge, ferme la trachée au moment où on avale. Elle empêche la nourriture de partir dans les poumons.

L'INTESTIN GRÊLE

C'est un long tuyau enroulé à l'intérieur du corps. Ses parois sont tapissées de millions d'excroissances microscopiques, les villosités, comparables aux poils d'un tapis. Elles multiplient la surface intestinale, ce qui favorise le passage des nutriments dans le sang.

On estime la surface interne de l'intestin grêle égale à celle d'un court de tennis !

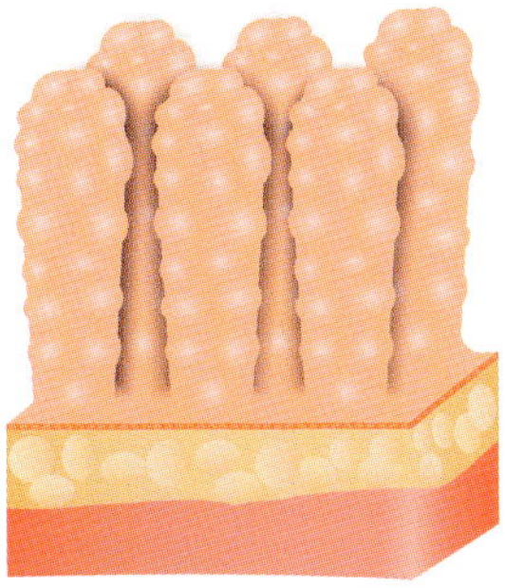

VILLOSITÉS

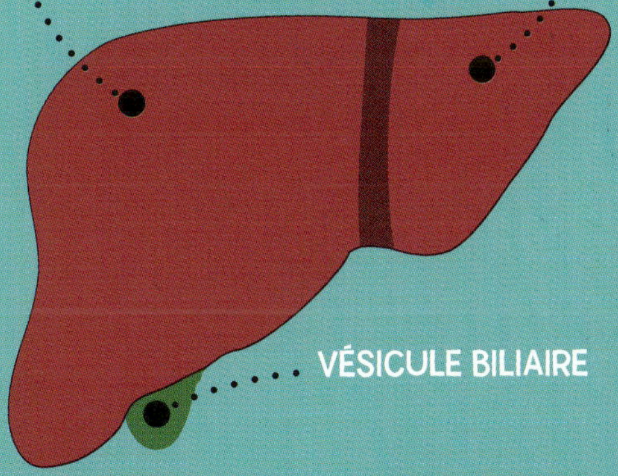

Le foie

Le foie est une véritable usine chimique qui nettoie le sang et contrôle sa qualité. Le sang achemine les nutriments de l'intestin grêle dans le foie, qui lui, les transforme pour que le corps puisse les utiliser. La bile est une substance fabriquée dans le foie. Comme du liquide vaisselle sur des plats sales, la bile attaque les graisses en les dissolvant.

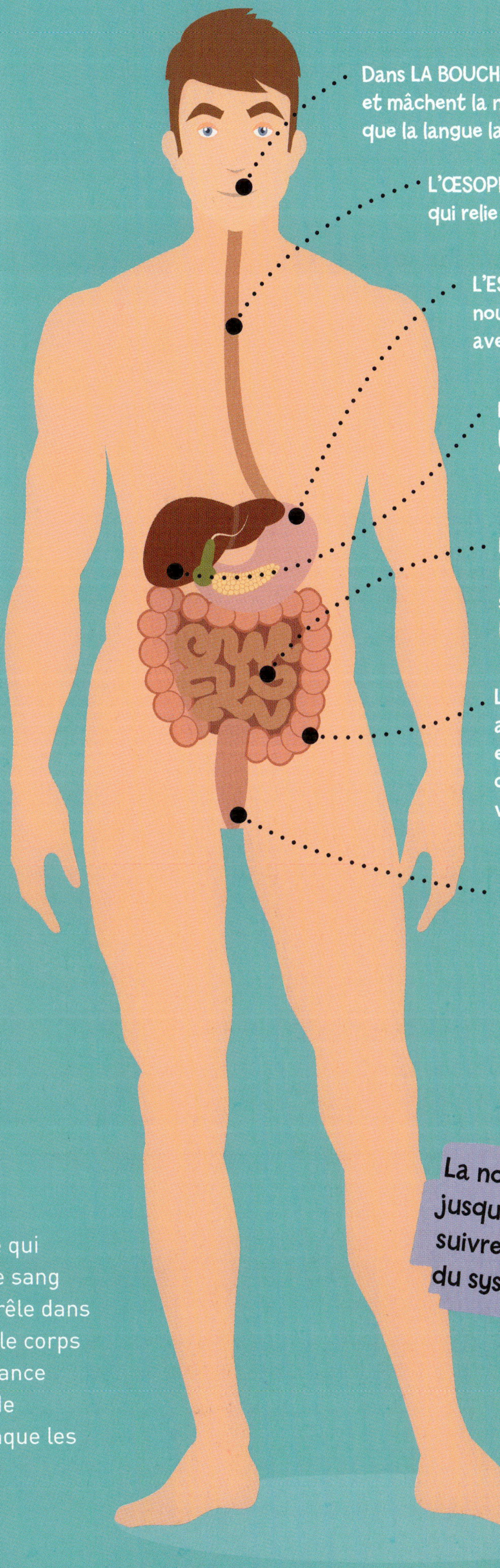

La nourriture met jusqu'à 24 heures pour suivre tout le parcours du système digestif.

Les nutriments

Les nutriments donnent de l'énergie et permettent au corps de grandir et de fonctionner correctement. Il existe quatre grands groupes de nutriments — les glucides, les protéines, les lipides, et les vitamines et sels minéraux. Les fibres ne sont pas un nutriment, mais elles favorisent le bon fonctionnement du système digestif. Le corps a également besoin de beaucoup d'eau.

Les féculents, plus lents à digérer que les sucres, donnent de l'énergie pour plus longtemps.

Les glucides

Ils fournissent de l'énergie aux cellules de l'organisme. On les trouve dans le riz, les pommes de terre, le pain, les pâtes et les sucres.

Les protéines

Elles fabriquent de nouvelles cellules, remettent en état et remplacent les anciennes.
On trouve les protéines animales dans le poisson, la viande, les œufs, le fromage, le lait...
On trouve les protéines végétales dans les lentilles, les noix, le soja, le quinoa...

Les lipides

Ils isolent du froid et stockent les vitamines A, D et E.
On les trouve dans les huiles, le lait, le fromage, les autres produits laitiers et les poissons gras.

Les vitamines et les sels minéraux

Ils participent au bon fonctionnement de l'organisme.
On les trouve dans les légumes, la viande, les céréales, le fromage et le lait.

Les fibres

Elles facilitent le transit digestif et préservent la flore intestinale. On les trouve dans les légumes, les fruits, le pain complet, le riz et les pâtes.

L'alimentation

Une alimentation saine se compose d'une quantité équilibrée de chaque type de nutriment. Il est important d'adopter une alimentation variée pour être en bonne santé. Il est préférable de limiter la consommation d'aliments industriels qui surchargent notre sang en lipides et en glucides.

Il faut manger 5 fruits et légumes par jour : 3 portions de légumes et 2 de fruits.

DANGEREUX POUR LA SANTÉ

Le sel, le sucre et les graisses ne sont pas mauvais pour la santé tant qu'on les consomme en petites quantités. Cependant, les sodas sucrés, les barres chocolatées et les plats tout prêts en contiennent de grosses quantités, ce qui est mauvais pour la santé.
En mangeant trop d'aliments sucrés et gras, on court le risque de devenir obèse.

Dans l'assiette

On devrait manger un tiers de féculents, un tiers de fruits et de légumes, et le reste réparti entre les produits laitiers, le poisson, le poulet, la viande et les légumes secs.

LES SUPERALIMENTS

Tous les légumes et les fruits sont bons pour la santé, mais certains, comme les myrtilles et les légumes verts à feuilles (salades, choux, épinards), sont carrément excellents ! Ils sont très riches en nutriments et contiennent aussi des éléments qui peuvent réduire les risques de maladies.

Le système urinaire

Les reins et la vessie sont les principaux composants du système urinaire. Les reins retiennent les déchets et l'excès d'eau dans le sang. Les déchets se dissolvent dans l'eau pour former l'urine, qui passe des reins dans la vessie.

Toutes les minutes, les reins nettoient environ un quart du sang que contient notre corps.

Les reins

L'homme a deux reins, un de chaque côté du dos, juste au-dessus de la taille. Ils ont un double rôle d'épuration : ils récupèrent l'eau en trop dans le sang et débarrassent le foie des produits toxiques, de l'excès de sel et des déchets sous forme d'urée.

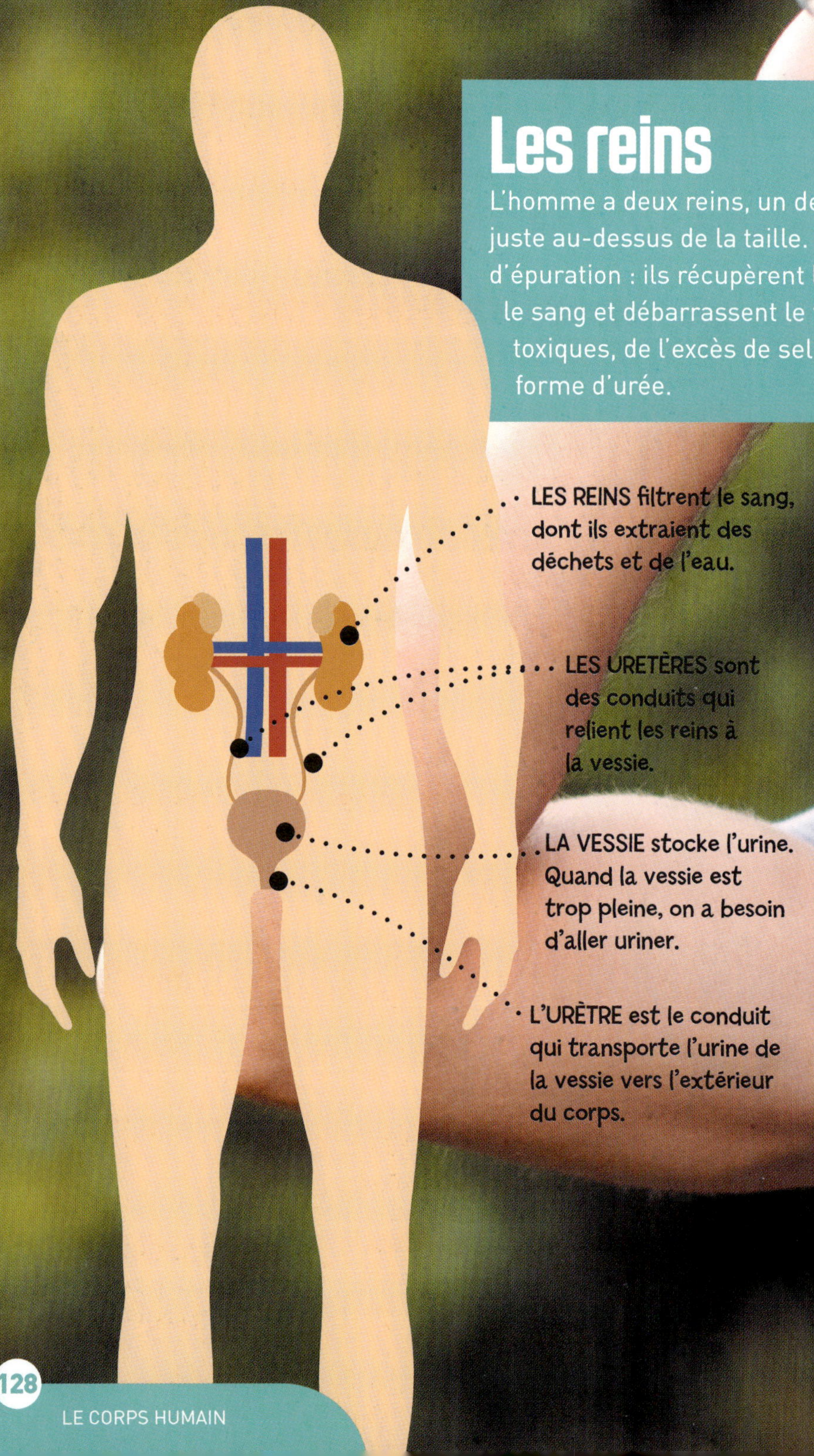

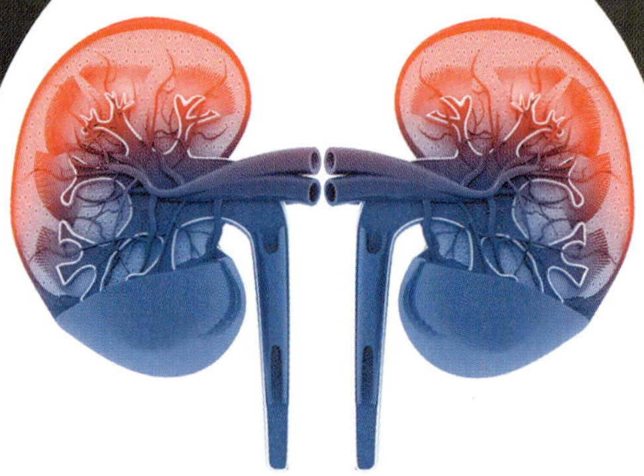

À L'INTÉRIEUR DU REIN

Dans le rein, on trouve plus d'un million de néphrons. Ce sont des filtres qui purifient le sang en séparant l'eau, les nutriments, les sels et les déchets (l'urée). Les nutriments, les sels et l'eau, dont le corps a besoin, sont réabsorbés. Le reste forme l'urine, qui s'écoule jusqu'à la vessie.

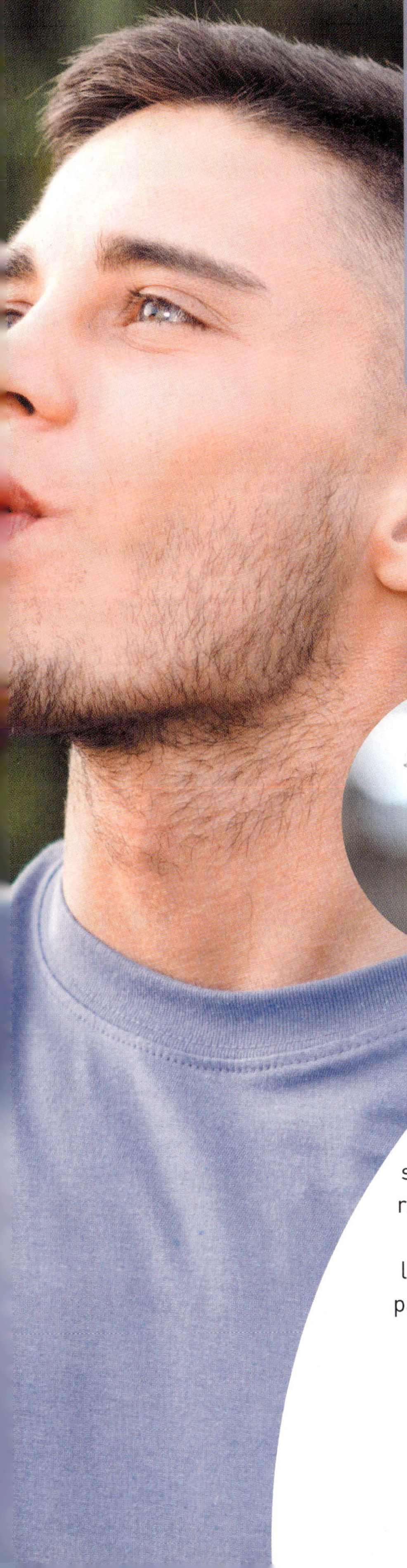

L'EAU ABSORBÉE ET L'EAU ÉVACUÉE

Notre corps est composé d'environ 60 % d'eau. C'est le composant essentiel du sang, de la salive et des autres fluides corporels. On en trouve également dans les cellules. Nous en perdons constamment dans l'urine, la sueur, les selles et à chaque respiration. C'est en buvant et en mangeant que nous remplaçons l'eau que nous rejetons.

Mourir de soif

Quand on ne boit pas suffisamment, on se retrouve vite déshydraté. Ce qui signifie que les déchets et les toxines s'accumulent dans le sang. On peut alors souffrir de maux de tête, de vertiges ou d'une grande fatigue. Sans eau, on ne peut pas survivre plus de quelques jours.

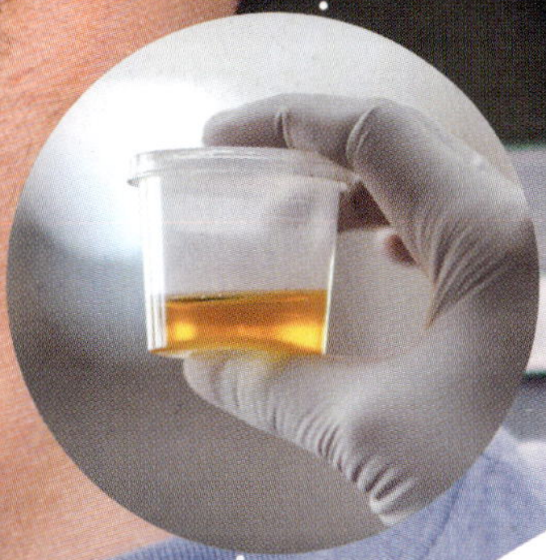

LA COULEUR DE L'URINE

Plus on boit, plus la vessie se remplit. Si on boit beaucoup, l'urine est diluée et de couleur jaune pâle. Si on ne boit pas suffisamment, l'urine est concentrée et de couleur jaune foncé. L'urine est jaune car elle contient des particules d'hémoglobine, la substance qui rend le sang rouge.

LA VESSIE

À mesure que la vessie se remplit d'urine, les muscles de ses parois s'étirent jusqu'à ce que les nerfs réagissent. Ils envoient alors des influx au cerveau pour relâcher le muscle qui ferme l'urètre. Les parois de la vessie se contractent et évacuent l'urine par l'urètre. Chez l'adulte, la vessie contient jusqu'à 600 millilitres d'urine (2 verres).

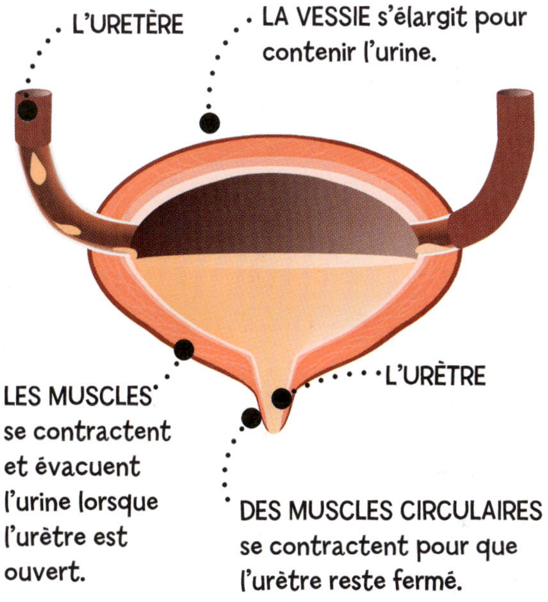

L'évolution du corps

L'évolution du corps est plus rapide avant la naissance qu'après. L'être humain commence sa vie sous la forme d'une unique cellule qui se multiplie encore et encore jusqu'à former les milliards de cellules qui composent notre corps.

LE NOURRISSON

Au cours de sa première année, le bébé grandit et devient plus fort. Il pleure, sourit et tente d'exprimer ce qu'il ressent. Les membres sont courts par rapport au buste. Le dos se renforce progressivement. La tête est grosse par rapport au reste du corps.

LE PETIT ENFANT

Entre 3 et 6 ans, les petits explorent le monde et commencent à se socialiser. Les cheveux sont plus longs et plus épais que ceux d'un bébé. On considère qu'à 2 ans, l'enfant fait à peu près la moitié de sa taille adulte.

L'ENFANT

À l'école, les enfants apprennent à lire, à écrire et à comprendre le monde grâce aux différentes matières enseignées. Les jambes grandissent par rapport au reste du corps. Le cerveau est capable d'appréhender des idées et des faits. L'enfant acquiert le contrôle des mouvements nécessaires pour écrire et dessiner.

Le nouveau-né

À sa naissance, toutes les parties du corps sont formées, mais le nouveau-né est un être totalement dépendant. Ce sont ses parents qui vont le nourrir, prendre soin de lui, le garder propre et bien au chaud.

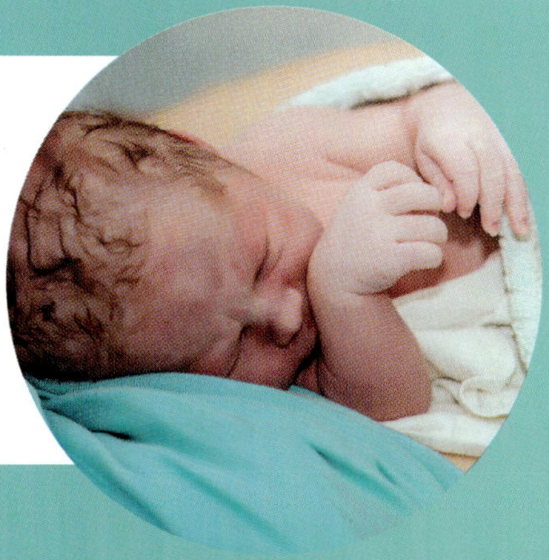

L'ADOLESCENT

Les adolescents atteignent la puberté, une période au cours de laquelle leur corps se transforme pour devenir peu à peu celui d'un adulte. La taille augmente rapidement. Entre 16 et 19 ans, la plupart des adolescents ont pratiquement atteint leur taille adulte. Les organes sexuels se développent et produisent des hormones.

L'ADULTE

Les adultes prennent soin d'eux-mêmes et essaient de contribuer à la marche du monde. Ils décident souvent de faire des enfants à leur tour. Les os et les muscles continuent à se développer jusqu'à 30 ans environ.

LA PERSONNE ÂGÉE

Les personnes âgées ralentissent leur rythme de vie et parfois, l'ouïe, la vision et la mémoire deviennent moins performantes. La peau perd de son élasticité. La masse osseuse et la taille diminuent légèrement. Les muscles deviennent plus faibles. La taille s'élargit à mesure que la graisse s'accumule autour de l'abdomen.

L'adulte pèse environ 20 fois plus que le bébé à la naissance.

La reproduction

Les bébés proviennent de l'union d'un ovule et d'un spermatozoïde. Cet œuf se développera, deviendra un embryon, puis un fœtus. Au bout de 9 mois, le bébé sera prêt à sortir du ventre de sa mère.

Le spermatozoïde doit donner 1 000 coups de flagelle pour avancer d'un centimètre.

L'OVULE

C'est la cellule femelle de la reproduction. L'ovule ressemble à une petite boule qui mesure environ 0,2 mm de diamètre. L'ovule, produit par les ovaires, se loge dans les trompes de Fallope en attendant d'être fécondé par un spermatozoïde... ou pas !

L'APPAREIL GÉNITAL MASCULIN

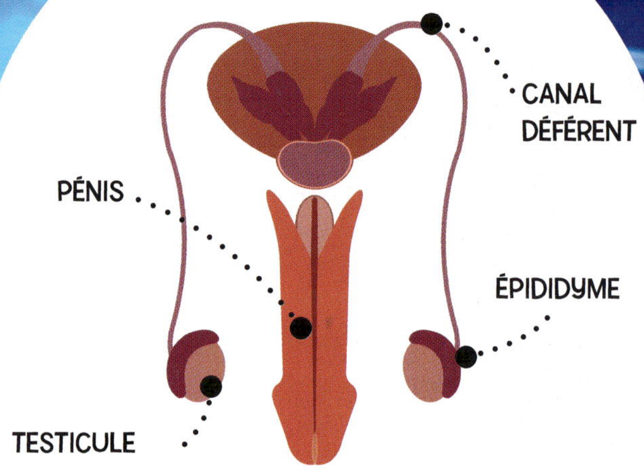

L'APPAREIL GÉNITAL FÉMININ

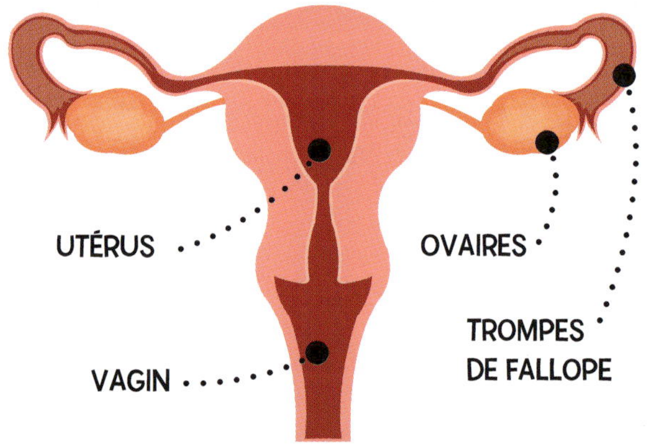

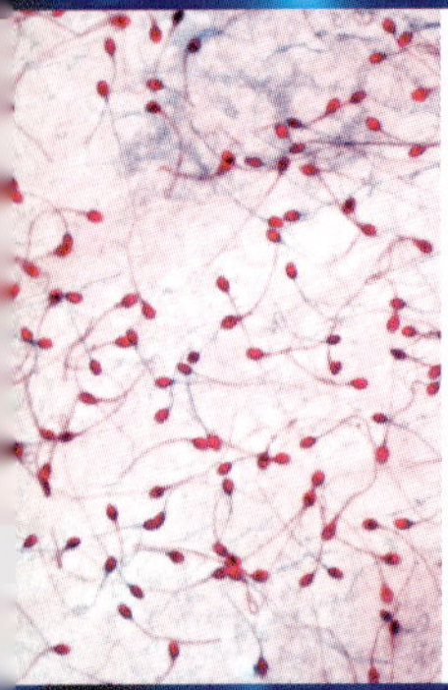

LE SPERMATOZOÏDE

C'est la cellule mâle de la reproduction qui est fabriquée dans les testicules. Un spermatozoïde mesure environ 0,6 mm et est invisible à l'œil nu. Le spermatozoïde est mobile et se déplace grâce à un flagelle (queue).

Un moment intime

La conception d'un bébé commence par un rapport sexuel entre un homme et une femme. On appelle cela "faire l'amour". Le pénis de l'homme pénètre dans le vagin de la femme. Quand l'homme éjacule, le pénis libère environ 200 millions de spermatozoïdes dans le vagin de la femme. L'union de l'un d'entre eux et d'un ovule pourra donner naissance à un bébé !

La conception

Chaque cellule contient 46 chromosomes.

Une nouvelle vie commence quand une cellule sexuelle du père (spermatozoïde) s'unit à une cellule sexuelle de la mère (ovule). Cette première cellule se divise en deux cellules, puis en quatre et ainsi de suite, jusqu'à former un amas de cellules qui se fixe dans l'utérus de la mère. Les cellules continuent à se diviser pour former les différentes parties du corps.

Les chromosomes masculins et féminins

Deux chromosomes décident du sexe. La mère transmet toujours un chromosome X, alors que le père peut transmettre soit un X soit un Y. Si le bébé hérite de deux chromosomes X, ce sera une fille. S'il hérite d'un chromosome X et d'un Y, ce sera un garçon.

L'HÉRITAGE

Chaque chromosome contient des centaines de gènes qui déterminent la couleur des cheveux, la forme du nez, la taille à l'âge adulte et bien d'autres caractéristiques physiques et mentales.

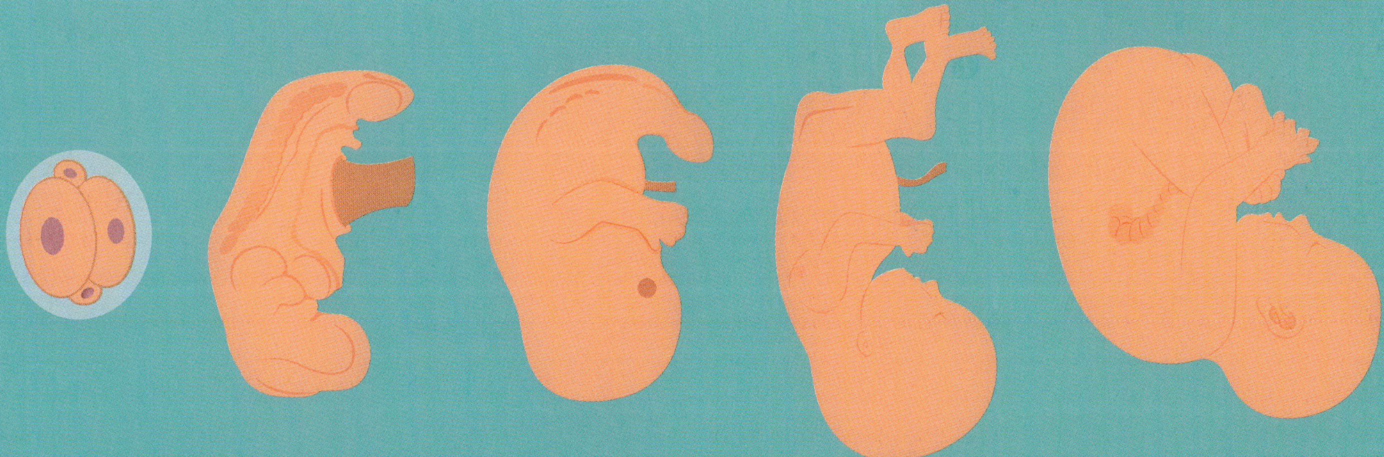

1 SEMAINE
La première cellule se divise en deux, en quatre, en huit...

3 À 4 SEMAINES
Le cœur commence à battre. C'est le début des bras et des jambes.

6 À 7 SEMAINES
Les organes tels que le cerveau, les reins, les intestins et le foie commencent à fonctionner.

10 À 21 SEMAINES
Le fœtus commence à entendre ce qui se passe à l'extérieur du ventre. Le cordon ombilical fournit de la nourriture et de l'oxygène.

33 À 38 SEMAINES
Après 38 semaines, le bébé est totalement formé et prêt à naître.

Grandir

La puberté est la période entre l'enfance et l'âge adulte. Elle dure plusieurs années au cours desquelles le corps et les émotions évoluent à mesure que la personne se prépare à être adulte.

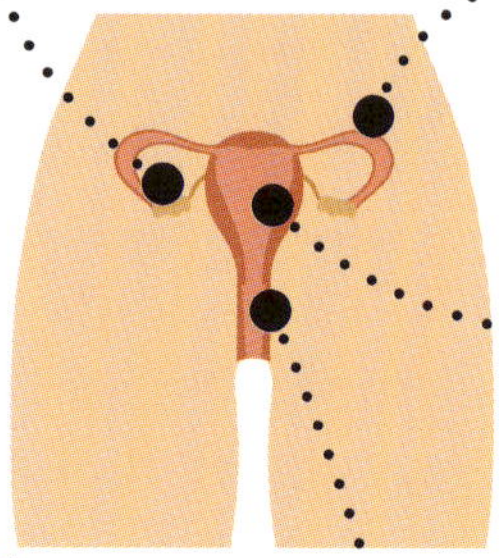

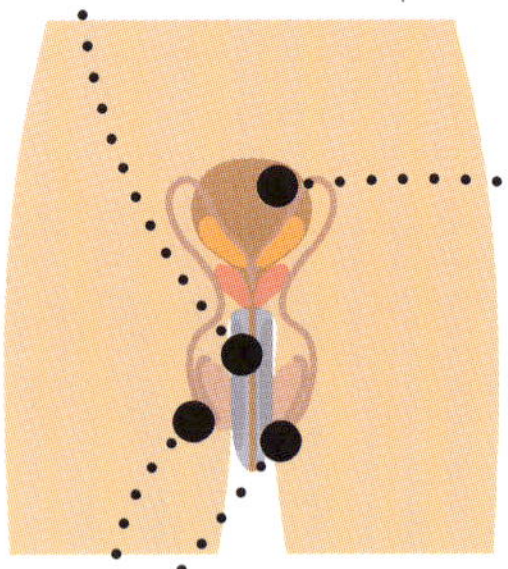

LE CORPS DES GARÇONS

Chez la plupart des garçons, la puberté arrive un peu plus tard que chez les filles. Ils grandissent et leurs muscles se développent. Leur voix devient grave - on dit qu'ils muent - et des poils commencent à pousser sur leur corps et leur visage.

LE CORPS DES FILLES

Pour les filles, la puberté commence généralement entre 9 et 13 ans.
Les seins grossissent et les hanches deviennent plus larges.
Des poils poussent sous les aisselles et sur le pubis. Les ovaires commencent à libérer des ovules et l'utérus se prépare à pouvoir accueillir un bébé.

AVOIR SES RÈGLES

La muqueuse utérine est tapissée de cellules riches en sang. Une fois par mois, ces cellules sont éliminées par des saignements du vagin. Ce sont les règles.

Les hormones et les changements liés à la puberté

Pendant la puberté, les adolescents commencent à ressentir des attirances sexuelles : les hormones sexuelles se mettent en marche. La principale hormone féminine est l'œstradiol, pour les garçons, c'est la testostérone. Les hormones peuvent également influer sur les humeurs de l'adolescent. On passe facilement de la joie à la colère, puis à la tristesse.

Vieillir

Le corps ne cesse jamais d'évoluer à mesure qu'on avance en âge. Plus on vieillit, plus on a l'impression de ralentir son rythme de vie et de ne plus pouvoir faire autant de choses qu'auparavant.

QU'EST-CE QUE VOUS DITES ?

Les personnes âgées ont souvent des difficultés à entendre ce qu'on dit, parce que leurs oreilles ne captent plus toute la gamme des sons humains. Les mots parviennent étouffés.

Au ralenti

Avec l'âge, la plupart des gens deviennent plus lents. Les cellules se renouvellent moins vite et les organes fonctionnent moins bien. Les os peuvent devenir plus fragiles, les articulations plus raides et plus douloureuses. Le cerveau, lui aussi, est ralenti et il est plus difficile de faire travailler sa mémoire, en particulier pour les événements récents.

DES GRANDS-PARENTS BIONIQUES

Les médecins et les scientifiques ont inventé des moyens pour améliorer ou même remplacer certaines parties du corps : les prothèses dentaires, les prothèses de la hanche et du genou, les prothèses auditives... les stimulateurs cardiaques (pacemakers) contrôlent le rythme cardiaque.

Le processus de vieillissement commence dès l'âge de 25 ans.

Vivre plus longtemps

Le nombre de personnes de plus de 100 ans est en augmentation, et certaines personnes ont plus de 110 ans.
L'augmentation de la durée de vie est principalement due aux progrès de la médecine et à des modes de vie plus sains.

Les maladies

Une maladie est une altération de l'état de santé à cause de microbes (des bactéries ou des virus) qui envahissent notre organisme.

Le système immunitaire

En cas d'infection, l'organisme se défend automatiquement. Les globules blancs détectent et détruisent les microbes. Dès qu'ils repèrent un microbe, ils déclenchent la fabrication d'anticorps. Chaque espèce de microbe exige un anticorps particulier.

LES MICROBES

Les bactéries, les virus et les champignons sont des microbes. Les bactéries peuvent se développer pratiquement partout.
Les virus, eux, doivent entrer dans une cellule avant de se multiplier. Notre corps abrite des centaines de milliards de microbes !

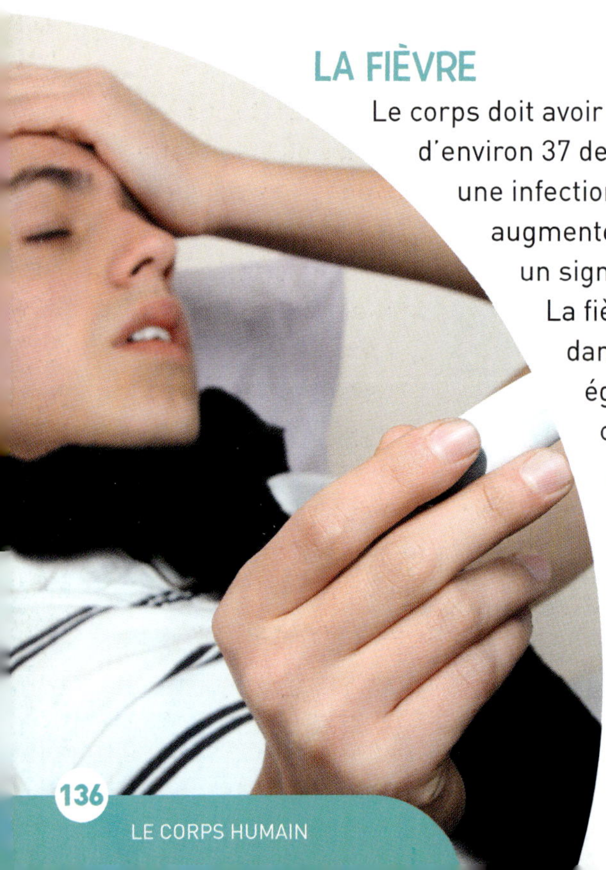

LA FIÈVRE

Le corps doit avoir une température d'environ 37 degrés. Quand il y a une infection, la température augmente. C'est souvent un signal d'alerte.
La fièvre signale un danger, mais peut également tuer certains microbes par la chaleur.
Une température au-delà de 40 degrés devient dangereuse pour la santé.

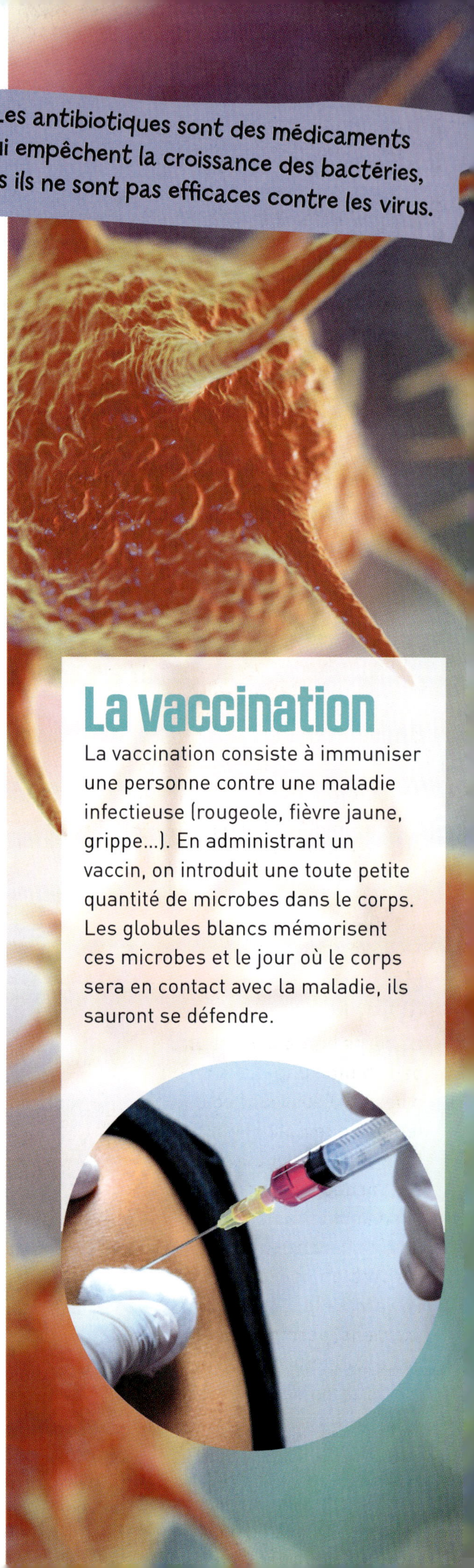

Les antibiotiques sont des médicaments qui empêchent la croissance des bactéries, mais ils ne sont pas efficaces contre les virus.

La vaccination

La vaccination consiste à immuniser une personne contre une maladie infectieuse (rougeole, fièvre jaune, grippe...). En administrant un vaccin, on introduit une toute petite quantité de microbes dans le corps. Les globules blancs mémorisent ces microbes et le jour où le corps sera en contact avec la maladie, ils sauront se défendre.

Rester en bonne santé

La santé est une des choses les plus importantes dans la vie et nous devons faire le maximum pour la préserver. Rester en bonne santé implique une bonne hygiène corporelle et alimentaire.

Pour bien grandir et être en bonne santé, un enfant doit dormir au moins 10 heures par nuit.

L'alimentation

Manger des aliments sains et équilibrés aide à rester en bonne santé. Il faut manger beaucoup de fruits et de légumes, et varier son alimentation. Il est également très important de boire beaucoup d'eau (6 à 8 verres par jour) pour hydrater son corps et éliminer les toxines.

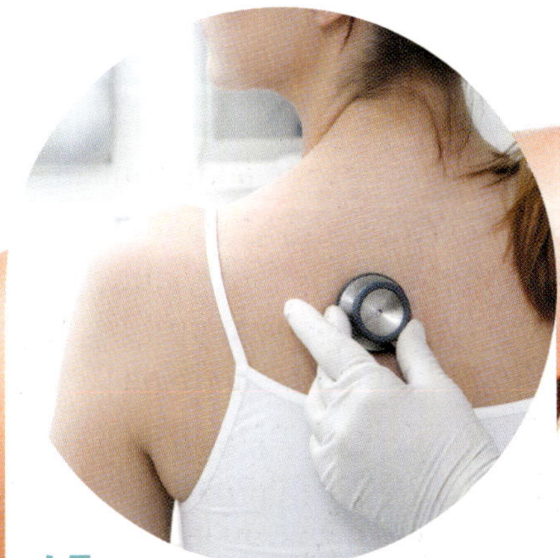

LE SUIVI MÉDICAL

Le corps humain, c'est un peu comme une machine qui a besoin d'être vérifiée de temps en temps. Mieux vaut faire un bilan régulier avec son médecin, son dentiste et son ophtalmologiste, plutôt que d'attendre que les problèmes surviennent. La vaccination, ou certains examens, permet de se protéger contre certaines maladies ou de les anticiper.

L'HYGIÈNE

Pour être en bonne santé, la propreté est primordiale. Il faut se laver les mains souvent, se brosser les dents deux fois par jour, et prendre une douche tous les jours. Il est préférable de mettre sa main devant sa bouche quand on tousse ou quand on éternue, afin de ne pas exposer les autres à ses microbes.

Le sport

Faire du sport rend les muscles plus puissants, le cœur et les poumons plus résistants. Le sport booste aussi le système immunitaire, permet de garder un poids de forme et favorise le sommeil. Bouger, en plus de faire du bien au corps, fait également du bien au moral, car l'activité physique permet d'évacuer le stress.

1000 CHOSES à SAVOIR

LES CIVILISATIONS ET LES PEUPLES

LA PRÉHISTOIRE
LES PREMIERS HOMMES

La Préhistoire a débuté avec l'apparition des premiers hommes en Afrique, il y a environ 6 millions d'années. Elle s'est achevée avec la naissance de l'écriture en Mésopotamie, 3 500 ans avant J.-C.

Lucy

Lucy est le nom donné au fossile de l'Australopithèque découvert en Éthiopie en 1974. D'après les experts, Lucy était une femme de 20 ans qui mesurait 1,20 m et pesait environ 30 kilos.

Une lente évolution

Il y a plus de 7 millions d'années, les premiers hominidés sont apparus en Afrique. Ces grands singes ont progressivement évolué vers l'Australopithèque, un hominidé capable de tenir debout sur ses pattes arrière. L'Australopithèque, notre plus vieil ancêtre, est apparu il y a environ 6 millions d'années.

La Namibie, considérée comme le berceau de l'humanité, offre des paysages qui auraient très peu changé depuis la Préhistoire.

Les chutes Epupa - Namibie

Homo Habilis

L'HOMME HABILE

L'Homo Habilis est apparu il y a 2,8 millions d'années. Il taillait des pierres pour en faire des outils qu'il utilisait pour dépecer les cadavres d'animaux. Nomade, il vivait de la cueillette et de la chasse.

Homo Erectus

L'HOMME DEBOUT

L'Homo Erectus est apparu il y a 1,8 million d'années. Il a commencé à se déplacer vers l'Europe et l'Asie. C'est lui qui a découvert le feu il y a 500 000 ans.

Homme de Neandertal

L'HOMME QUI A DISPARU

Il y a 500 000 ans, l'Homo Erectus européen a évolué vers l'homme de Neandertal, un type humain qui a complètement disparu, il y a 28 000 ans. C'est le premier homme à enterrer ses morts.

Homo Sapiens

L'HOMME SAVANT

L'Homo Sapiens est l'ancêtre direct de l'homme moderne. Il est apparu il y a 200 000 ans. Il a cotoyé l'homme de Neandertal et a hérité de certains de ses gènes.

LE PALÉOLITHIQUE : L'ÂGE DE LA PIERRE TAILLÉE

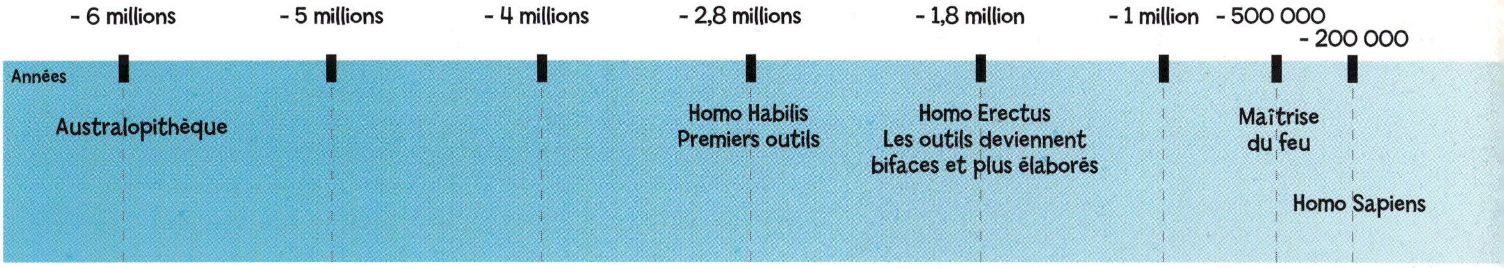

Chasser et maîtriser le feu

Jusqu'à la fin du Paléolithique, les principales préoccupations de l'homme préhistorique étaient de se nourrir et de se protéger du froid et des animaux.

UN HABITAT EN MOUVEMENT

Contrairement à ce que l'on peut penser, les hommes de la Préhistoire ne vivaient pas toujours dans des cavernes, mais s'en servaient pour s'abriter en cas de besoin. Ils étaient nomades et se fabriquaient des habitats au gré de leur voyage. Ces habitats étaient faits de branches et de feuilles, ou d'os et de peaux de bêtes.

LES OUTILS ET LES ARMES

Il y a 2,5 millions d'années, l'homme a façonné les premiers outils : ils étaient taillés dans la pierre, le silex, la corne ou le bois. L'homme s'en servait pour chasser, découper la viande et coudre des vêtements en peaux de bêtes.

Le feu : la première conquête

L'homme a découvert la maîtrise du feu en frappant du silex. Il a pu alors se protéger contre les bêtes sauvages, cuire ses aliments, se chauffer et s'éclairer.

UNE ALIMENTATION VARIÉE

Les hommes préhistoriques mangeaient des plantes telles que des feuilles de pissenlit, d'orties ou de menthe. Ils consommaient aussi des noix et des graines.
Tout comme nous, ils étaient omnivores car même si leur nourriture était surtout végétarienne, ils mangeaient aussi de la viande (du mammouth) et du poisson.

Les animaux préhistoriques

La plupart des animaux qui vivaient à l'époque de la Préhistoire n'existent plus. C'est le cas du mammouth. Il ressemblait à un très grand éléphant et pouvait atteindre 4 mètres de long. Il était recouvert d'une épaisse fourrure qui le protégeait du froid. Le renne et le bison sont des animaux qui ont survécu à cette période.

L'art rupestre

Les peintures et dessins des cavernes étaient réalisés à partir de poudre d'argile, de charbon et de graisse animale. Ils représentaient des scènes de chasse et des dessins de mains, le premier outil de l'homme.

- 18 000 - 15 000
Grotte de Lascaux
Vallée de la Vézère,
Dordogne - France

L'HOMME DE CRO-MAGNON

C'est le nom donné aux Homo Sapiens d'Europe. Il vivait dans des grottes et des cavernes, pratiquait l'art rupestre et enterrait ses morts. C'est lui qui a peint la Grotte de Lascaux.

LES SCULPTURES PRIMITIVES

L'homme sculpte la pierre, le calcaire, la corne ou l'argile. Un grand nombre de ces sculptures sont des statuettes représentant la déesse-mère, symbole de fécondité.

Le Néolithique

C'est la période qui suit le Paléolithique. Elle débute il y a 10 000 ans avec l'apparition de l'élevage et se termine il y 3 000 ans avec la découverte de l'écriture, qui marque la fin de la Préhistoire et le début de l'histoire écrite.

Années

- 10 000 ans : Apparition de l'élevage et de l'agriculture. Élévation de menhirs et de dolmens. Invention de l'arc et de la lance
- 8 000 ans : Début du tissage et de la poterie
- 7 000 ans : Premiers villages
- 3 500 ans : Invention de la roue
- 3 000 ans : Début de l'écriture et fin de la Préhistoire

Les Sumériens La Mésopotamie

À partir de 4 000 ans avant J.-C., la civilisation sumérienne, une des premières civilisations du monde, voit le jour dans une région qui s'étend sur le territoire de l'Irak actuel, auprès des fleuves du Tigre et de l'Euphrate. Elle va influencer toutes les autres civilisations antiques.

Le nom Mésopotamie signifie "pays entre deux fleuves".

Le début de l'écriture

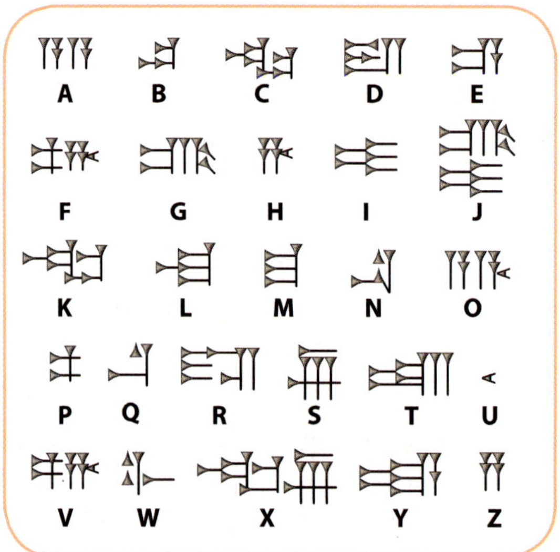

En 3 200 avant J.-C., les Sumériens inventent l'écriture cunéiforme, une écriture en forme de coins (ou de clous), pour représenter les mots. Contrairement aux pictogrammes qui jusque là désignaient des objets, les signes cunéiformes représentent des syllabes. Cette écriture complexe était gravée sur des tablettes d'argile et lue par les scribes, les seules personnes à savoir lire et écrire.

UNE AGRICULTURE PROSPÈRE

Depuis environ 10 000 ans avant J.-C., les peuples s'installent à travers le monde sur des terres fertiles, souvent proches des fleuves, afin d'y développer l'agriculture.
La Mésopotamie fait partie d'une région appelée Croissant fertile. Le Sumer, au sud de la Mésopotamie, est surnommé le grenier à grain du monde antique.

L'ÉTENDARD D'UR

C'est un coffre en bois datant de l'époque sumérienne. Il a été retrouvé en Irak dans les années 1920, sur le site d'une des plus anciennes villes de Mésopotamie : la cité d'Ur. On y voit des guerriers, des prisonniers et le roi d'Ur.

L'étandard d'Ur

En 3 500 avant J.-C., les sumériens inventent la roue.

Un peuple de bâtisseurs

Ils élaborent d'ingénieux systèmes d'irrigation pour l'agriculture, ainsi que des temples en forme de pyramides à plusieurs étages appelés ziggourats. Les sumériens sont également à l'origine du développement des premières villes. Ils créent des institutions juridiques et des Conseils pour organiser la vie dans la cité.

Un peuple de mathématiciens

Ils conçoivent un calendrier en lien avec la Lune et les saisons.
Ils mettent au point des systèmes de calculs de l'espace et du temps.

ARTISTES ET ARTISANS

Les Sumériens utilisent l'argile pour fabriquer des poteries et de la céramique.
C'est l'apparition des premières œuvres artistiques avec les poteries décorées.
Ils maîtrisent petit à petit la métallurgie et la fusion des métaux. Cette technique leur permet de découvrir l'orfèvrerie, de fabriquer et de décorer des objets du quotidien.

Temple sumérien restauré (ziggourat) dans l'ancienne cité d'Ur, Irak

L'Égypte antique

La civilisation égyptienne s'est développée et a prospéré grâce au Nil, le plus long fleuve d'Afrique, entre 3 000 et 30 avant J.-C. Son déclin a commencé après son annexion à la Macédoine par Alexandre le Grand en 330 avant J.-C.

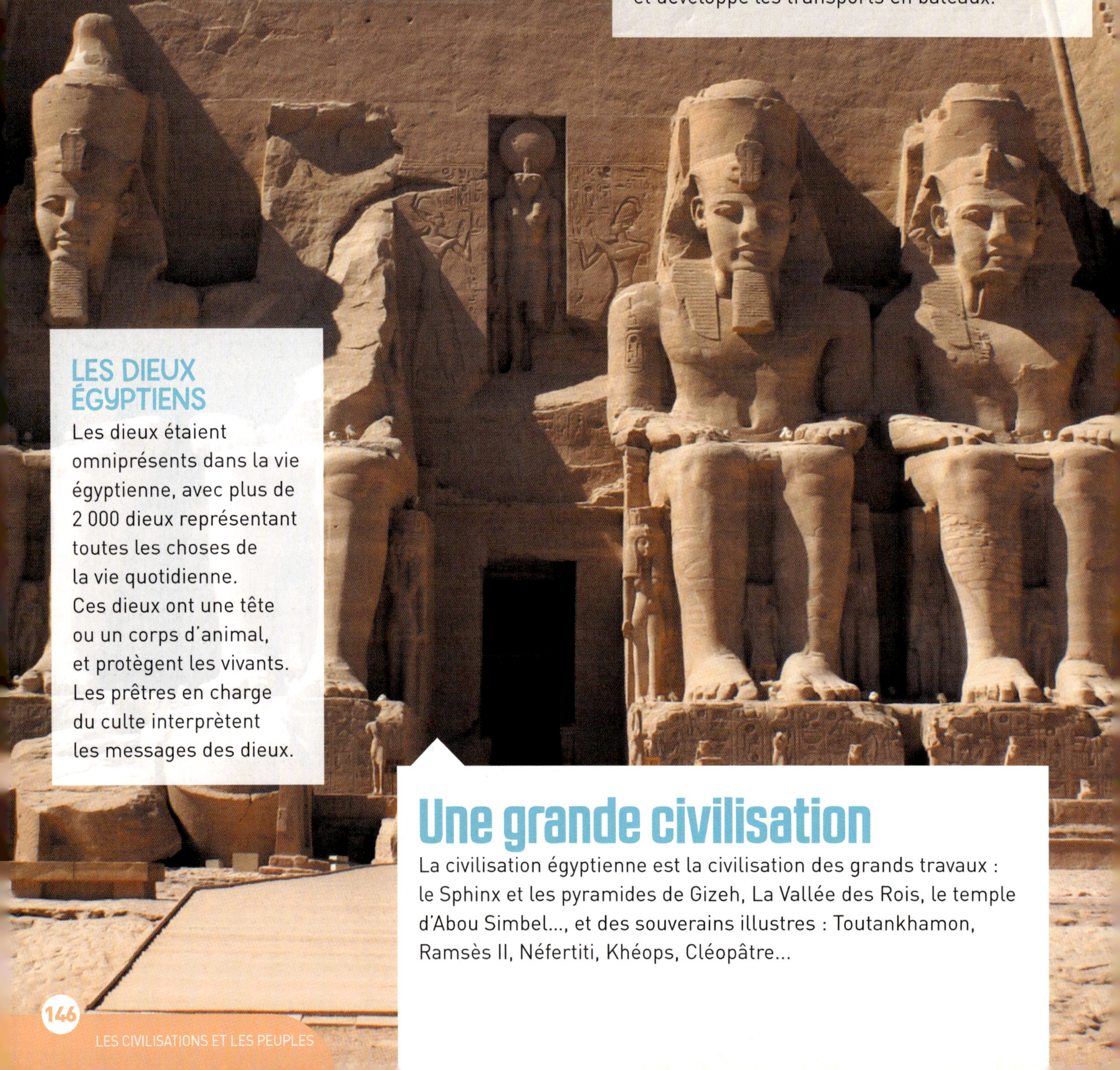

Abu Simbel, Temple de Ramsès II, Égypte

Le Nil

Les Égyptiens se sont naturellement installés le long du Nil, car au milieu du désert, sa crue annuelle fertilisait la terre et favorisait des cultures abondantes. Le fleuve était aussi utilisé pour la pêche, le transport et le commerce. Ce sont les Égyptiens qui ont inventé la voile et développé les transports en bateaux.

LES DIEUX ÉGYPTIENS

Les dieux étaient omniprésents dans la vie égyptienne, avec plus de 2 000 dieux représentant toutes les choses de la vie quotidienne. Ces dieux ont une tête ou un corps d'animal, et protègent les vivants. Les prêtres en charge du culte interprètent les messages des dieux.

Une grande civilisation

La civilisation égyptienne est la civilisation des grands travaux : le Sphinx et les pyramides de Gizeh, La Vallée des Rois, le temple d'Abou Simbel..., et des souverains illustres : Toutankhamon, Ramsès II, Néfertiti, Khéops, Cléopâtre...

Le mot papyrus a donné le mot papier.

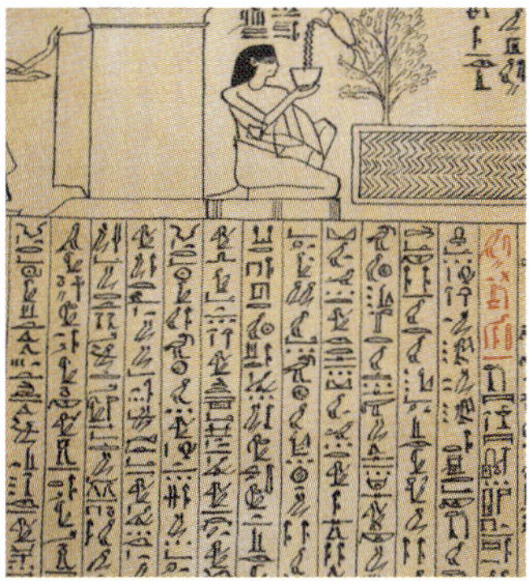

LES HIÉROGLYPHES ET LE PAPYRUS

Les Égyptiens ont inventé une écriture à base de hiéroglyphes : un dessin signifie une idée ou un son. Ces dessins étaient réalisés sur des murs ou sur des rouleaux de papyrus, une plante cultivée et transformée pour être utilisée comme manuscrit par les scribes.

Les pyramides

Sous l'Ancien Empire, les pharaons faisaient construire des pyramides pour y être enterrés avec leur trésor.
Les travaux commençaient dès qu'un pharaon arrivait au pouvoir et duraient tout son règne.
Les pierres venaient de très loin par le Nil et par tout un réseau de canaux. Après les funérailles, l'entrée était scellée avec un bloc de granit, qui la rendait invisible.

Tombeau en or du pharaon

Le mot pharaon veut dire grande maison.

Le pharaon et ses sujets

Les Égyptiens pensaient que le pharaon était le fils du dieu Soleil Ra sur Terre.
Il était tout-puissant et portait une couronne appelée Pschent qui symbolisait son autorité. Il était conseillé par des vizirs qui étaient à la fois architectes, médecins, prêtres, ingénieurs et astronomes.
Venaient ensuite dans la hiérarchie, les scribes qui savaient écrire, puis les soldats et les ouvriers qui construisaient les temples et les tombeaux des rois, puis les paysans et enfin les esclaves.

LA MOMIFICATION

Les Égyptiens croyaient à une vie après la mort. Mais pour que l'esprit survive dans l'au-delà, le corps devait être conservé par momification. Les organes étaient retirés du corps et placés dans les canopes - des sortes de vases - sous la protection d'un dieu. Il fallait 70 jours aux embaumeurs pour préparer le pharaon en vue de ses funérailles !

La momie était ensuite posée dans un sarcophage avant d'être placée avec ses trésors, dans une pyramide ou un tombeau.

La Grèce antique

Environ 500 ans avant J.-C., la Grèce antique était un vaste empire qui s'étendait au sud-est de l'Europe, sur tout le pourtour de la Méditerranée.

Le sport

Les concours sportifs se déroulaient à Olympie tous les quatre ans en l'honneur de Zeus, le roi des dieux. Les athlètes de tout le pays venaient s'affronter dans les épreuves de course, de lutte, de lancer du disque et du javelot... Les premiers Jeux olympiques antiques ont eu lieu en 776 avant J.-C.

La mythologie grecque

C'est l'ensemble des récits et des légendes de la Grèce antique. Zeus (roi des dieux), Athéna (déesse de la sagesse), Poséidon (dieu des océans) et Aphrodite (déesse de l'amour) faisaient partie des 12 dieux les plus importants. Ils vivaient et régnaient sur le Mont Olympe.

Homère

C'est l'auteur présumé de 2 poèmes épiques : l'Iliade et l'Odyssée. L'Iliade raconte la guerre de Troie et l'Odyssée raconte les aventures d'Ulysse.

L'ART DE LA GUERRE

Les cités grecques ont été marquées par une série de guerres visant à repousser l'envahisseur perse, puis par la guerre du Péloponnèse qui a opposé Sparte et Athènes. Tous les hommes devaient combattre et les spartiates envoyaient les garçons dans des camps militaires dès l'âge de 7 ans.

LA NAISSANCE DE LA DÉMOCRATIE

La cité d'Athènes a d'abord connu la monarchie, puis un régime tyranique avant de devenir une démocratie en 507 avant J.-C.

Le théâtre

Les Grecs ont édifié des théâtres en plein air dans tout le pays. Les rôles étaient joués exclusivement par des hommes, qui utilisaient des masques pour interpréter les rôles féminins. Ils chantaient, dansaient et jouaient des tragédies ou des comédies basées sur les mythes antiques grecs.

LA SAGESSE ET LES SCIENCES

Les Grecs étaient de grands penseurs, poètes ou philosophes. Ils observaient le monde et relataient des récits et des légendes sur la vie des dieux, pour aider les hommes à réfléchir.
Les Grecs étaient aussi de grands scientifiques.
Ils ont fait de grandes découvertes en mathématiques et en astronomie.
Ils ont été les premiers à cartographier des constellations du Système solaire.

Socrate

La légende du Minotaure

Le Minotaure était un monstre mi-homme, mi-taureau. Il vivait dans le Labyrinthe situé sous le palais de Cnossos en Crète.
Tous les 9 ans, sept filles et sept garçons athéniens étaient sacrifiés en offrande au Minotaure. Thésée, héros de la mythologie grecque, est parvenu à tuer le Minotaure et à sortir du Labyrinthe grâce à Ariane, fille du roi Minos, qui l'aida à retrouver son chemin avec une simple pelote de fil.

Le théâtre d'Herode Atticus à l'Acropole d'Athènes, Grèce

Les Romains

La civilisation romaine a été une des civilisations les plus puissantes de l'Antiquité, de 750 avant J.-C. à 476. Son organisation et sa puissante armée lui ont permis de s'installer tout autour du bassin méditerranéen et d'étendre son influence bien au-delà de la Méditerranée.

Les Romains ont inventé les chiffres romains, une écriture, toujours utilisée aujourd'hui.

Le pouvoir à Rome

La ville a été dirigée par des rois pendant 250 ans, puis elle est devenue une république pendant 500 ans. Citoyens, sénateurs et magistrats participaient alors aux décisions de la cité. Après plusieurs guerres internes, la république a pris fin à la mort de Jules César en 44 avant J.-C. Octave, son fils adoptif, est devenu le premier empereur en 27 avant J.-C. et a rétabli la paix. Près de 90 empereurs se sont succédé jusqu'à la fin de l'Empire romain en 476.

Statue de Jules César

JULES CÉSAR

Jules César était un politicien romain né en 100 avant J.-C. Il a brillé par ses conquêtes militaires. Accusé de vouloir s'accaparer tous les pouvoirs, il a été assassiné par Marcus Brutus.

LES THERMES ET LES TOILETTES PUBLIQUES

Les Romains avaient compris qu'une bonne hygiène permettait de rester en bonne santé. Les thermes étaient des lieux publics accessibles à tous les Romains qui s'y rendaient pour se laver et pour rencontrer des amis. Grâce aux aqueducs, ils alimentaient les villes en eau. Ils ont aussi inventé les latrines et les égouts.

La fondation de Rome

La légende dit que Rome aurait été fondée en 753 avant J.-C. par Romulus et Remus, des jumeaux élevés par une louve.

Le Colisée de Rome

Les jeux de Rome

Les jeux étaient l'occasion pour l'empereur et les dignitaires de montrer leur richesse et leur pouvoir en offrant des spectacles au peuple. Les représentations avaient lieu dans des amphithéâtres ou des arènes. Le combat de gladiateurs était le plus populaire : des esclaves ou des prisonniers se battaient à mort, entre eux, ou contre des animaux sauvages. Le vainqueur était récompensé et gagnait parfois la liberté.

DE GRANDS BÂTISSEURS

Les prouesses techniques de la Rome antique n'ont jamais été égalées avant le XIXe siècle. Les routes, les aqueducs, les arènes et autres édifices construits par les soldats et les esclaves étaient si solides que l'on peut encore les admirer aujourd'hui !

À L'ATTAQUE !

La puissance de l'armée romaine était légendaire ! Les soldats, appelés légionnaires, étaient bien payés, très organisés et avaient tous le même équipement, contrairement à la plupart de leurs ennemis. Pour se protéger des flèches ennemies, ils ont inventé la célèbre formation "tortue" dans laquelle ils avançaient serrés en se protégeant avec leurs boucliers.

Les Barbares

Pour les Romains, un Barbare désignait un étranger aux mœurs et aux langues différentes des leurs.

Les peuples barbares étaient des peuples nomades qui vivaient aux frontières de l'Empire romain et convoitaient ses richesses.

Bas-relief d'une scène de bataille entre les légions romaines et les Barbares - Rome, Italie

Les Germains

Les Germains étaient des guerriers et d'excellents forgerons. Grâce à leur maîtrise de la soudure et des alliages, ils fabriquaient des épées et des haches de grande qualité.

Peinture représentant la rencontre entre le Pape Léon 1er et Attila - Vatican, Italie

Vitrail représentant le baptême de Clovis - Église de Bonaventure - Lyon, France

Les Francs

Après avoir aidé les Romains à repousser les Huns, ce peuple germanique a pris possession de la Gaule. Clovis, leur chef, né en 466, est devenu roi des Francs en 481, après avoir conquis presque toute l'ancienne Gaule. Ils ont donné leur nom à la France. Leur langue, le francique, a donné le français.

Les Huns

À partir de 375, les Huns sont arrivés d'Asie centrale, faisant fuir les peuples germains vers l'ouest. Ils avaient la réputation d'être des guerriers cruels, ravageant tout sur leur passage. En 451, ils ont envahi la Gaule. Attila, leur chef, affirmait que partout où son cheval passait, l'herbe ne repoussait pas !

Mur d'Hadrien - Fortification romaine - Angleterre

LA CHUTE DE L'EMPIRE ROMAIN

Rome a tenté de protéger son empire avec des fortifications, puis avec des traités. L'Empire s'est divisé en deux pour résister aux Barbares. Le pillage de Rome par les Wisigoths en 410 marque le déclin de l'Empire romain d'Occident.
En 476, l'abdication de Romulus Augustule, le dernier empereur, marque la fin de l'Empire romain. L'Antiquité va laisser place au Moyen Âge.

Les Vikings

Les Vikings ont vécu en Scandinavie de 790 à 1070. À bord de leurs navires, ils ont envahi les pays voisins pour s'emparer des terres. Ils lançaient de féroces attaques pour piller les richesses et installaient des colonies avec un chef de clan.

DES GUERRIERS SANGUINAIRES

Les Vikings étaient de terribles guerriers qui massacraient les populations indigènes. Ils portaient une cotte de maille et se battaient avec des armes de fer. Selon leurs coyances, la mort au combat leur assurait une place à Valhalla, le paradis des Vikings.

Le casque viking était porté seulement par les seigneurs, les jarls.

Des experts en construction navale

Les Vikings savaient construire des bateaux très solides. Après les bateaux de pêche, puis les bateaux de commerce (les knarrs), ils ont fabriqué des langskips, des navires conçus pour leurs raids guerriers.

UNE SOCIÉTÉ ORGANISÉE

La société était divisée en trois classes : les jarls (seigneurs), les karls (commerçants) et les thralls (esclaves).

De grands explorateurs

Chaque année, après la période des récoltes, les Vikings embarquaient pour des expéditions le long des côtes, ou effectuaient de longues traversées en mer. Ils fondaient des colonies partout où ils débarquaient. L'explorateur Erik le Rouge a installé une colonie de 5 000 personnes au Groenland !

L'Empire mongol

Les Mongols étaient des nomades originaires d'Asie centrale. Ils se déplaçaient à la recherche de pâturages pour leurs troupeaux. Dans la première moitié du XIIIe siècle, les armées mongoles ont conquis d'immenses territoires en Asie et en Europe.

Des tribus nomades

Les Mongols élevaient des chevaux, des moutons et des chèvres. Ils se déplaçaient avec leurs animaux, en transportant leurs yourtes sur des chariots tractés par des bœufs.

La yourte mongole, appelée "ger", était faite d'une structure en bois et recouverte de feutre.

DES ARMÉES FÉROCES

Les armées mongoles étaient réputées sans pitié. Les combattants étaient d'excellents cavaliers et des archers hors pair. Ils tiraient des flèches et des lances en chevauchant à vive allure. Partout sur leur passage, ils terrifiaient et tuaient les populations, pour piller leurs richesses.

DES ROIS PUISSANTS

Les chefs des tribus portaient le nom de khans et se faisaient la guerre. En 1206, le plus grand roi des Mongols, Temüjin, a pris le nom de Gengis Khan, qui signifie "roi universel". Doté d'une autorité de fer, il a réuni les tribus turques et mongoles dans un immense empire allant de la Chine à la Russie.

La Chine antique

Les premières dynasties en Chine sont apparues environ 2 200 ans avant J.-C. Ce fut le début d'un puissant empire économique et culturel.

La Grande Muraille de Chine

Sa construction a duré des centaines d'années jusqu'à ce qu'elle atteigne 8 850 km de long. Chaque nouvel empereur au pouvoir se chargeait d'ajouter un tronçon pour protéger son territoire. Ils utilisaient tous la même méthode, celle du travail forcé !

Le dragon est le symbole de la Chine. L'empereur était considéré comme son descendant.

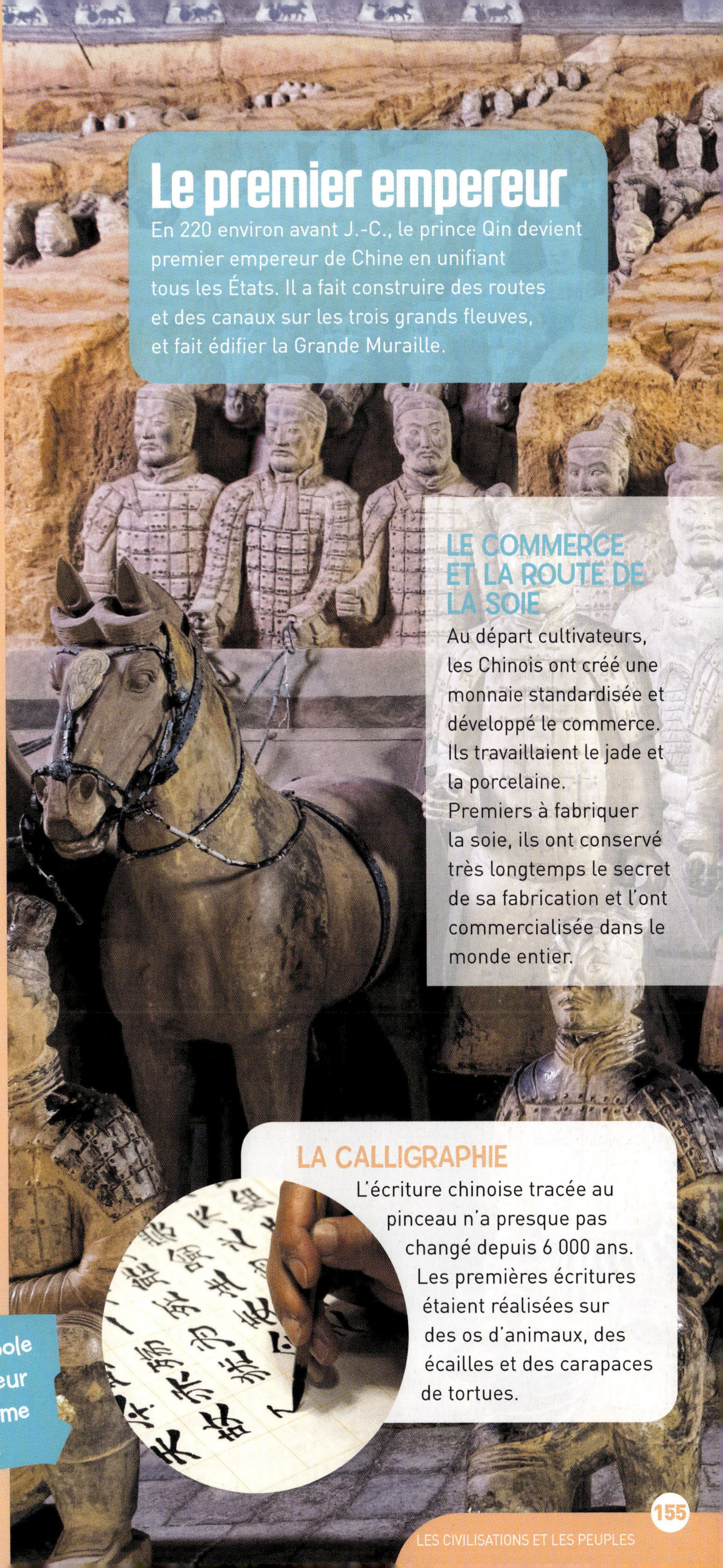

Le premier empereur

En 220 environ avant J.-C., le prince Qin devient premier empereur de Chine en unifiant tous les États. Il a fait construire des routes et des canaux sur les trois grands fleuves, et fait édifier la Grande Muraille.

LE COMMERCE ET LA ROUTE DE LA SOIE

Au départ cultivateurs, les Chinois ont créé une monnaie standardisée et développé le commerce. Ils travaillaient le jade et la porcelaine.
Premiers à fabriquer la soie, ils ont conservé très longtemps le secret de sa fabrication et l'ont commercialisée dans le monde entier.

LA CALLIGRAPHIE

L'écriture chinoise tracée au pinceau n'a presque pas changé depuis 6 000 ans. Les premières écritures étaient réalisées sur des os d'animaux, des écailles et des carapaces de tortues.

Les civilisations précolombiennes

Dès 3000 avant J.-C., de nombreux peuples originaires d'Asie se sont installés en Amérique du Nord, puis ont migré vers le sud. Les Olmèques, la plus ancienne civilisation, ainsi que d'autres peuples voisins, ont influencé les grandes civilisations à venir : Maya, Aztèque et Inca.

Les Aztèques

Vers 1200, les Aztèques ont dominé l'Amérique centrale. C'étaient un peuple de guerriers. Leurs chefs portaient des coiffures en plumes. Ils vénéraient le Soleil, pratiquaient des sacrifices humains et construisaient des pyramides.
Comme les Mayas, ils ont été anéantis par les conquistadors espagnols.

Les Mayas

La culture maya a brillé en Amérique centrale entre 3 000 et 1 500 ans avant J.-C.
Les Mayas vivaient dans des cités-états gouvernées par un souverain divinisé.
Ils ont construit des pyramides et des lieux de culte où des animaux et des hommes étaient sacrifiés et offerts aux dieux.
Les Mayas ont conçu un calendrier solaire de 365 jours et laissé des écritures sur des manuscrits appelés codex.

Les Aztèques étaient aussi appelés Mexicas. Ils ont donné leur nom au Mexique.

Ruines d'Uxmal

Les Incas

Les Incas vivaient dans les Andes, au Pérou.
L'empereur était leur chef suprême.
C'était des bâtisseurs doués et très organisés.
Les hommes, sauf les nobles, travaillaient la terre et vivaient du troc.
L'Empire a disparu après l'invasion espagnole.

La civilisation arabe

Du VIIe au XIIIe siècle, la civilisation arabe a régné de l'Arabie à l'Espagne. Après la naissance de l'islam prêché par Mahomet (570-632) et ses enseignements, les dynasties de califes dominèrent certaines régions comme la péninsule ibérique et y apportèrent leur savoir.

Un califat

En 632, à la mort de Mahomet, son beau-père Abu Bakr est nommé premier calife de La Mecque.
En 660, la capitale de l'Empire est transférée à Damas, puis à Bagdad en 762.
Les califes ont construit des bibliothèques et favorisé la culture. Bagdad et Cordoue étaient des califats réputés pour leurs connaissances.

Au Moyen Âge, les Arabes sont aussi appelés les Sarrasins, les Maures ou les Mahométans.

DES ÉRUDITS ET DES MATHÉMATICIENS

Les Arabes ont brillé dans la littérature et les langues, la médecine, l'optique et les arts.
Ils ont inventé le zéro, symbole du vide, le calcul algébrique, étudié l'alchimie et les astres...

Mosquée de Kairouan

Un empire conquérant

L'Empire arabe a déjà conquis l'Espagne en 711, mais son expansion a été stoppée alors qu'il envahissait la France.
En 732, Charles Martel, chef des Francs, armé de sa légendaire épée, a repoussé l'émir de Cordoue, Abd-al-Rahman, à Poitiers.

Le judaïsme

Le judaïsme est la première religion fondée sur un Dieu unique, Yahvé, créateur du monde. Deux siècles avant J.-C., Yahvé apparaît à Abraham, qui devient le grand patriarche des juifs.

La Torah est le livre sacré du judaïsme. Elle fait partie de l'Ancien Testament, livre commun aux juifs et aux chrétiens.

Abraham, le premier élu

Abraham, l'ancêtre des Hébreux, aurait eu la révélation du Dieu unique il y a 4 000 ans en Mésopotamie. Il est l'homme qui parle au nom de Dieu et il est considéré comme "le père de tous les croyants", fondateur des religions juive, chrétienne et musulmane.

Lieux de culte et lieux saints

Le samedi, le shabbat, les juifs prient dans les synagogues.
Jérusalem est la Ville Sainte pour les juifs (comme pour les chrétiens et les musulmans).
C'est face au Mur des Lamentations que les pèlerins se recueillent.

LA LOI DE DIEU

Dieu récompense les justes et punit les méchants. C'est pourquoi l'homme doit suivre les dix commandements, la loi de Dieu transmise par Moïse.

LE PROPHÈTE MOÏSE

C'est le prophète le plus important du premier livre de la Bible. Il a reçu la mission divine d'aller libérer le peuple hébreu esclave en Égypte, et de le guider vers la Terre Promise.
Il a reçu de Dieu les Tables de la Loi, des tablettes où sont gravées les dix commandements.

Le christianisme

Le christianisme est une religion issue du judaïsme qui apparaît en Palestine vers l'an 5 avant notre ère. Elle est fondée sur la foi en Jésus-Christ, considéré comme le fils que Dieu a envoyé sur Terre.

Jésus-Christ

Jésus est un juif né à Bethléem en Israël. Il se présente comme le Messie, Sauveur de l'humanité. Il prêche la paix entre tous les hommes et l'amour de son prochain.
Ne le reconnaissant pas comme le Messie, les juifs et les autorités politiques romaines le condamnent : il est crucifié à Jérusalem vers l'an 30.

Le symbole des chrétiens est la croix de Jésus qui représente sa crucifixion.

La basilique Saint-Pierre du Vatican

Les origines

À la mort de Jésus, ses disciples diffusent sa parole et fondent le christianisme qui devient la religion officielle de l'Empire romain à la fin du IVe siècle. Au cours de l'histoire, les chrétiens se sont divisés en trois groupes : les catholiques, les orthodoxes et les protestants.

LA PAROLE DE DIEU

Le premier livre de la Bible (l'Ancien Testament) est le livre sacré des chrétiens et des juifs. Il raconte la création du monde par Yahvé, unique Dieu.
Le second livre (le Nouveau Testament) est lié au christianisme et à la vie de Jésus.

Fêtes et lieux de culte

Le jour de repos et de prière des chrétiens est le dimanche. Les catholiques et les orthodoxes prient dans les églises et les protestants dans des temples.
Les fêtes chrétiennes célèbrent les différents évènements qui ont jalonné la vie de Jésus et de la Vierge Marie, sa mère. Les fêtes les plus célébrées sont Noël et Pâques.

L'islam

Au VIIe siècle, Mahomet, un marchand de La Mecque en Arabie, fait un rêve où l'ange Gabriel lui apparaît. Il lui annonce qu'il a été élu prophète d'Allah. Il se met à transmettre la parole divine en prêchant l'islam, la nouvelle religion.

Allah et le Coran

L'islam est une religion fondée sur la croyance en un seul Dieu Tout-Puissant : Allah. Les préceptes du prophète et les cinq piliers de la religion sont écrits dans les versets du Coran, le livre sacré de l'islam.

Tous les ans, les musulmans font le Ramadan. C'est un mois de jeûne, où ils ne peuvent ni manger ni boire, du lever au coucher du soleil.

LES 5 PILIERS DE L'ISLAM

- Croire en un seul Dieu et reconnaître Mahomet comme son prophète.
- Faire les 5 prières quotidiennes en direction de La Mecque.
- Respecter le jeûne du ramadan.
- Être charitable envers ceux qui en ont besoin.
- Se rendre en pèlerinage à La Mecque une fois dans sa vie si possible.

Lieux de culte et lieux saints

Les musulmans prient le vendredi à la mosquée, et tous les jours agenouillés sur un tapis, en direction de La Mecque. Cette ville sacrée en Arabie Saoudite accueille chaque année des millions de pèlerins. Médine et Jérusalem sont deux autres lieux saints de l'islam.

La Kaaba de La Mecque

Le bouddhisme et l'hindouisme

Ce sont les deux principales religions d'Asie. Originaires d'Inde, elles ont évolué et se sont souvent mélangées à d'autres religions asiatiques, basées elles aussi sur des croyances et des guides spirituels.

Le bouddhisme

Issue de l'hindouisme, cette religion apparaît au Ve siècle avant J.-C. Le fondateur du bouddhisme est le prince indien Siddharta qui deviendra le Bouddha.

- Le Bouddha, qui signifie l'éveillé, est le personnage emblématique du bouddhisme.
- Les bouddhistes croient en la réincarnation, dont le but est d'atteindre la sagesse et le nirvana.
- Les bouddhistes prient dans des temples, ou pagodes. Leur chef spirituel est un moine, le Dalaï-lama.

L'hindouisme

C'est l'une des plus anciennes religions et la plus répandue en Inde.

- C'est une religion polythéiste : les trois Dieux principaux sont Brahma (Dieu créateur), Vishnu (Dieu préservateur) et Shiva (Dieu destructeur).
- C'est une religion basée sur la réincarnation : chaque mort renaît sous une nouvelle forme. Pour une meilleure renaissance, il faut avoir mené une vie exemplaire.
- La plupart des hindous sont végétariens et ils ne mangent jamais de bœuf, car la vache est un animal sacré !
- Les hindous ont des rituels, comme se baigner dans le Gange pour se purifier.

Le mot Guru ou Lama signifie maître spirituel.

Brahma

Le Moyen Âge

La période médiévale débute en Europe après la chute de l'Empire romain d'Occident en 476 et s'achève vers 1 450 pour laisser place à la Renaissance. Le Moyen Âge voit la naissance des premiers rois de France, des conquêtes de territoires et des croisades.

Un système féodal

La société était divisée en trois ordres : le clergé (les hommes d'église), la noblesse (les seigneurs et les chevaliers) et les serfs (les paysans).
Le roi, au sommet de la hiérarchie, était le plus puissant des seigneurs. Le roi et les nobles étaient propriétaires des terres. Le vassal était un homme libre qui se mettait sous la protection du suzerain. En échange d'un fief, il lui devait des jours de service militaire.
Les serfs travaillaient les terres du seigneur en échange de sa protection.

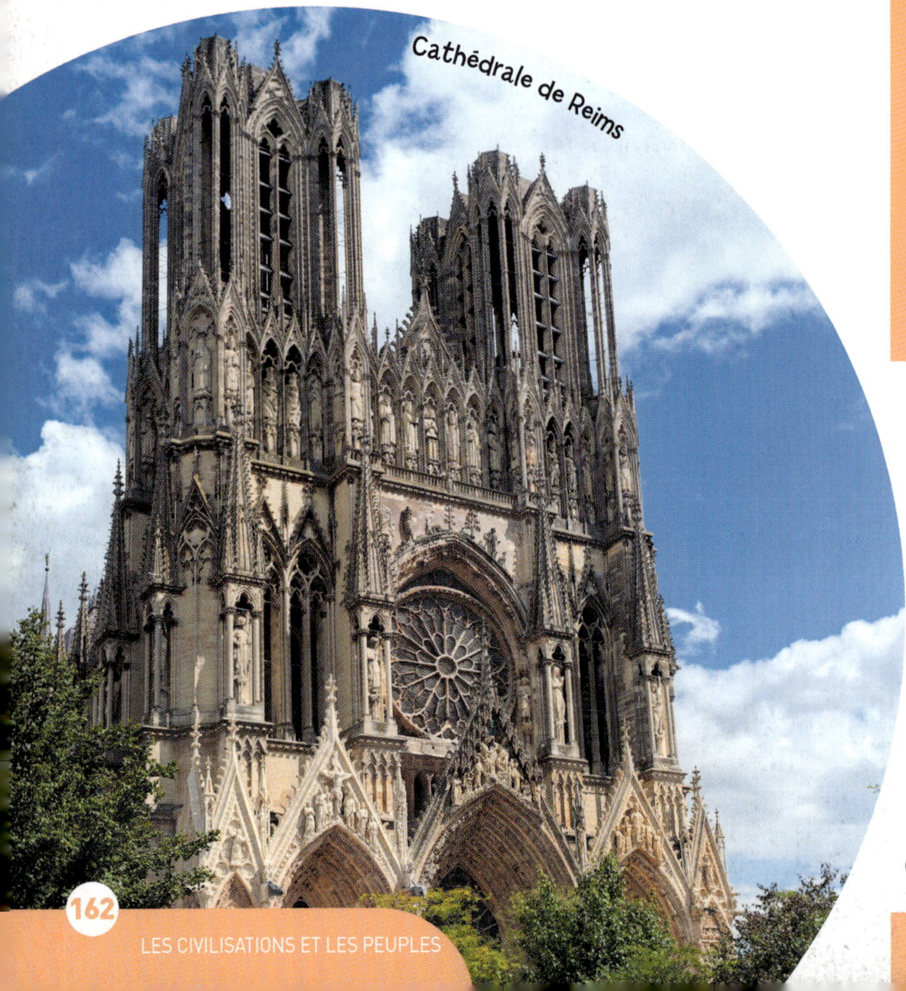

Cathédrale de Reims

DES SEIGNEURS ET DES CHÂTEAUX FORTS

Les seigneurs ont fait ériger les châteaux forts pour se protéger et protéger les paysans. Souvent bâties en hauteur, au sommet d'une colline, ces forteresses permettaient de guetter l'ennemi.
D'abord construits en bois, puis en pierres, les châteaux forts étaient entourés de murailles fortifiées et de douves remplies d'eau. C'était les demeures privées du roi et des seigneurs qui y organisaient chasses, fêtes et banquets quand ils n'étaient pas à la guerre.

Pour échapper aux invasions Viking, les populations se placent sous la protection des seigneurs : c'est le début du système féodal.

L'Église et le pouvoir

Le baptême de Clovis en 496 scelle l'alliance entre le pouvoir royal et l'Église. C'est l'époque des grandes constructions cultuelles : des églises, des monastères et des abbayes, ainsi que des cathédrales monumentales, sont édifiés partout dans l'ouest de l'Europe.

Les chevaliers : des nobles militaires

Les chevaliers, issus de la noblesse, combattaient à cheval. Ils portaient une armure en métal, un casque, un bouclier et une épée, une arbalète et une lance. Le jeune écuyer devenait chevalier après la cérémonie d'adoubement au cours de laquelle il recevait ses armes. En temps de guerre, sa mission était de combattre pour les intérêts de son suzerain. En temps de paix, il participait à des joutes ou à des parties de chasse, pour s'entraîner au combat.

Jeanne d'Arc libère Orléans des Anglais et fait sacrer Charles VII à Reims. Elle meurt brûlée vive à Rouen en 1431.

LA GUERRE DE CENT ANS

La Guerre de Cent Ans (1337 à 1453) est une série de conflits qui opposent les rois de France aux rois d'Angleterre pour la possession du royaume de France. Cette longue période de combats est entrecoupée de périodes tout aussi sombres de famine et de fléaux comme la peste noire !

LES CROISADES ET LES GUERRES DE RELIGION

De 1095 à 1291, l'Église chrétienne d'Europe a organisé et financé les croisades pour libérer l'accès à la ville de Jérusalem, détenue par les musulmans. En tout, huit expéditions militaires, menées par les rois de France et d'Angleterre, ou par l'empereur d'Allemagne, se sont succédé pendant 200 ans. Elles n'ont pas permis une conquête durable de la Terre Sainte, mais elles ont contribué à maintenir la paix en Europe et ont initié de nombreux échanges avec l'Orient.

Château de Loarre - Espagne

La Renaissance

La Renaissance débute en Italie au XVe siècle et rayonne sur toute l'Europe jusqu'au début du XVIIe siècle. C'est une époque de bouleversements intellectuels et économiques. Tous les domaines sont concernés : la pensée, la littérature, l'art, les sciences, le commerce…

DU RENOUVEAU DANS LA PENSÉE

Après la prise de Constantinople par les Turcs en 1453, de nombreux savants grecs se réfugient en Italie et rapportent des écrits anciens. Les œuvres d'Aristote et de Platon sont traduites en latin et réétudiées, favorisant l'émergence de l'Humanisme, un nouveau courant qui place l'être humain au centre de la pensée.
L'Église, omniprésente au Moyen Âge, est contestée. La réforme protestante apparaît avec Martin Luther qui récuse l'autorité du Pape. Il dénonce le système des indulgences qui n'avait qu'un seul but : enrichir l'Église, en encourageant les fidèles à payer pour sauver leurs âmes.

DES AVANCÉES IMPRESSIONNANTES

Avec l'invention de l'imprimerie par Gutenberg, les idées et le savoir se diffusent partout.
La découverte du Nouveau Monde par Colomb et Magellan enrichit considérablement l'Europe.
Le commerce se développe ; les premiers banquiers et les premières sociétés regroupant des marchands apparaissent.
Dans le domaine militaire, on découvre la poudre. Galilée perfectionne la lunette et Copernic place le Soleil au centre de l'Univers, faisant ainsi considérablement avancer les connaissances en astronomie.

Château de Chambord

Dès 1539, le roi François 1er ordonne le français comme langue de référence et l'impose face au latin.

Des scientifiques et artistes visionnaires

La prospérité économique assure le financement des artistes et des scientifiques. Léonard de Vinci, peintre, sculpteur, ingénieur, architecte et inventeur de machines futuristes, est accueilli par François 1er à Amboise.
L'architecture, influencée par la Rome antique, répond aux commandes de villas et de palais fastueux.

Plafond de la chapelle Sixtine - Rome

Le siècle des Lumières

En 1783, Le premier vol en ballon à air chaud est effectué grâce à l'invention de la montgolfière.

Du XVIe au XVIIIe siècle, des idées neuves sur l'être humain et le monde émergent. Le questionnement est philosophique, scientifique et politique. Les personnes instruites de l'époque veulent "éclairer" les esprits en luttant contre l'ignorance.

Les philosophes

C'est le siècle de Voltaire, Montesquieu, Diderot, D'Alembert, Rousseau... De nouveaux modes de raisonnement bousculent la pensée et ouvrent les esprits.
Les penseurs et les savants se côtoient dans les salons littéraires.

LES DÉCOUVERTES

Les avancées scientifiques sont majeures en astronomie, médecine, chimie... Benjamin Franklin et son paratonnerre, Isaac Newton et sa théorie sur la gravité... Bougainville devient le premier navigateur français à effectuer un tour du monde dédié à la recherche scientifique.

Benjamin Franklin et son paratonnerre

L'ENCYCLOPÉDIE

Cet ouvrage, écrit par Denis Diderot et Jean D'Alembert entre 1751 et 1772, caractérise l'esprit des Lumières. Comprenant plusieurs volumes, son but est de rassembler l'ensemble des connaissances.

Évolutions et révolutions

En 1776, aux États-Unis, la Déclaration d'indépendance proclame les principes de liberté et d'égalité. En France, en 1789, on vote la Déclaration des droits de l'homme et du citoyen.

La Révolution française

Au cours du XVIIe siècle, la monarchie absolue atteint son apogée sous le règne de Louis XIV, le Roi-Soleil. Le XVIIIe siècle, dit Siècle des Lumières, remet en cause cette monarchie de droit divin. En 1789, le pays est ruiné par des guerres et des mauvaises récoltes. Le peuple, affamé et assoiffé de justice, déclenche la Révolution.

Fin d'une société injuste

La société française, au XVIIIe siècle, est répartie en trois ordres : la noblesse, le clergé, et le tiers-état, comprenant les paysans qui représentent la majorité des Français. Ces derniers, exaspérés par les injustices sociales, décident de détruire l'Ancien Régime.

Prise de la Bastille

DES ÉTATS GÉNÉRAUX À LA PRISE DE LA BASTILLE

Le 5 mai 1789, face à l'ampleur de la crise, Louis XVI convoque les États généraux (les députés représentants des trois ordres), mais les paysans ne sont pas écoutés.
Le 20 juin 1789, lors du serment du Jeu de paume, les députés du tiers-état décident de ne pas se séparer avant d'avoir écrit une constitution.
Le 14 juillet 1789, face au refus du roi d'accéder aux demandes de plus de libertés, le peuple s'empare de la Bastille, la prison royale, symbole du despotisme de la monarchie.

DE LA DÉCLARATION DES DROITS DE L'HOMME À LA 1RE RÉPUBLIQUE

Le 4 août 1789, les députés votent l'abolition des privilèges. Le 26 août 1789, l'Assemblée nationale constituante vote la Déclaration des droits de l'homme et du citoyen.
La République est proclamée en 1792.
La famille royale, chassée, est emprisonnée à Paris. À l'issue d'un procès, le roi Louis XVI est guillotiné le 21 janvier 1793.

L'article premier de la Déclaration des droits de l'homme et du citoyen est "Tous les hommes naissent libres et égaux en droits".

LE DÉBUT DE LA TERREUR

Face au soulèvement des pays voisins et à la menace de guerre civile, Robespierre instaure la Terreur : tous les opposants à la République sont guillotinés.
En voulant sauver la République, ce révolutionnaire établit une dictature sanglante. Il est guillotiné en 1794.

La révolution industrielle

Les XVIIIe et XIXe siècles sont témoins de progrès techniques et scientifiques majeurs. De nombreuses inventions, mises au point en Angleterre, vont transformer l'Europe, puis le monde.

Le charbon et la machine à vapeur

À partir de 1800, le charbon extrait des mines en Angleterre devient première source d'énergie combustible. Il permet la conception de machines à vapeur et de moteurs qui vont être à l'origine de la naissance de l'industrie. Ces innovations vont rapidement s'étendre à la France et à la Belgique, qui vont développer leur production de charbon et construire des usines.

LE DÉVELOPPEMENT DE L'INDUSTRIE

Après 1850, le pétrole et l'électricité vont être à l'origine d'une seconde révolution industrielle qui verra le développement de l'automobile, de la chimie et du textile. En Europe, au Japon, puis aux États-Unis, l'industrie met au point des machines permettant de fabriquer des produits en grande quantité, plus rapidement et à moindre coût. La chimie connaît un essor fulgurant grâce au pétrole. L'industrie textile est mécanisée.

Salle de filage - 1912

LE DÉVELOPPEMENT DES TRANSPORTS

Des kilomètres de voies ferrées sont créés. Les transports ferroviaires, terrestres et fluviaux connaissent un fantastique développement. La première ligne ferroviaire de transport de passagers en France est réalisée en 1827.

À Paris, en 1867, l'Exposition universelle est la vitrine des réalisations de la révolution industrielle.

Une révolution agricole

De nouvelles méthodes de culture apparaissent, permettant de nourrir une population croissante. Les machines améliorent le rendement et les produits de la ferme peuvent être vendus dans les villes. L'exode rural touche de plus en plus de paysans, qui partent dans les villes pour devenir ouvriers dans les usines.

La Première Guerre mondiale

Pendant quatre années, de 1914 à 1918, l'Europe a été le terrain d'un conflit militaire qui a concerné tous les pays d'Europe, leurs colonies en Afrique, ainsi que la Russie, le Japon et les États-Unis.

L'origine de la Grande Guerre

Au début du XXe siècle, les rivalités entre les différents pays européens, qui souhaitaient agrandir leurs territoires et imposer leur puissance, étaient nombreuses. L'Europe était divisée en deux. D'un côté, la triple entente : une alliance entre la France, le Royaume-Uni et la Russie, et de l'autre côté, la triple alliance entre l'Allemagne, l'Empire Austro-Hongrois et l'Italie. La guerre débute le 28 juin 1914, suite à l'assassinat de l'archiduc François Ferdinand, lorsque l'Autriche-Hongrie, soutenue par l'Allemagne, déclare la guerre à la Serbie, soutenue par la Russie.

UNE GUERRE TECHNOLOGIQUE

C'est le début des chars d'assaut, des avions et navires de guerre, et des gaz de combat. L'artillerie, avec ses canons de campagne, tirait d'énormes obus. Les hommes utilisaient des mitrailleuses, et aussi des fusils à baïonnette pour les combats au corps à corps.

Dans le monde, 65 millions d'hommes ont participé aux combats. 8 millions de soldats et 2 millions de civils sont morts.

LES TRANCHÉES

On creusait des fossés de chaque côté du front de l'ouest, pour permettre aux poilus (le surnom donné aux soldats) de s'abriter. C'étaient souvent de simples planches soutenues par des sacs de sable. Les hommes vivaient dans la boue. Ils étaient infestés par les poux et la gale, et les rats leur transmettaient les pires maladies.

Une guerre totale

Pour la première fois, la guerre ne concerne pas que des soldats, mais mobilise des nations entières. 70 millions d'hommes valides sont envoyés au front. À l'arrière, les femmes les remplacent dans les usines et pour les travaux des champs. Les États lancent des emprunts auprès des populations pour financer les équipements de guerre. Les gouvernements utilisent la censure et la propagande afin de contrôler le moral des civils.

LA GÉNÉRATION PERDUE

À la fin de la guerre, les soldats survivants, souvent jeunes, souffrent de séquelles physiques et mentales. Ils sont des milliers à avoir perdu un bras ou une jambe, à souffrir de maladies provoquées par les gaz de combat, ou à être devenus aveugles. Les soldats défigurés étaient appelés les "gueules cassées".

L'armistice : la fin de la guerre

Le 11 novembre 1918, l'armistice est signé entre l'Allemagne et les Alliés. Le traité de Versailles établit les conditions de paix : l'Allemagne perd une partie de ses territoires en Europe et dans les colonies, et doit payer la reconstruction aux Alliés.
En 1920, la Société des Nations est créée par 42 pays, afin de régler les désaccords et éviter le recours à la guerre.

LES GRANDES BATAILLES

Les combats ont eu lieu sur deux fronts : le front de l'Ouest où l'Allemagne affronte la France et la Belgique, et le front de l'Est où elle affronte la Russie.
En 1916, 500 000 soldats perdent la vie à la bataille de Verdun. Celle de la Somme fait 1 million de morts et de blessés.

La Seconde Guerre mondiale

Au lendemain de la Première Guerre mondiale, l'Allemagne est lourdement condamnée et les rancœurs héritées de la guerre conduisent vers de nouveaux conflits.

La Seconde Guerre mondiale a causé la mort de près de 60 millions de personnes.

Les causes du conflit

Diverses raisons sont à l'origine de la Seconde Guerre mondiale :

- Les Allemands trouvent injustes les mesures imposées par le traité de Versailles.
- La grande crise économique de 1929 et la ruine de plusieurs pays provoquent une montée des régimes totalitaires, comme le fascisme en Italie et le nazisme en Allemagne.
- La Révolution russe et l'arrivée du communisme divisent les esprits et provoquent la révolte.

Discours d'Hitler à Danzig après l'invasion de la Pologne

Le Maréchal Pétain

1940 : LA CAPITULATION DE LA FRANCE

En mai, l'Allemagne envahit la Norvège, le Danemark, la Hollande, la Belgique et la France. Plus de 360 000 soldats français sont tués ou blessés. Le maréchal Pétain, héros de la Première Guerre mondiale, signe l'armistice le 22 juin et établit le régime de Vichy : la France, soumise à l'occupation allemande, est coupée en deux par la ligne de démarcation, avec au nord la zone occupée et au sud la zone libre.

LE DÉBUT DE LA GUERRE

Adolf Hitler provoque la Seconde Guerre mondiale en envahissant la Pologne en septembre 1939.
La France, alliée de la Pologne, et l'Angleterre, alliée de la France, déclarent aussitôt la guerre à l'Allemagne.
Dès 1941, la guerre devient planétaire. L'URSS, qui avait signé un pacte secret de non-agression avec l'Allemagne, finit par rejoindre le camp allié le 22 juin 1941 quand les troupes allemandes envahissent son territoire.

L'APPEL DU 18 JUIN ET LA RÉSISTANCE

Ministre d'État, le général de Gaulle refuse le régime de collaboration avec l'Allemagne.

Il s'exile à Londres d'où il lance, à la BBC, un appel aux Français leur enjoignant de résister à l'occupation.

LE BLITZ, UN SYMBOLE PARMI LES GRANDES BATAILLES

Après la capitulation de la France, l'Angleterre se retrouve seule et la guerre des airs s'engage contre les bombardiers allemands. Londres est bombardée 57 nuits de suite ! Les Allemands ne réussissent pas à imposer aux Anglais de se rendre : la bataille d'Angleterre est gagnée.

En Europe, le 8 mai est le jour qui commémore la reddition allemande et la victoire des Alliés.

Débarquement de soldats américains le D-Day - Omaha Beach

LA SHOAH

Hitler considérait les Juifs comme une "race inférieure" et leur reprochait la défaite de la Première Guerre mondiale. En 1942, les nazis planifient "la solution finale de la question juive". 6 millions de Juifs sont déportés en train vers les camps de concentration où ils sont exterminés.

Entrée du camp de concentration d'Auschwitz

Le D-Day et la fin de la guerre

Le 6 juin 1944, les Alliés (Anglais et Américains) débarquent sur les plages de Normandie.
Le 15 août, le sud de la France est libéré, puis le nord de la France est libéré à son tour le 25 août.
1945 marque définitivement la fin de la guerre, après le lancement par les Américains de deux bombes atomiques sur le Japon.
Le prix à payer pour cette guerre est monstrueux : plus de 60 millions de personnes sont mortes dans le monde entier, des millions de bâtiments ont été détruits, des milliers de villes et de villages ont été rasés, routes, chemins de fer, approvisionnements en eau et en électricité sont anéantis.

La guerre froide

Après la guerre, l'Europe est divisée en deux camps : à l'est, le bloc communiste, à l'ouest, les démocraties occidentales. Les gagnants de la guerre, les États-Unis et l'URSS, veulent chacun dominer le monde. Économie, politique, technologie... tous les secteurs sont concernés par cette guerre froide qui crée d'énormes tensions entre les deux blocs.

LE MUR DE LA HONTE

La ville de Berlin, en Allemagne, est divisée en quatre secteurs : américain, anglais, français et russe. Très vite, les relations entre les Russes et leurs ex-alliés se tendent. Pour éviter la fuite des populations à l'ouest, les Allemands de l'Est et les Russes construisent, en 1961, un mur entre les deux zones de la ville, le mur de Berlin. Il est alors impossible d'échapper au régime communiste à l'est et les tentatives de fuite sont lourdement réprimées.

La reconstruction

En juin 1945, la Charte des Nations Unies est signée par 50 pays, avec comme principe premier, la liberté et l'indépendance des peuples. L'Europe, détruite, bénéficie de l'aide financière des États-Unis au travers du plan Marshall.

LA COURSE À L'ESPACE

En 1957, L'URSS lance un satellite dans l'espace et en 1958, c'est le tour des États-Unis. En 1961, le Soviétique Gagarine est le premier homme dans l'espace, mais c'est l'Américain Armstrong qui fait le premier pas sur la Lune en 1969. Cette rivalité accélère la conquête de l'espace.

En 1962, suite à la crise des missiles de Cuba, une troisième guerre mondiale est évitée de justesse. Le "téléphone rouge", une liaison directe établie entre Washington et Moscou, est créée en 1963 pour désamorcer les conflits.

LA GUERRE DES NERFS

En 1949, le bloc occidental et les États-Unis créent l'Organisation du traité de l'Atlantique Nord (OTAN), une organisation politique et militaire pour contrer l'Union soviétique.
En 1955, l'URSS signe l'alliance entre les pays communistes : le Pacte de Varsovie.

LA FIN DE LA GUERRE FROIDE

En 1989, l'économie russe se porte mal et les pays soviétiques d'Europe de l'Est décident de s'écarter de la Russie.
Ils ouvrent leurs frontières, le mur de Berlin tombe et les deux Allemagnes décident de s'unir. L'URSS disparaît en 1991, abandonnant le communisme pour entrer dans une économie de marché.

L'Union européenne

Après la Seconde Guerre mondiale, l'Europe aspire à une paix durable et crée la Communauté économique européenne (CEE) en 1957. Les six pays fondateurs étaient la France, l'Allemagne de l'Ouest, la Belgique, l'Italie, les Pays-Bas et le Luxembourg.

LES ENJEUX

Après la paix, puis la libre circulation des marchandises et des personnes, l'Union européenne doit relever de nouveaux défis parmi lesquels le changement climatique, l'extrémisme religieux et la crise migratoire. L'unité de L'UE est mise à mal le 23 juin 2016 lorsque le Royaume-Uni décide d'en sortir en votant pour le Brexit.

L'évolution

L'objectif de la CEE était de faciliter les échanges entre pays membres. À partir de 1960, des pays voisins demandent à adhérer à la CEE : le Royaume-Uni, l'Irlande et le Danemark la rejoignent en 1973. En 1981, c'est au tour de la Grèce, puis de l'Espagne et du Portugal en 1986, de l'Autriche, de la Finlande et de la Suède en 1995.

En 1993, le traité de Maastricht est signé. La CEE devient l'Union européenne.

La libre circulation des biens, des services, des personnes et des capitaux est adoptée.

En 1995, les accords de Schengen sont mis en place en matière de sécurité et de défense. L'euro devient la monnaie unique de 19 États de l'UE dès 2002.

QUELQUES DONNÉES :

- États membres : 28
- Langues officielles : 24
- Siège : Bruxelles
- Monnaie : euro (€)
- Hymne : Ode à la joie de Beethoven

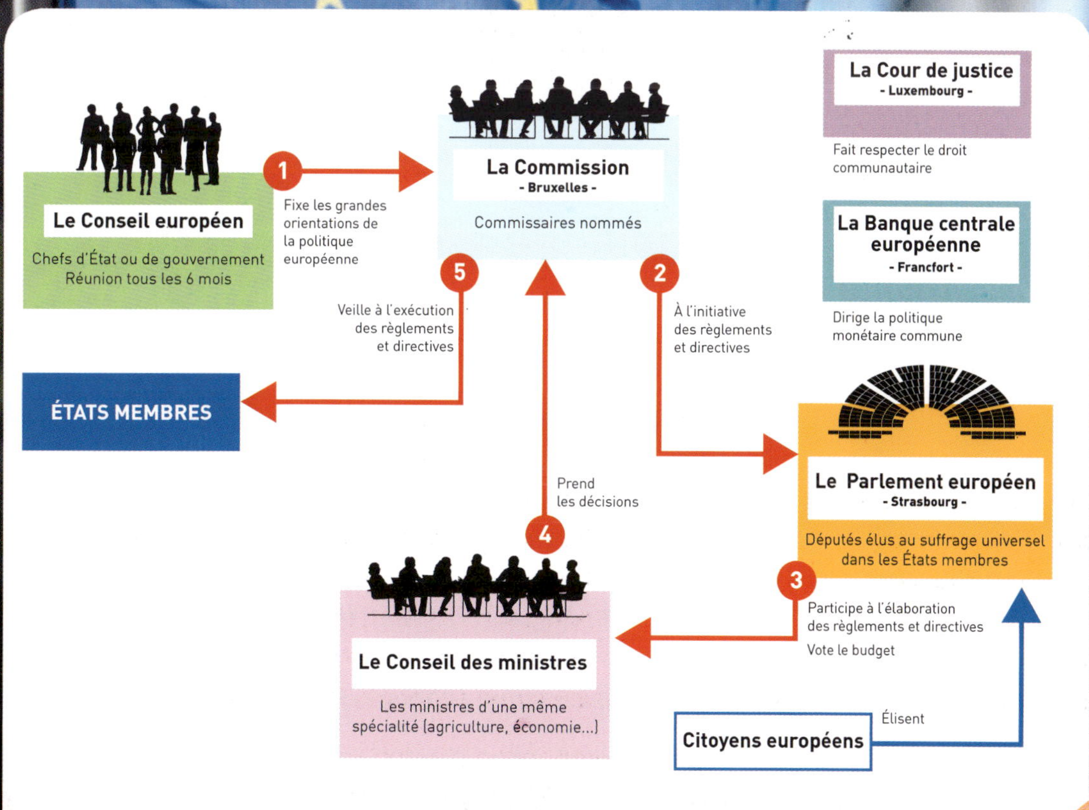

En 2012, l'Union européenne reçoit le Prix Nobel de la paix.

1000 CHOSES à SAVOIR

LES INVENTIONS

Les premiers outils

De la pierre à l'ordinateur, les hommes ont développé de nombreux outils et de nombreuses techniques. Les premiers outils remontent à la Préhistoire, avec deux périodes distinctes : le Paléolithique et le Néolithique.

Le chopper est le plus vieil outil retrouvé. C'est un galet taillé qui aurait été utilisé il y a 2,3 à 2,6 millions d'années.

Les différents types d'outils

- **Les outils primaires** : outils utilisés tels quels, sans transformation.
  Exemple : les pierres.

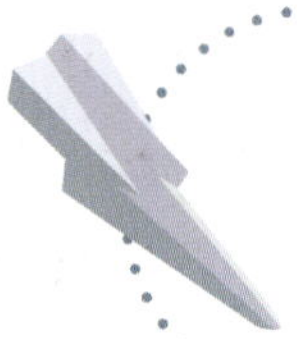

- **Les outils secondaires** : outils fabriqués avec l'aide d'un autre outil.
  Exemple : le couteau.

- **Les outils composites** : plusieurs éléments formant un seul outil.
  Exemple : la hache.

- **Les "métaoutils"** : outils qui permettent d'améliorer d'autres outils, et d'en faciliter l'usage.
  Exemple : le marteau.

LES OUTILS DU PALÉOLITHIQUE

(3 MILLIONS D'ANNÉES À 8 000 AVANT J.-C.)

C'est à cette période que les hommes mettent au point les premiers outils, des morceaux de bois et de pierres, utilisés au départ comme outils primaires, que les hommes ont ensuite perfectionnés selon leurs besoins. Du simple galet, on est passé aux bifaces, puis aux grattoirs et aux burins, et enfin aux poignards et aux harpons.

LES OUTILS DU NÉOLITHIQUE

(8 000 À 3 000 AVANT J.-C.)

À cette période, les hommes se sédentarisent, c'est le début de l'agriculture. Les outils évoluent et se perfectionnent petit à petit. On fabrique des outils pour faciliter le quotidien comme la faucille pour cultiver la terre ou la hache pour couper le bois. À la fin du Néolithique, les hommes utilisent les métaux et le fer.

Écrire, compter

L'invention de l'écriture représente un progrès capital dans le développement de la civilisation, elle marque le passage de la Préhistoire à l'Histoire. Elle facilite la communication et les échanges commerciaux, et permet de compter.

Naissance de l'écriture

L'écriture est née en Mésopotamie 3 200 ans avant J.-C. et simultanément, mais sous une forme différente, en Égypte. Les Sumériens, en Mésopotamie, utilisaient des pictogrammes qu'ils creusaient sur des tablettes d'argile, et les Égyptiens, des hiéroglyphes qu'ils inscrivaient sur des papyrus.

Pictogrammes - Mésopotamie

Hiéroglyphes - Égypte

UN SYSTÈME DE CALCUL TRÈS ANCIEN

Les Sumériens ont développé leur modèle d'écriture à partir d'un système de calcul très ancien datant de 8 000 ans avant J.-C. Pour tenir les comptes de la production agricole, ils utilisaient des petits jetons d'argile, montrant des symboles ou ayant la forme des objets.

Les Sumériens sont passés des pictogrammes à une écriture "cunéiforme", avec des caractères en forme de coins.

DES TABLETTES D'ARGILE AU PAPIER

À l'apparition des premiers systèmes d'écriture, le papier n'existait pas. Pour écrire et faire les comptes, on creusait dans des tablettes d'argile avec des calames (des roseaux taillés en pointe). Ces tablettes étaient ensuite cuites au four ou séchées au soleil. Le papier n'a été inventé que vers l'an 100 en Chine.

Le cadran solaire

Le cadran solaire est le premier instrument qui a permis de mesurer le temps, en se basant sur le mouvement du Soleil. Il permet ainsi de se repérer dans le temps et dans l'espace. Cet objet remonte à l'Antiquité et a été créé par les Égyptiens.

Le gnomon : l'ancêtre du cadran solaire

L'historien grec Hérodote est le premier à mentionner le gnomon qui a été inventé par les Babyloniens, en Mésopotamie.
Son fonctionnement est simple : un bâton est planté dans le sol et son ombre se projette sur un plan. La longueur et la direction de l'ombre déterminent l'heure de la journée.

DU GNOMON AU CADRAN SOLAIRE

Les Babyloniens ont transmis leur invention aux Égyptiens qui ont créé un cadran solaire plus perfectionné. Une aiguille projette son ombre sur un plan, divisé en parts égales (les heures). L'aiguille tourne à mesure que le Soleil tourne autour de la Terre, on peut ainsi lire l'heure grâce à la position de l'ombre sur le cadran.

La science des cadrans est appelée la gnomonique, c'est une branche de l'astronomie.

UN OBJET POUR RÉGLER LE QUOTIDIEN

Dans l'Antiquité, les cadrans solaires ont été installés en grand nombre sur les façades des grandes constructions et à la croisée des chemins, puis au Moyen Âge, sur les églises et les cathédrales. Cet objet permet d'organiser les journées et de régler l'heure du repas, du travail ou encore du coucher.

La poudre à canon

La poudre à canon, appelée aussi poudre noire, est le premier explosif chimique. Découverte en Chine, elle est composée de salpêtre, de soufre et de charbon de bois. Elle a servi à fabriquer les premières bombes et armes à feu.

L'histoire de sa création

La poudre à canon a été inventée en Chine au VIIe siècle. Les Chinois, en quête de remèdes pour vivre plus longtemps, ont découvert les propriétés explosives du salpêtre, mélangé au soufre et au charbon de bois, en confectionnant un élixir. La recette a ensuite été transmise au monde arabe, puis à l'Europe au XIIIe siècle. Les premières armes à feu apparaissent au début du XIVe siècle.

SON ÉVOLUTION...

Jusqu'au XVe siècle, la poudre à canon était composée à 75 % de salpêtre, 12,5 % de soufre et 12,5 % de charbon de bois. La combustion de ce mélange étant importante, la composition a ensuite été adaptée selon l'usage, en modifiant les proportions des trois composants.

... JUSQU'À LA POUDRE SANS FUMÉE

La poudre à canon originelle était sensible à l'humidité, elle produisait beaucoup de fumée et encrassait les armes. La poudre pyroxylée, aussi appelée poudre sans fumée, est inventée en 1886. Elle ne dégage aucune fumée et n'encrasse pas les armes, c'est la poudre qui est aujourd'hui utilisée dans toutes les armes à feu.

La poudre noire est utilisée pour les feux d'artifice.

L'imprimerie

Le premier livre imprimé fut la Bible. Sur les 180 exemplaires, 49 ont été conservés.

Depuis plus de 1 000 ans, les Chinois savent imprimer le papier avec des blocs de bois sculptés. Mais l'imprimerie ne naît réellement qu'au XVe siècle, lorsque l'Allemand Johannes Gutenberg invente une nouvelle presse.

Des caractères mobiles en métal

En 1450, Gutenberg met au point sa presse à imprimer. Il invente des caractères mobiles en alliage de plomb, fondus dans un moule qui, placés les uns à la suite des autres sur un cadre, forment une page que l'on peut imprimer à de multiples exemplaires. Il invente également une encre noire visqueuse qui adhère bien au métal.

Johannes Gutenberg (à droite)

UNE INVENTION RÉVOLUTIONNAIRE

L'invention de la presse n'a pas enrichi Gutenberg, mais elle a eu un immense retentissement. Avant, on recopiait les livres à la main et chaque exemplaire était rare et cher. Grâce à la presse à imprimer, on a produit davantage de livres plus rapidement, et ils sont devenus moins chers. L'imprimerie a permis aux idées politiques, scientifiques ou religieuses de circuler plus plus librement dans le monde.

LES ROTATIVES

En 1812, les Allemands Friedrich Koenig et Andreas Bauer inventent la presse à vapeur, très rapide. Ils vendent leur invention au "Times", le quotidien londonien, qui imprime alors ses journaux beaucoup plus rapidement que ses concurrents. Aujourd'hui, les grosses rotatives de la presse sont électriques.

L'électricité

Depuis l'Antiquité, les hommes connaissent les propriétés électrostatiques de l'ambre, mais sans savoir les utiliser. C'est à partir de la fin du XVIe siècle que les connaissances vont se développer, pour aboutir à la fin du XIXe siècle à l'électricité.

Le mot "pile" vient du fait que tous les composants étaient "empilés".

L'électricité et le magnétisme, une origine ancienne

Au VIe siècle avant J.-C., le mathématicien Thalès fait plusieurs observations sur l'électricité et le magnétisme. Il observe notamment que l'ambre frictionné a des propriétés électrostatiques. Le mot électricité vient d'ailleurs du grec ancien "elektron" qui signifie "ambre", et le mot magnétisme fait référence à la pierre de magnésie, un aimant naturel utilisé dans l'Antiquité.

L'électricité dans les foyers

En 1879, Thomas Edison invente la lampe à incandescence, la première ampoule électrique. Après de nombreux essais, il fabrique un filament en carbone qui résiste 30 heures. On fait passer sous vide d'air du courant électrique à travers le filament de carbone, et c'est en chauffant que le filament produit de la lumière.

INVENTION DE LA PILE

En 1800, Alessandro Volta démontre que la mise en contact de deux métaux différents par l'intermédiaire d'un tissu humide produit un effet électrique. Il invente la pile électrique en empilant des disques de métaux différents (cuivre et zinc), séparés par des tissus imbibés d'acide. Cette invention a ouvert la voie à de nombreuses recherches électrochimiques.

La roue, les bicyclettes

Aujourd'hui, voyager semble facile. C'est grâce à de nombreuses inventions que nous pouvons explorer le monde, à commencer par celle de la roue, qui a révolutionné les moyens de transport.

Les premières bicyclettes, sans suspension et avec des roues de fer, étaient appelées "tape-culs".

La roue

La roue a été inventée vers 3 500 ans avant J.-C. en Mésopotamie. Avant la roue, on utilisait des rondins de bois pour déplacer les charges lourdes. Les premières roues étaient pleines, puis l'invention de l'essieu a permis de faire tourner la roue autour d'un axe.

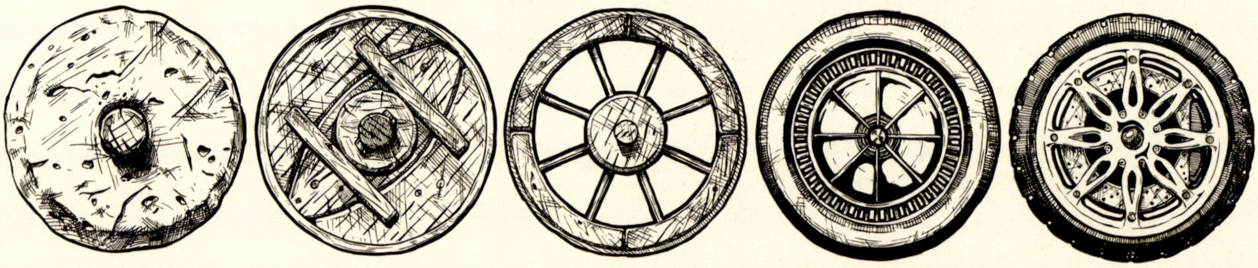

roue en pierre — roue antique en bois — roue à rayon — roue en acier — roue moderne en alliage

Draisienne

LES ANCÊTRES DE LA BICYCLETTE

La draisienne (ou vélocipède) : inventée en 1817 par le baron allemand Van Drais, elle possède deux roues montées sur un cadre que l'on fait avancer en poussant sur le sol avec ses pieds.

- **Le vélocipède à pédales :** en 1861, on améliore la draisienne en ajoutant des pédales sur la roue avant.
- **Le grand-bi :** inventé au début des années 1870, dans le but de fabriquer un engin plus rapide, il avait une grande roue avant (1,30 m de diamètre) et une petite roue arrière (40 cm de diamètre).

Grand-bi

LA BICYCLETTE DE SÉCURITÉ

En 1879, un Anglais invente "la bicyclette de sécurité" avec des roues de taille raisonnable, un pédalier central et une transmission par chaîne. Le cycliste, installé à l'arrière, a une position beaucoup plus sûre que sur le grand-bi, qui causait de nombreux accidents. Cette invention marque le début de la bicyclette moderne.

L'automobile

En 1769, le français Joseph Cugnot construit le premier véhicule à vapeur. D'autres engins à vapeur sont créés au XIXe siècle, mais il faut attendre le moteur à essence pour assister au développement de l'automobile.

La première voiture à essence

En 1885, l'ingénieur allemand Benz construit la première voiture à essence. Ce véhicule à trois roues est le tout premier véhicule à moteur à être vendu en 1888. Pour le promouvoir, Mme Benz effectue la même année un long voyage de 189 km.

La sécurité

De nombreuses inventions sont venues renforcer la sécurité à bord des voitures. En 1903, Mary Anderson invente les essuie-glaces, puis, en 1949, on commence à utiliser des mannequins pour mesurer les dommages corporels en cas de collision.

Le mot automobile signifie "qui se meut de soi-même", sans traction animale.

LA PRODUCTION

En 1894, Benz se lance dans la production de la première voiture à quatre roues construite à 1 200 exemplaires. Moins de vingt ans plus tard, en 1908, l'américain Henry Ford révolutionne la production en créant les chaînes d'assemblage pour sa Ford "Model T". Produire des voitures va alors plus vite et leur prix de revient baisse rapidement.

Ford Model T

La locomotive

La locomotive à vapeur a révolutionné les transports dans le monde entier. La découverte de l'énergie de la vapeur date de la fin du XVIIe siècle, et après de nombreuses recherches, la première locomotive apparaît en 1804.

L'ÈRE DE LA VAPEUR

La vapeur règne pendant plus d'un siècle. À partir des années 1830, les lignes de chemins de fer se multiplient et on construit des locomotives de plus en plus puissantes. En 1938, la locomotive à vapeur anglaise La Mallard pulvérise les records de vitesse en atteignant 202,58 km/h. Le moteur électrique arrive progressivement et en 1960, tout le réseau français est électrifié.

La première locomotive

Construite par Richard Trevithick en 1804, elle fait son premier trajet en tirant 5 wagons, 70 personnes et 10 tonnes de fer, à une vitesse de pointe de 8 km/h. En 1808, Trevithick construit un chemin de fer circulaire pour tester sa locomotive baptisée "Catch me who can" (Attrape-moi si tu peux).

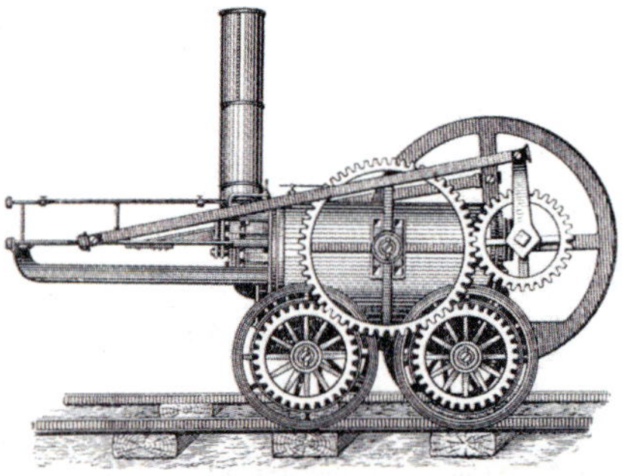

LA LOCOMOTIVE DE STEPHENSON : LA PLUS CÉLÈBRE

En 1825, la locomotive de George Stephenson circule sur la ligne Stockton-Darlington, en Angleterre, le tout premier chemin de fer du monde. En 1829, Stephenson met au point une locomotive plus puissante qui atteint une vitesse de 45 km/h. La locomotive s'impose alors comme moyen de transport.

Aux États-Unis, le réseau ferré est passé de 63 km en 1830 à 262 000 km en 1890.

L'aviation

On considère que Clément Ader est l'inventeur de l'avion. En 1890, pour la première fois, il réussit à s'élever au-dessus du sol à bord d'une machine plus lourde que l'air. Mais c'est en 1903 que l'aviation prend son essor avec les frères Wright.

Le mot avion a été créé par Clément Ader, du latin "avis" qui signifie "oiseau".

Les frères Wright

Fabricants de vélos et passionnés de machines volantes, ils ont effectué de nombreux vols de mise au point dans leurs propres planeurs. En 1903, ils réussissent leur premier vol motorisé et dirigé. L'appareil ne tient que 12 secondes dans l'air et ne parcourt que 36 mètres, mais l'ère de l'aviation est ouverte.

MAÎTRISE DES AVIONS

Les frères Wright ont analysé et développé la mécanique du virage en vol. Ils ont ainsi équipé leurs avions et mis au point le contrôle de la trajectoire et la maîtrise des virages.
À partir de 1905, leurs avions permettent des vols stables, de longue durée et maîtrisés.

Un développement rapide

La première guerre mondiale va donner un élan au développement de l'aviation. Les avions à hélice font leur apparition et une armée de l'air est créée. Jusque dans les années 40, tous les avions sont équipés de moteurs à pistons qui font tourner les pales de l'hélice. Le moteur à réaction, plus puissant, arrive à la fin de la seconde guerre mondiale.

Les bateaux, les sous-marins

Dès la Préhistoire, l'homme a eu besoin de se déplacer sur l'eau. Des pirogues du Néolithique aux aéroglisseurs, en passant par les sous-marins, les bateaux n'ont cessé d'évoluer.

Le Knock Nevis est le plus gros bateau du monde. C'est un pétrolier de 458 m de long et 68 m de large.

DE MULTIPLES FONCTIONS

Les premiers bateaux avaient pour objectif le déplacement sur l'eau, mais aussi la chasse et la pêche. Puis les bateaux ont sans cesse évolué et ont eu différentes fonctions : le transport de marchandises et de personnes, les conquêtes, les guerres, les explorations, les découvertes scientifiques et culturelles...

L'évolution des bateaux

Les premiers bateaux étaient des troncs d'arbres évidés, qu'on appelle pirogues monoxyles, et des radeaux de roseaux. Puis se sont succédé les galères, propulsées par des avirons et des voiles, les voiliers, les bateaux à vapeur, les bateaux à moteur, et enfin, les aéroglisseurs, maintenus au-dessus de l'eau grâce à un coussin d'air et pourvus d'hélices à l'arrière.

Ancien bateau à voile

Sous-marin nucléaire (classe Boreï)

LES SOUS-MARINS

En 1850, un mathématicien anglais imagine un engin capable de flotter et de plonger. Mais son projet n'aboutit pas. Après plusieurs essais, c'est en 1900 que le premier sous-marin de l'US Navy est construit. Il se déplace avec un moteur à essence en surface et un moteur électrique en plongée. En 1955, l'USS Nautilus fait sa première sortie en mer. C'est le premier sous-marin nucléaire.

Les fusées, les satellites

Pour voyager dans l'espace, il faut une grande force de propulsion pour échapper à la gravité terrestre. La fusée embarque du carburant et de l'oxygène qui, en brûlant, la font décoller. La fusée a permis d'envoyer des satellites dans l'espace, c'est le début de la conquête spatiale.

La fusée est découpée en étages qui se détachent quand ils ont brûlé le carburant. C'est le dernier étage, le satellite, qui se met en orbite.

La première fusée à carburant liquide

Il y a plus de 800 ans, les chinois ont inventé des petites fusées à poudre à canon. En 1926, Robert Goddard, un ingénieur américain, lance la première fusée à ergols liquides, (le nom du carburant qui lui fournit l'énergie). Elle vole 2,5 secondes et atteint une hauteur de 12,5 m. Elle mesurait 3,40 m et pesait 2,70 kg.

LES SATELLITES

Le premier, Spoutnik 1, était soviétique et a été lancé en 1957. Depuis, plus de 6 000 satellites ont été lancés dans l'espace. Ils y accomplissent de multiples tâches. Certains sont des relais de télévision, de téléphone ou d'Internet, d'autres surveillent les orages, les vents et les nuages pour donner les prévisions météorologiques.

DES MISSILES AUX MISSIONS

Pendant la seconde guerre mondiale, l'allemand Von Braun invente le missile V2, une fusée de grande portée. Après la guerre, Sergueï Korolev supervise le programme de réalisation des missiles balistiques en Union Soviétique, et c'est grâce à ses fusées R7 qu'on a pu envoyer dans l'espace le premier satellite et le premier astronaute.

Le télégraphe, le téléphone

Avant 1830, les moyens de communication étaient très restreints. C'était avant l'invention du télégraphe, qui permet l'envoi de signaux longue distance par impulsions électriques, puis du téléphone par Graham Bell en 1875.

En 2015, le téléphone portable avait 7 milliards d'abonnés dans le monde.

Le télégraphe

En 1832, Samuel Morse invente un code à base d'impulsions électriques, symbolisant les lettres de l'alphabet. Puis en 1838, des physiciens anglais mettent au point la première ligne de télégraphie électrique. L'usage du télégraphe se développe rapidement et on voit bientôt des lignes quadriller le monde.

LE TÉLÉPHONE

Voulant améliorer le télégraphe, l'écossais Alexander Graham Bell travaille sur un appareil pouvant convertir les ondes sonores en signaux électriques transmissibles par câble, et invente le téléphone. En mars 1876, il téléphone à son assistant. Cet appel est passé d'une pièce à une autre de leur laboratoire. L'usage du téléphone se développe alors très rapidement.

LE PORTABLE

Le téléphone portable est inventé en 1973, mais le premier appareil est commercialisé en 1983. Il coûte très cher, mais la demande est grande.
La concurrence s'en mêle et les portables deviennent de plus en plus petits et leur batterie de plus en plus performante. Les portables d'aujourd'hui, les smartphones, sont de vrais petits ordinateurs.

La radio, la télévision

La télécommande a été inventée en 1955 par Eugene Polley, elle s'appelait "Flash-matic".

À la fin du XIXe siècle, le serbe Tesla et le russe Popov se lancent dans l'étude des ondes radio. En 1895, l'italien Marconi parvient à émettre des ondes radio sur 1 km de distance. La télévision arrive bien plus tard, elle est l'aboutissement de nombreuses découvertes faites au XIXe siècle.

La radio : le télégraphe sans fil

Marconi est persuadé que les messages télégraphiques peuvent se passer de câble en se servant des ondes radio. Dès 1901, il réussit à établir la première liaison radio transatlantique. Le signal est simple : les trois points du S dans le code Morse.

LA RADIODIFFUSION

Marconi s'est concentré sur l'envoi de messages écrits, mais d'autres ont inventé des appareils pour recevoir et émettre du son. En 1907, on produit la première émission de radio pendant laquelle on entend parler et jouer de la musique. Dans les années 1920, aux États-Unis comme en Europe, c'est la naissance des premières stations de radio.

LA TÉLÉVISION

En 1884, l'ingénieur allemand Nipkow crée un système de balayage rapide qui convertit l'image en signaux électriques. En 1924, l'écossais Baird utilise ce dispositif pour construire une télévision mécanique. La télévision électronique arrive à la fin des années 1930, les images sont plus grandes et plus claires. La couleur apparaît au début des années 1950, et depuis la fin des années 1980, les tubes cathodiques sont remplacés par des écrans plats.

La photo, le cinéma

La photographie permet de fixer une image. Petit à petit, on réussit à créer l'illusion du mouvement avec une série d'images. Le cinéma permet de projeter et faire défiler ces images les unes à la suite des autres.

La couleur est exploitée dès 1913 et le premier film parlant, le "Chanteur de jazz", sort en 1927.

La photographie

En 1826, le français Niepce capture une image sur une plaque d'étain recouverte de bitume sensible à la lumière. L'invention est perfectionnée par Louis Daguerre, qui commercialise en 1839 les premières photographies, les daguerréotypes, sur de fines plaques de cuivre recouvertes d'argent.

DE LA PHOTOGRAPHIE AU CINÉMA

Après avoir découvert qu'une image reste sur la rétine une fraction de seconde après sa disparition, des inventeurs exploitent l'idée pour faire défiler une série de dessins recréant le mouvement, que le cerveau reconstitue. Le principe est amélioré en remplaçant les dessins par des photos, puis par des images projetées.

Les frères Lumière

En 1889, Edison invente le kinétoscope, un appareil qu'un seul spectateur pouvait utiliser et qui faisait dérouler une série de photos donnant une illusion de mouvement. Les frères Lumière ont alors l'idée de projeter ces images en mouvement sur grand écran, pour plusieurs spectateurs. Ils utilisent une caméra et un projecteur, et des pellicules de 35 mm qui enregistrent 16 images par seconde. La première séance de cinéma est organisée le 28 décembre 1895, à Paris.

kinétoscope

Le microscope, le télescope

Les premières lunettes en verre poli apparaissent en Italie au XIIIe siècle. Au Moyen-Orient, on a déjà remarqué que le verre fait converger la lumière et grossit les objets. Dès la fin du XVIe siècle, les Hollandais fabriquent des lentilles pour équiper les microscopes et les télescopes.

Le télescope spatial à réflexion Hubble a permis de restituer plus de 700 000 images de l'espace grâce à son miroir de 2,4 m de diamètre.

LE TÉLESCOPE À RÉFRACTION

En 1608, le hollandais Lippershey fabrique une lunette d'approche, prototype du télescope. C'est l'italien Galilée qui crée, en 1609, le premier télescope à réfraction qui grossit 30 fois. La lumière subit une courbure (elle est réfractée) lorsqu'elle traverse la lentille placée devant la lunette. Galilée découvre les cratères de la Lune et les 4 satellites de Jupiter.

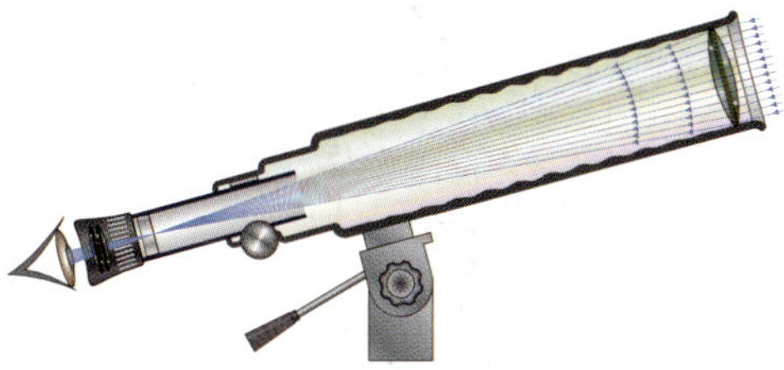

LE TÉLESCOPE À RÉFLEXION

En 1668, le physicien anglais Isaac Newton invente un nouveau télescope qui grossit 40 fois en réfléchissant la lumière.
Des miroirs captent la lumière et la dirigent vers l'œil de l'observateur. La plupart des télescopes d'aujourd'hui sont à lumière réfléchie.

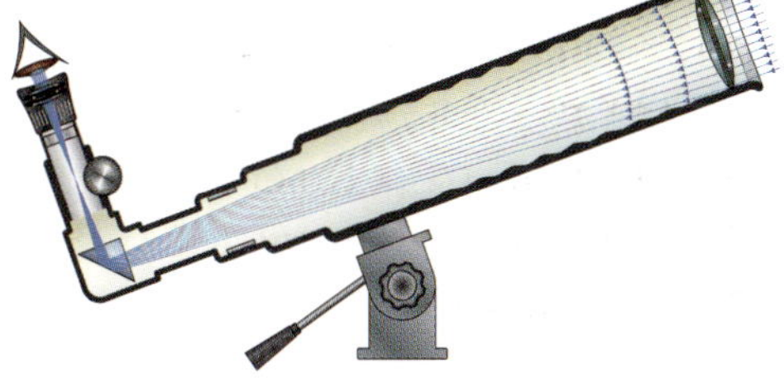

Le microscope

Le hollandais Janssen invente le premier microscope en 1590, en plaçant des lentilles dans un tube. Il permet de grossir 10 fois. En 1674, Van Leeuwenhoek, un autre hollandais, fabrique un microscope qui grossit 270 fois. En 1933, un savant allemand invente le microscope électronique, qui grossit plus de 50 000 fois et permet de voir molécules et atomes.

La médecine, les vaccins

Depuis le XVIIe siècle, des millions de vies ont été sauvées ou améliorées grâce aux progrès de la médecine : les vaccins, le stéthoscope inventé en 1816 par Laennec, les prothèses...

Les antiseptiques

Les bactéries, de minuscules organismes, sont responsables de nombreuses maladies. Pendant longtemps, les opérations se sont déroulées dans de mauvaises conditions d'hygiène. En 1865, le chirurgien Joseph Lister est le premier à utiliser du phénol pour désinfecter les plaies et tuer les bactéries.

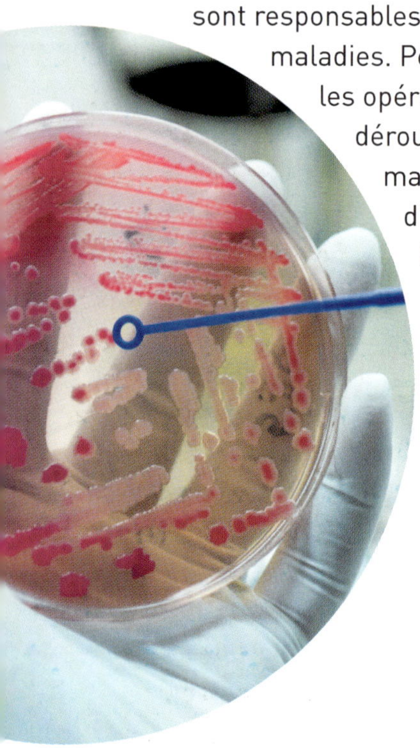

Les premières prothèses pour animaux furent un bec d'aigle et une queue de dauphin.

INVENTIONS MARQUANTES

- **Le pacemaker** : il régularise le rythme cardiaque et stimule le muscle cardiaque en envoyant des impulsions électriques. À l'origine, le pacemaker était placé à l'extérieur du corps, mais en 1958, le suédois Rune Elmqvist crée un pacemaker implantable.
- **Les prothèses** : elles remplacent une partie du corps, manquante ou déficiente. La plus ancienne est un orteil en cuir et bois datant de 2 700 ans.
- **Le cœur artificiel** : en 1982, le Jarvik 7, du nom de son inventeur, est le premier cœur artificiel implanté avec succès dans un corps humain.

Pacemaker

Prothèse de bec sur une oie

Le vaccin

Inventé en 1796 par Edward Jenner, qui l'expérimenta en pleine épidémie de variole, c'est Louis Pasteur, en 1881, qui en découvrit et en expliqua le principe.
La vaccination a permis d'éradiquer la variole et de maîtriser plusieurs maladies comme la diphtérie ou la poliomyélite.

Louis Pasteur

Voir l'intérieur du corps

En 1895, alors que W. Röntgen travaille sur des tubes lumineux à gaz, il découvre par hasard des ondes qui traversent la peau, mais pas le métal, ni les os. Il les appelle "rayons X".

Les aéroports sont équipés de scanners pour le contrôle des bagages et des passagers.

Les rayons X

Pour apporter la preuve de sa découverte, Röntgen place une plaque photographique derrière la main de sa femme. C'est la première radiographie aux rayons X, et on y voit clairement les os. En 1901, Röntgen reçoit le premier prix Nobel de physique.

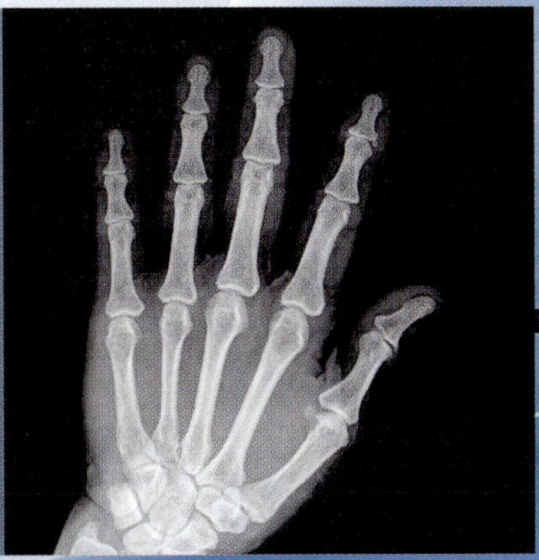

LE SCANNER ET L'IRM

- **Le scanner** : inventé en 1972, il permet de réaliser des images en coupes fines du corps, en utilisant les rayons X associés à un ordinateur qui donne ensuite une image 3D de la partie du corps examinée.
- **L'IRM** : inventée en 1977, l'imagerie par résonance magnétique (IRM) est capable de scanner un corps entier. Elle donne des informations sur des lésions qui ne sont pas visibles au scanner. Elle utilise des électroaimants, qui génèrent un champ magnétique, et des ondes radio.

LES ENDOSCOPES

Inventé en 1957, l'endoscope à fibre optique est un tube fin et flexible contenant un faisceau de fibres de verre, qui transporte les signaux vidéo émis par une minuscule caméra. On l'introduit à l'intérieur du corps et on examine les images qu'il fournit sur écran.

L'ordinateur, Internet

Un ordinateur est une machine de traitement de l'information. Internet est un réseau de réseaux d'ordinateurs reliés entre eux, qui partagent des informations et communiquent grâce à des codes communs.

Le superordinateur chinois Tianhe-2 est le plus puissant du monde, il effectue 33 800 milliers de milliards de calculs par seconde.

L'évolution des ordinateurs

Pendant la Seconde Guerre mondiale, pour décrypter les codes ennemis, on crée des ordinateurs capables de convertir les informations en signaux électriques, tels que le Colossus et ENIAC. Puis les ordinateurs deviennent de plus en plus petits et puissants. En 1971, on invente le microprocesseur, un système complet qui tient sur une puce électronique. On crée ainsi des superordinateurs, dont les milliers de processeurs accomplissent des calculs colossaux.

Une réplique du tout premier ordinateur électronique

LE CODAGE

Avant, pour programmer un ordinateur, il fallait changer les connexions physiques pour refaire les circuits de la machine.
En 1952, on invente un compilateur qui permet de programmer l'ordinateur grâce à une série de commandes qu'il traduit en codes compréhensibles pour l'ordinateur. Le compilateur a favorisé le développement de nombreux langages informatiques.

INTERNET

Au début, en 1969, aux États-Unis, 4 ordinateurs forment le réseau appelé ARPANET, partagé par les scientifiques et les militaires. Il se développe peu à peu, puis Internet explose avec la création des e-mails, des moteurs de recherche et des retransmissions en streaming.

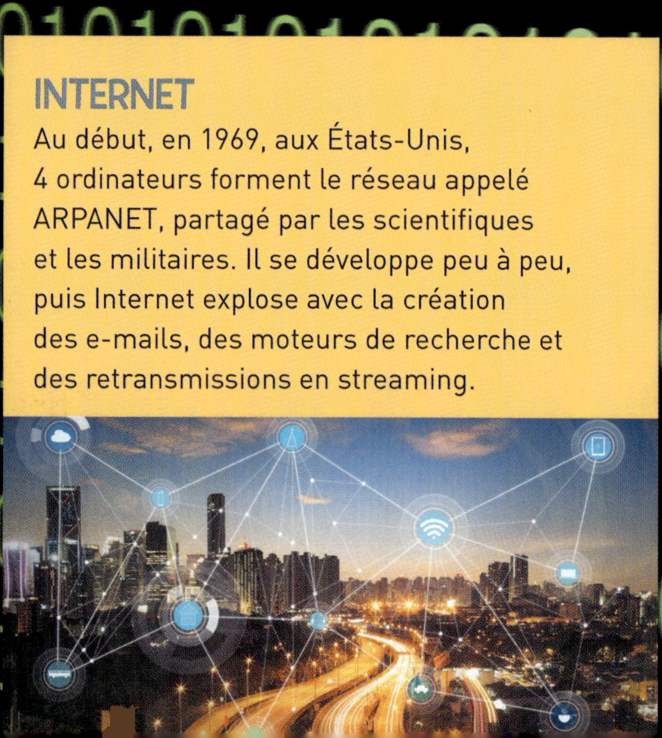

Les jeux vidéo

Les jeux vidéo sont nés dans les universités. Les premiers jeux sur ordinateur apparaissent en 1952, puis 10 ans plus tard, le M.I.T. (Massachusetts Institute of Technology) imagine Spacewar !, le premier jeu d'action avec deux joueurs et le premier jeu commercial.

Les consoles

En 1968, Ralph Baer invente la première console que l'on peut brancher sur la télévision, elle est commercialisée en 1972. La première console avec un système de cartouches contenant les jeux sort en 1976. L'Atari 2600, une console couleur, arrive l'année suivante. C'est un succès grâce aux jeux Pac-Man et Space Invaders.

LES CONSOLES PORTABLES

Le premier appareil de jeux portable est le Microvision, conçu par Jay Smith en 1979. Il est détrôné en 1987 par l'Atari Lynx, la première console portable à écran couleur. En 1989, la Game Boy, de Nintendo, se vend à plus de 118 millions d'exemplaires.

En 2010, Xbox sort le premier jeu sans manettes. Des caméras et des capteurs détectent les mouvements et les reproduisent à l'écran.

LES JEUX D'ARCADE

Les premiers jeux vidéo étaient des jeux payants, équipés de monneyeurs.
On ne les trouvait que dans les bars ou dans des lieux appelés salles d'arcade.
Le Computer Space est le premier jeu d'arcade produit à grande échelle.
Space Invaders, créé en 1978, est devenu l'un des jeux les plus célèbres, c'est le premier jeu dans lequel les ennemis se tirent dessus et où l'on atteint des scores élevés.

Les robots

Les robots sont des machines conçues pour accomplir des tâches précises, répétitives ou dangereuses pour l'homme.

Comment ça marche ?

Le robot est programmé par l'homme. Les différentes parties sont actionnées par un système de transmission. Le régulateur est le cerveau, il ordonne les gestes à faire. Les capteurs (caméras, microphones ou détecteurs de lumière) recueillent les données et les envoient au régulateur.

Robot humanoïde : Pepper

LES DIFFÉRENTS ROBOTS

Les robots industriels : Unimate est le premier robot industriel. En 1961, muni d'un bras de 4 tonnes, il est utilisé sur les lignes d'assemblage dans une usine de voiture. Aujourd'hui, les robots exécutent les tâches de peinture et de soudage.

Les robots explorateurs : ils explorent les lieux trop dangereux pour l'homme. En 1994, le robot Dante II descend à l'intérieur d'un volcan en activité.

Les robots sauveteurs : ils ont été conçus pour intervenir sur les lieux des catastrophes. Un robot géant a été créé en 2004, avec deux bras de 6 m de long capables de soulever 500 kg, et ainsi de déblayer les gravats pour sauver des gens.

LES HUMANOÏDES

Créé en 1973 par l'Université japonaise Waseda, Wabot-1 est le premier robot conçu pour agir comme un humain. Les robots humanoïdes travaillent comme guides dans les musées et se sont aventurés dans l'espace (Robonaut 2). Certains, comme NAO, sont capables de reconnaître les visages humains.

Le mot "robot" vient du mot tchèque "robota" qui signifie "corvée".

Inventer le futur

Les inventions du futur sauront toujours nous étonner. Certaines poseront des problèmes écologiques, d'autres amélioreront notre quotidien ou nous aideront à vivre plus longtemps.

En 2014, on a conçu un nanomoteur si petit qu'il tient dans une cellule humaine.

La nanotechnologie

Cette science s'applique à des dispositifs si petits qu'ils se mesurent en nanomètres (1 milliard de nanomètres dans 1 mètre). Elle permettra, dans le futur, d'inventer des matériaux auto-réparateurs ou de construire des robots minuscules qui entreront dans le corps humain pour réparer sans chirurgie.

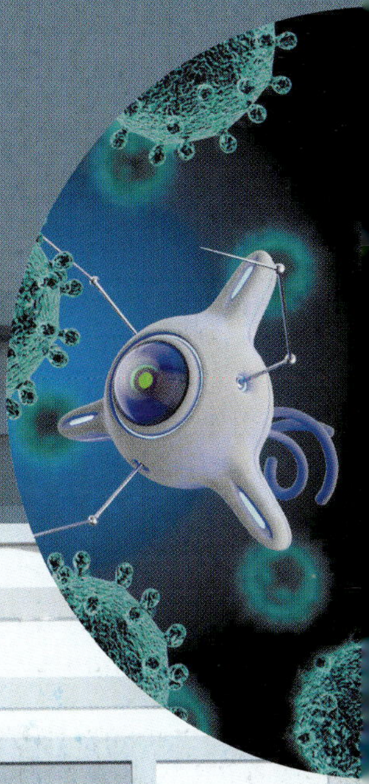

LES INNOVATIONS DU QUOTIDIEN

- **Contrôler par la pensée** : grâce à des casques connectés au cerveau, il sera possible de contrôler des dispositifs électroniques. On construit déjà des bras artificiels maîtrisés par la pensée.
- **Les véhicules sans conducteur** : ce sont des voitures équipées de capteurs et d'aides à la navigation. Les constructeurs automobiles travaillent depuis longtemps sur ce projet.
- **Les écrans souples** : grâce à des écrans flexibles et légers, il sera possible de plier une tablette électronique comme on plie une feuille de papier.

L'IMPRESSION EN 3D

L'impression en 3D a été inventée par Chuck Hull en 1983. L'imprimante 3D dépose une succession de fines couches de matière (plastique, métal...) pour donner forme à l'objet, d'après le fichier contenu dans sa mémoire. L'industrie l'utilise déjà pour des pièces détachées de voiture, des jouets ou de l'appareillage médical.

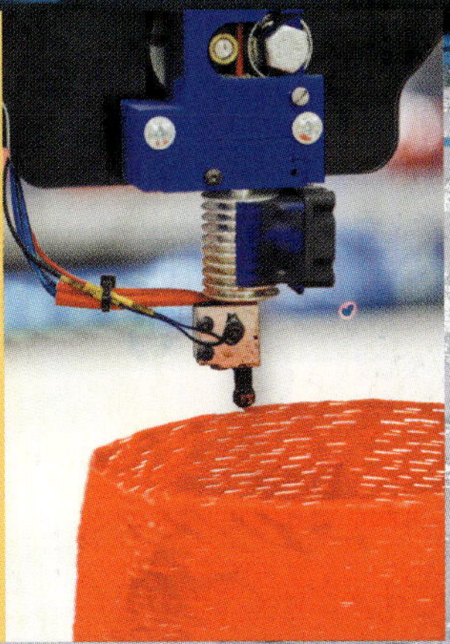

1000 CHOSES à SAVOIR

LES GRANDES DÉCOUVERTES

La sortie d'Afrique
À la Préhistoire

Le berceau de l'humanité se trouve en Afrique, où les Homo Sapiens sont apparus il y a 200 000 ans. Entre 125 000 et 60 000 avant J.-C., ils ont commencé à migrer vers d'autres continents. Progressivement, les premiers hommes se sont dispersés sur l'ensemble du globe.

À PIED ET EN BATEAU

Les glaciers avaient emprisonné tellement d'eau que le niveau de la mer était 100 m plus bas qu'aujourd'hui, permettant de nombreuses migrations à pied. Nos ancêtres ont également traversé des étendues de plus de 100 km de large. Cela prouve qu'ils savaient fabriquer des bateaux et naviguer. L'Homo Sapiens est même allé en Australie !

Ces migrations ne constituaient pas des "découvertes", car les hommes préhistoriques ne cherchaient rien. Elles ont néanmoins permis l'installation de l'espèce humaine sur l'ensemble des continents.

Une migration par le nord

À cette période, le nord de l'Europe était recouvert d'une épaisse couche de glace. Des terres émergées permettaient le passage d'un continent à l'autre. Au nord, les glaciers formaient un pont naturel entre l'Asie et l'Amérique.

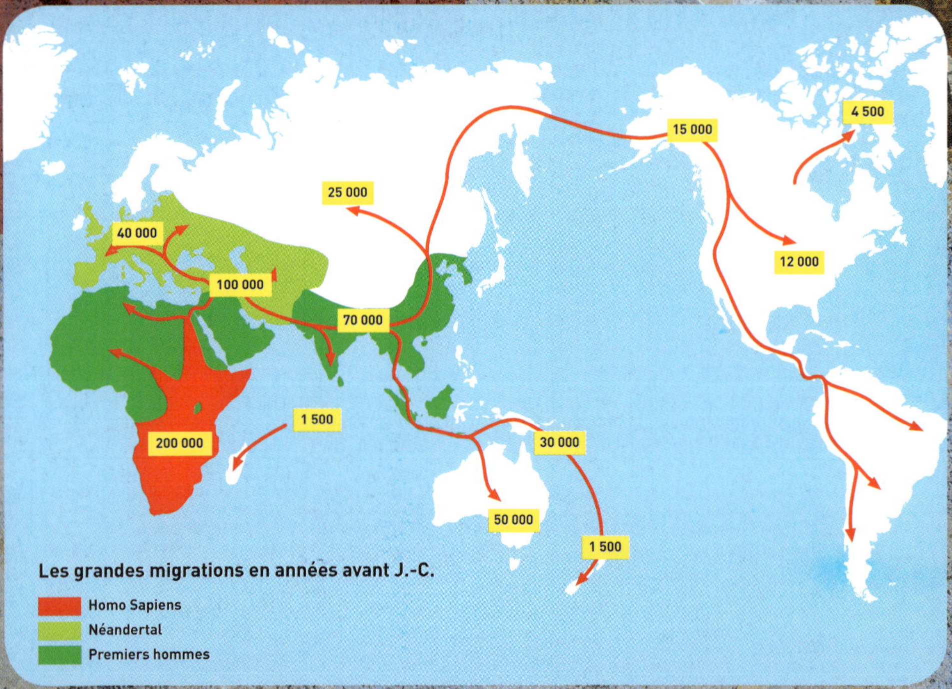

La chasse aux mammouths

La migration dura des milliers d'années. Chaque génération se déplaçait par petits groupes, chaque fois un peu plus loin, pour chasser les animaux sauvages. Les Homo Sapiens avançaient sans savoir où ils allaient, en suivant les déplacements des mammouths laineux qu'ils chassaient pour leur viande et leur peau.

L'Inde

Alexandre le Grand (329 av. J.-C.)

En 335 avant J.-C., la Macédoine était la région la plus puissante de Grèce. Alexandre le Grand n'avait que 20 ans lorsqu'il devint roi de Macédoine. Il décida de poursuivre les conquêtes commencées par son père afin d'étendre l'influence de l'Empire grec en Orient.

UN GUERRIER INVAINCU

Alexandre le Grand était un explorateur hors du commun ! Il n'a perdu aucune bataille, c'est pour cela qu'il a été appelé ainsi. Il est mort accidentellement, à 33 ans, alors qu'il régnait sur le plus grand empire du monde antique.

UN EXPLORATEUR INFATIGABLE

Au retour d'Inde, Alexandre le Grand envoya une flotte explorer le Golfe Persique. Il décida de rentrer avec le reste de la troupe par le désert du Makran, encore inexploré. Il y perdit la moitié de ses hommes et de ses chevaux.
Au fur et à mesure de ses conquêtes, Alexandre le Grand a donné son nom à plus de 20 villes, dont Alexandrie en Égypte. Le nom de son cheval, Bucéphale, a même été donné à une ville !

De la Perse à l'Inde

En 334 avant J.-C., Alexandre le Grand se lança à la conquête de la Perse, puis de l'Asie en passant par l'Afrique.
Il poursuivit sa route jusqu'au nord de l'Inde ou il arriva en 329 avant J.-C. En Inde, il vainquit l'immense armée du Roi Porus et ses 200 éléphants de combat. Il voulut aller plus loin, mais ses 35 000 soldats refusèrent de le suivre.

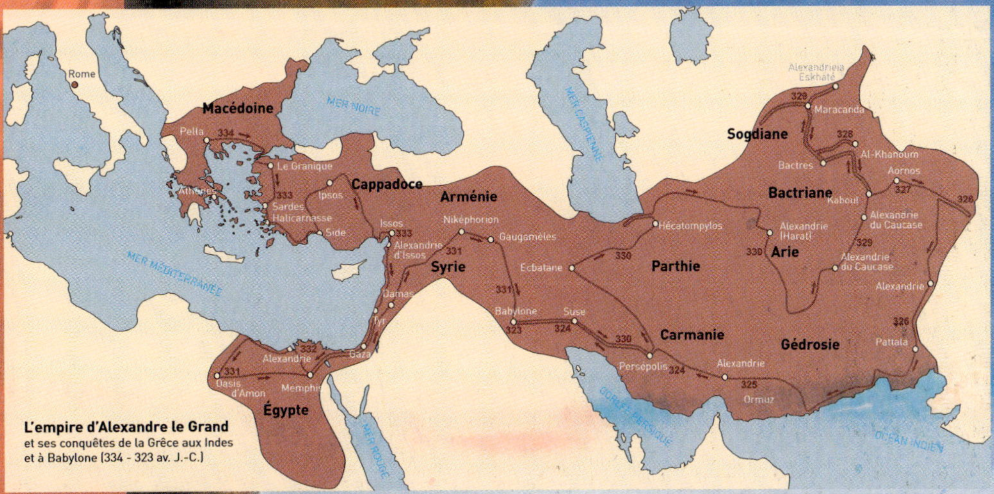

L'empire d'Alexandre le Grand
et ses conquêtes de la Grêce aux Indes et à Babylone (334 - 323 av. J.-C.)

Le Vinland
Leif Erikson (an 1000)

Les Vikings étaient d'excellents marins. Depuis la Norvège, ils partirent à la conquête de L'Europe et du Groenland. En l'an 1000, Leif Erikson fut le premier européen à explorer les terres d'Amérique du Nord, des centaines d'années avant Christophe Colomb !

Terre à l'ouest

Les expéditions des Vikings les ont conduits de Norvège en Islande, où ils se sont établis à partir de 874. Depuis l'Islande, ils allaient régulièrement explorer les côtes du Groenland. Leif Erikson avait entendu les récits d'un vieux navigateur Viking qui affirmait avoir aperçu une terre à l'ouest, alors qu'il remontait les côtes du Groenland.

LA COLONISATION DU VINLAND

En explorant les côtes du Groenland, Leif Erikson découvrit des terres couvertes de forêts à l'ouest. C'était une aubaine pour les Vikings, grands consommateurs de bois pour la construction de leurs maisons et de leurs bateaux. Leif Erikson y établit une colonie qu'il baptisa "Vinland".

Les échanges avec l'Islande et la Norvège furent de courte durée, car vers 1050, les Vikings arrêtèrent leurs expéditions. Le Vinland fut oublié et devint une légende transmise oralement par les vieux navigateurs.

Les premiers grands navigateurs

Les Vikings s'aidaient du Soleil et des étoiles pour naviguer. Et quand ils apercevaient des animaux marins, ils savaient que les côtes étaient proches.

La route de la soie

Marco Polo (1271)

Marco Polo a été le premier voyageur à avoir effectué la totalité de la route de la soie et à être allé aussi loin en Chine.

Depuis le IIe siècle avant J.-C., les échanges de marchandises entre l'Europe et l'Asie se faisaient par un réseau de pistes reliant les villes du Moyen-Orient et d'Asie, appelé route de la soie.

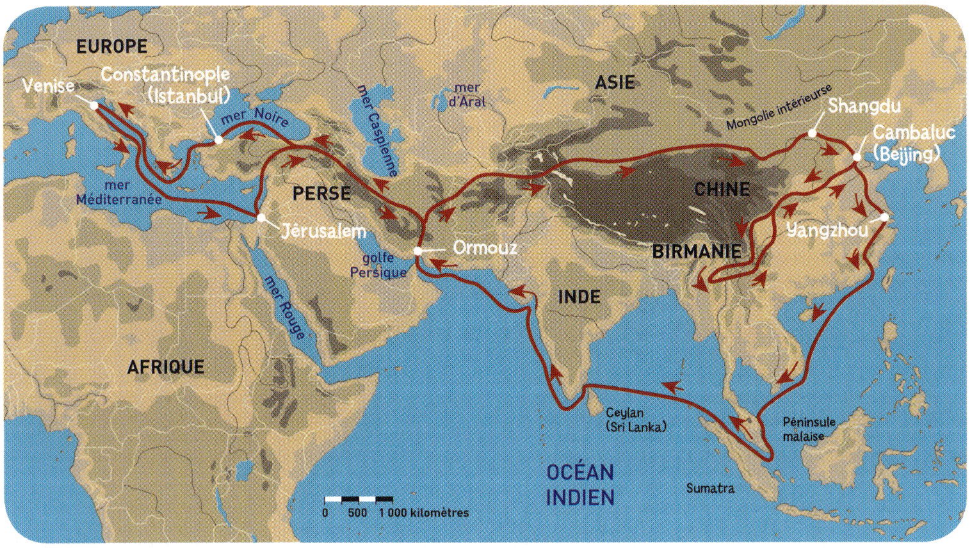

Du troc pour monnaie

Les marchandises étaient transportées à dos de cheval et de dromadaire, formant de longues caravanes. Au départ du Moyen-Orient, on chargeait de l'or, des métaux et des textiles. Pour le retour, on ramenait de la porcelaine, des épices, des armes... Et aussi de la soie, dont les Chinois étaient les seuls à détenir le secret de fabrication.

DES ROUTES DANGEREUSES

Partout, les pillards étaient à l'affût. Les marchands ne faisaient qu'une partie du trajet, généralement entre deux villes : ils arrivaient dans une ville avec un chargement et repartaient en sens inverse avec d'autres marchandises.

MARCO POLO

Le père et l'oncle de Marco Polo faisaient du commerce entre Venise et l'Asie. En 1271, Marco Polo, alors âgé de 17 ans, les accompagna. Il devint le protégé de l'empereur de Chine, Kubilai Khan, qui l'envoya comme émissaire à travers l'empire mongol.
Après avoir sillonné la Chine durant 24 ans, Marco Polo rentra en Europe. Chargé de pierres précieuses, il passa par la mer de Chine et la mer d'Arabie, et rejoignit Venise par Trébizonde, où il fut dépouillé d'une partie de sa fortune.

L'Amérique
Christophe Colomb (1492)

Depuis l'Antiquité, on savait que la Terre était ronde, mais personne n'en avait fait le tour. Christophe Colomb, un marin très expérimenté, pensait qu'il était possible d'atteindre l'Asie en naviguant par l'ouest.

Une légende dit que Colomb aurait entendu un vieux marin raconter l'histoire du Vinland, découvert par les Vikings 500 ans plus tôt.

Statue de Christophe Colomb - Barcelone, Espagne

Les Caraïbes

Colomb réussit à faire financer son expédition par la reine d'Espagne. Il prit la mer le 3 août 1492, espérant rejoindre la Chine en quelques jours.
Son équipage était composé de 87 hommes répartis sur trois caravelles : la Pinta, la Santa María et la Niña. Après un voyage de plus de cinq semaines, il débarqua aux Bahamas, dans les Caraïbes.

la Santa María la Niña la Pinta

LES INDIENS

Christophe Colomb était persuadé d'avoir atteint les Indes orientales... voilà pourquoi les indigènes furent appelés "les Indiens" !

LE NOUVEAU MONDE

Après son retour en Espagne, Colomb lança trois autres expéditions dans les Caraïbes. Il n'y trouva jamais l'or, les pierres précieuses et les épices escomptés, mais des terres fertiles. Ainsi débuta la colonisation du Nouveau Monde.

Le Cap de Bonne-Espérance

Vasco de Gama (1498)

Au début du XVe siècle, les Italiens contrôlaient la route de la soie qui passait par la mer Noire, imposant leurs taxes à toute l'Europe. Les Arabes, eux, contrôlaient la voie qui passait par l'Iran et le Golfe Persique.

Le Cap des Tempêtes

À partir de 1440, les Portugais conduisirent plusieurs expéditions le long des côtes de l'Afrique afin de trouver une route maritime pour rejoindre les Indes. En 1487, Dias Bartelomeu entra dans l'océan Indien, mais ses marins refusèrent d'aller plus loin. Il nomma le passage “Cap des Tempêtes”.

UNE NOUVELLE ROUTE DES INDES

Le 9 juillet 1497, Vasco de Gama mit le cap sur le sud de l'Afrique avec 3 navires et 200 hommes d'équipage. Il franchit le Cap de Bonne-Espérance fin novembre et remonta les côtes de l'Afrique. Il atteignit les Indes un an après son départ du Portugal. Il fit ensuite plusieurs voyages entre les Indes et le Portugal, et fut nommé vice-roi des Indes par le roi du Portugal.

Vasco de Gama

Jean II du Portugal rebaptisa le passage “Cap de Bonne-Espérance” afin de susciter l'espoir d'une nouvelle route des épices.

La bataille du poivre

Cette voie maritime a permis l'essor du commerce des épices en Europe, annonçant le déclin de la dangereuse et interminable route de la soie. Les Portugais avaient gagné contre les Vénitiens la “bataille du poivre”, l'épice la plus demandée en Europe.

Le détroit de Magellan et la circumnavigation

Magellan (1520-1522)

Fernand de Magellan, un navigateur portugais qui avait effectué de nombreuses traversées vers les Indes, voulait trouver une voie maritime vers l'ouest pour rejoindre les Indes.

Le détroit de Magellan

Magellan est parti d'Espagne en 1519 avec 5 navires et 250 hommes. Après avoir longé les côtes du Brésil et de l'Argentine, il trouve un passage au sud du Chili qui annonce l'entrée du détroit. Après 1 mois de traversée difficile, il arrive dans l'océan Pacifique qu'il nomme ainsi en raison de ses eaux extraordinairement calmes.

LE PREMIER TOUR DU MONDE

Magellan découvre les Philippines en 1521 et meurt lors d'une bataille sur l'île de Mactan. El Cano, le nouveau chef de l'expédition, prend le commandement du Victoria, le seul navire rescapé. Il traverse l'océan Indien, passe le Cap de Bonne-Espérance et rejoint l'Espagne en septembre 1522, à bord du premier navire à effectuer la circumnavigation de la Terre.

Magellan donna le nom de Terre de Feu à la côte sud-américaine. En fait, les nombreux feux aperçus étaient allumés par les indigènes le long des côtes.

LE SCORBUT

Sur les 265 hommes du départ, seuls 18 survécurent à l'expédition. Ils furent décimés principalement par le scorbut. L'absence de fruits et de légumes sur les navires provoque cette maladie, qui est due à une carence en vitamine C.

Les peuples du Soleil

Après les voyages de Christophe Colomb, les Espagnols et les Portugais se sont lancés à la découverte du Nouveau Monde. En 1494, ils ont signé un traité pour se partager les terres découvertes.

HERNAN CORTÉS ET LES AZTÈQUES

Hernan Cortés a débarqué au Mexique en 1519 et a conquis l'Empire aztèque en seulement deux ans. Il a conclu des alliances avec les tribus indiennes pour battre les Aztèques et les a exterminés. Il a détruit Tenochtitlan, la capitale aztèque qui était, avec ses 700 000 habitants, la plus grande ville du monde. Il a fondé la ville de Mexico sur ses ruines.

FRANCISCO PIZARRO ET LES INCAS

En 1532, l'Empire inca était à son apogée. Francisco Pizarro a capturé l'empereur inca et après avoir touché une énorme rançon en or, il l'a quand même fait exécuter ! Il a réussi à vaincre l'armée inca avec seulement 168 hommes et a fondé la ville de Lima au Pérou.

Le serpent à plumes, association du quetzal au plumage coloré et du serpent, était le plus grand des dieux aztèques.

Qui étaient les conquistadors ?

Envoyés par le roi d'Espagne, leur mission était de rapporter de l'or, de coloniser des territoires et de convertir les populations au christianisme. Sanguinaires et avides de richesses, ils ont massacré les peuples indigènes dans le seul but de s'approprier leurs trésors.

La Nouvelle-Zélande

James Cook (1769)

L'explorateur britannique James Cook a découvert et cartographié de nombreuses îles du Pacifique au cours de trois expéditions, dont le but était essentiellement scientifique.

À cette époque, la plupart des marins ne savaient pas nager !

MORT TRAGIQUE À HAWAÏ

Lors de sa troisième expédition, Cook découvrit Hawaï. La cohabitation avec le peuple hawaïen se passa tout d'abord bien, mais la situation se dégrada à la suite du vol d'un des bateaux. Cook fut tué par des indigènes lors d'une émeute.

La découverte de la Nouvelle-Zélande

L'objectif de la première mission de Cook, à bord de son trois-mâts "Endeavour", était de pouvoir observer le passage de la planète Vénus devant le Soleil et faire avancer les connaissances en astronomie. Pendant sa mission, il découvrit la Nouvelle-Zélande et dressa la carte de la côte est de l'Australie.

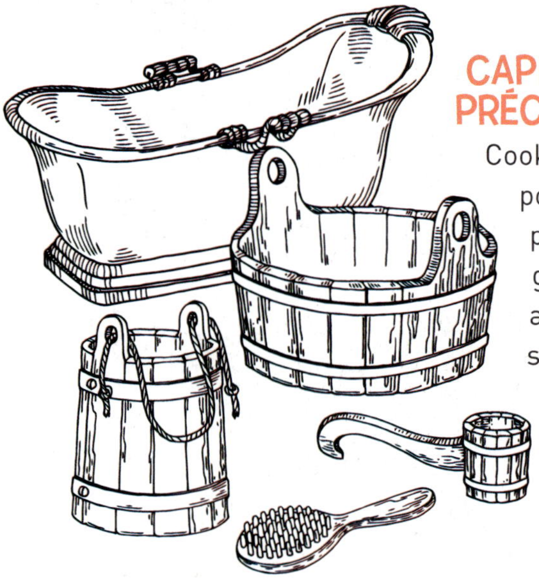

CAPITAINE COOK, PRÉCURSEUR EN HYGIÈNE

Cook prit de nombreuses mesures pour la santé de son équipage : prendre un bain tous les jours, garder le bateau propre et aérer le linge de lit deux fois par semaine. Des escales régulières ont contribué à une meilleure hygiène et ont permis un ravitaillement en légumes et en fruits frais, préservant ainsi l'équipage du scorbut.

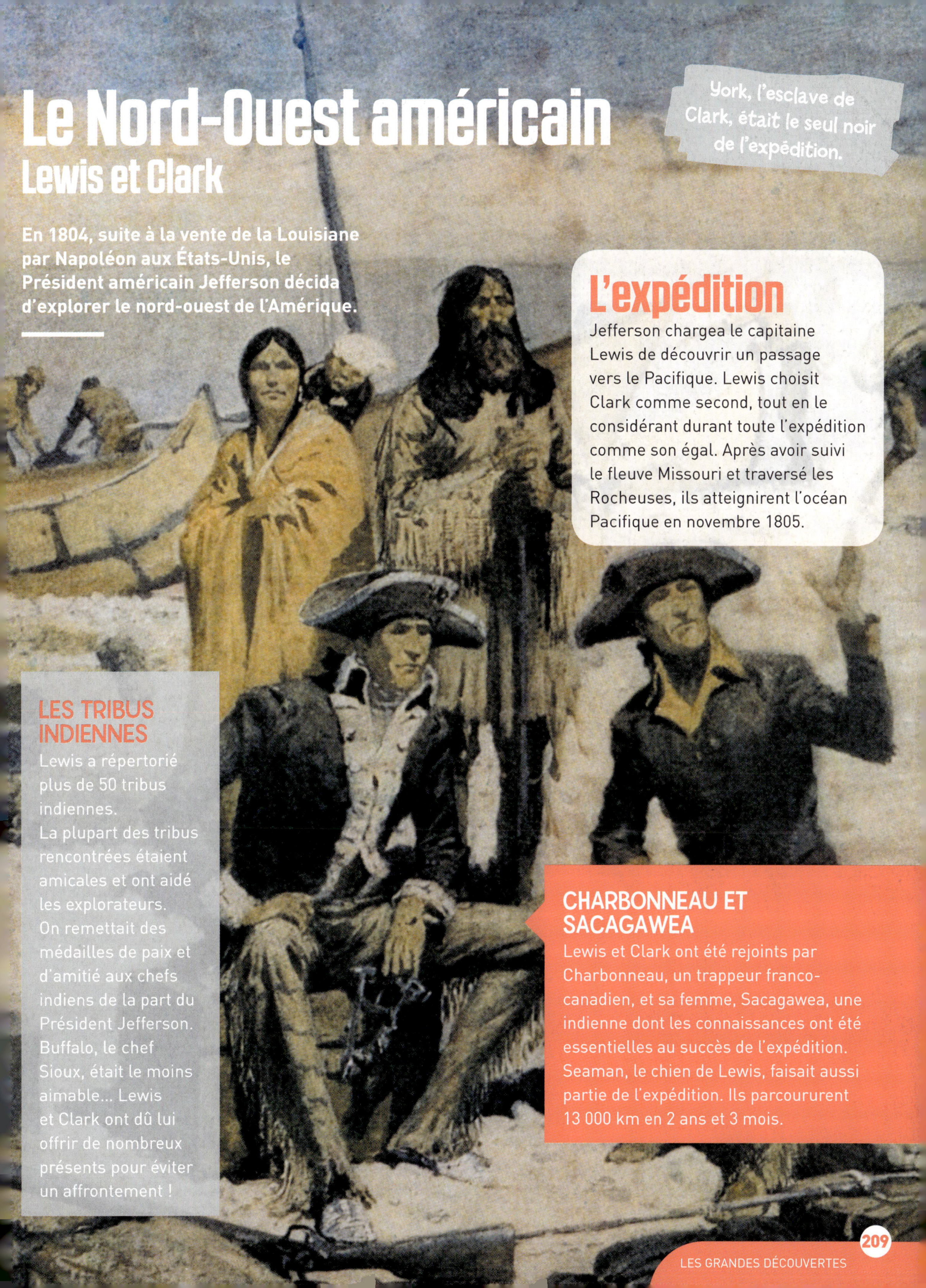

Le Nord-Ouest américain

Lewis et Clark

En 1804, suite à la vente de la Louisiane par Napoléon aux États-Unis, le Président américain Jefferson décida d'explorer le nord-ouest de l'Amérique.

York, l'esclave de Clark, était le seul noir de l'expédition.

L'expédition

Jefferson chargea le capitaine Lewis de découvrir un passage vers le Pacifique. Lewis choisit Clark comme second, tout en le considérant durant toute l'expédition comme son égal. Après avoir suivi le fleuve Missouri et traversé les Rocheuses, ils atteignirent l'océan Pacifique en novembre 1805.

LES TRIBUS INDIENNES

Lewis a répertorié plus de 50 tribus indiennes.
La plupart des tribus rencontrées étaient amicales et ont aidé les explorateurs.
On remettait des médailles de paix et d'amitié aux chefs indiens de la part du Président Jefferson.
Buffalo, le chef Sioux, était le moins aimable... Lewis et Clark ont dû lui offrir de nombreux présents pour éviter un affrontement !

CHARBONNEAU ET SACAGAWEA

Lewis et Clark ont été rejoints par Charbonneau, un trappeur franco-canadien, et sa femme, Sacagawea, une indienne dont les connaissances ont été essentielles au succès de l'expédition. Seaman, le chien de Lewis, faisait aussi partie de l'expédition. Ils parcoururent 13 000 km en 2 ans et 3 mois.

Le pôle Sud
Amundsen et Scott

À la fin du XIXe siècle, l'exploration des pôles reste le dernier grand défi géographique mondial. De nombreuses expéditions se mettent en route pour conquérir le pôle Nord, puis le pôle Sud.

Le climat du pôle Sud est désertique. Il ne pleut pratiquement jamais.

La Norvège à l'assaut du pôle Sud

Le Norvégien Roald Amundsen avait planifié une expédition vers le pôle Nord, mais lorsqu'il apprit que le pôle venait d'être atteint, il modifia ses plans et mit le cap au sud. Le 19 octobre 1911, Amundsen lance l'expédition vers le pôle Sud avec 4 hommes, 4 traîneaux et 52 chiens. Il fut le premier homme à atteindre le pôle Sud le 14 décembre 1911.

LE RÊVE ENVOLÉ DE L'ANGLETERRE

Une autre expédition vers le pôle Sud menée par l'anglais Robert Falcon Scott, constituée d'explorateurs anglais, s'est lancée en même temps que celle de Roald Amundsen. Moins bien préparés que l'équipe norvégienne, ils n'y sont parvenus qu'un mois plus tard, en janvier 1912. Outre la déception de ne pas pouvoir planter le drapeau britannique, ils sont tous morts de froid ou de faim lors du voyage retour !

L'Everest
Hillary et Norgay (1953)

Avec ses 8 848 mètres, l'Everest, dans l'Himalaya, est le plus haut sommet du monde. Pendant près de 30 ans, toutes les tentatives pour atteindre son sommet ont échoué.

L'alpiniste Edmu[...] anobli par la reine Elizabeth II à la suite de son exploit.

L'EXPÉDITION
400 personnes ont participé à l'expédition. Elles ont gravi la montagne en plusieurs étapes, en s'arrêtant régulièrement pour s'habituer à l'altitude. L'expédition fut un succès grâce à une organisation parfaite, un très bon équipement, et des campements établis tout au long du parcours.

QUE LE MEILLEUR GAGNE !
Au dernier campement, deux équipes furent choisies pour grimper jusqu'au sommet. C'est finalement l'équipe du Néo-Zélandais Edmund Hillary et du sherpa népalais Tensing Norgay qui fut la première à poser le pied sur "le toit du monde". L'ascension a duré 45 jours et les derniers mètres ont été extrêmement difficiles à cause du froid, du manque d'oxygène et d'un énorme mur rocheux de 12 mètres.

L'Everest
L'Everest porte le nom du géographe britannique George Everest, mais les Tibétains l'appellent Chomolungma, "déesse mère de la Terre". L'Everest ressemble à une immense pyramide à trois faces. Hillary et Norgay ont gravi sa face sud, en partant du Népal.

L'espace
Gagarine (1961)

Dans les années 50, l'Union Soviétique et les États-Unis se sont défiés dans une conquête acharnée de l'espace !

Le grand vaisseau spatial Vostok

Les débuts de la conquête spatiale

En 1957, les Soviétiques ont lancé Spoutnik, le premier satellite artificiel placé en orbite autour de la Terre. Dix autres satellites Spoutnik ont été lancés avant d'envoyer le premier homme dans l'espace. En avril 1961, le cosmonaute soviétique Youri Gagarine devint le premier homme à faire le tour de la Terre dans l'espace, à plus de 200 km d'altitude.

Spoutnik, le 1er satellite

UN VOL TÉLÉGUIDÉ

Comme personne ne savait comment l'homme réagirait à l'apesanteur, le vol était guidé depuis la Terre. Le vol dura 108 minutes. Au retour, Gagarine s'est éjecté à 7 km au-dessus du sol. Son parachute s'est mis en torche, mais il a fini par s'ouvrir, ouf !

La chienne russe "Laïka" fut le premier être vivant à voyager dans l'espace.

VOSTOK 1

La technologie spatiale est toute récente lorsque Gagarine embarque à bord du vaisseau spatial Vostok 1. La capsule était minuscule et ne faisait que 2,3 m de diamètre. Heureusement, Gagarine ne mesurait que 1,57 m !

La Lune
Armstrong et Aldrin

Les Américains, vexés d'avoir été devancés par les Soviétiques dans la course à l'espace, ont tout fait pour être les premiers à envoyer des hommes sur la Lune.

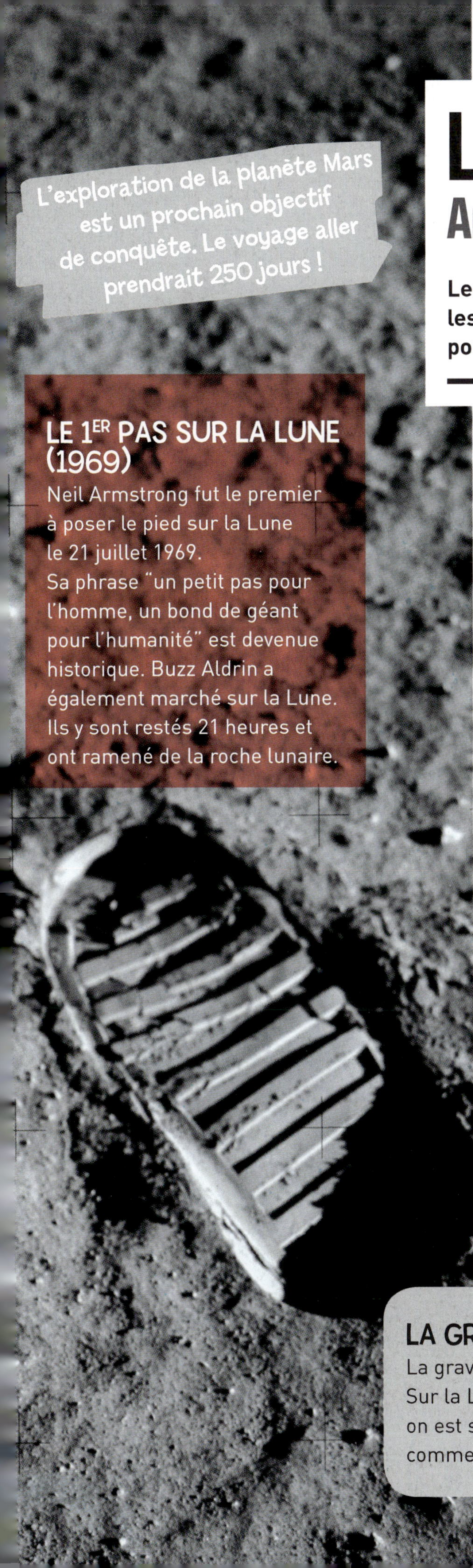

L'exploration de la planète Mars est un prochain objectif de conquête. Le voyage aller prendrait 250 jours !

LE 1ER PAS SUR LA LUNE (1969)

Neil Armstrong fut le premier à poser le pied sur la Lune le 21 juillet 1969.
Sa phrase "un petit pas pour l'homme, un bond de géant pour l'humanité" est devenue historique. Buzz Aldrin a également marché sur la Lune. Ils y sont restés 21 heures et ont ramené de la roche lunaire.

Neil Armstrong, Buzz Aldrin et Michael Collins

Apollo 11

Après des mois d'entraînement et de préparation, le vaisseau Apollo 11 fut lancé de Floride, le 16 juillet 1969.
Il y eut un moment de panique lorsque le 20 juillet 1969, il ne restait que quelques secondes de carburant avant la panne. Neil Armstrong et Buzz Aldrin durent prendre les commandes manuellement et posèrent le vaisseau Apollo 11 sur la Lune !

Le vaisseau Apollo 11, approchant de la surface de la Lune

LA GRAVITÉ

La gravité (ou la pesanteur) est la force d'attraction de deux masses. Sur la Lune, on se sent en apesanteur, car la gravité est très faible : on est six fois plus léger que sur Terre. Marcher sur la Lune, c'est comme marcher sur un trampoline géant !

1000 CHOSES à SAVOIR

LES NOUVELLES TECHNOLOGIES

Les nouvelles technologies de l'information et de la communication

Les Nouvelles Technologies de l'Information et de la Communication (NTIC) regroupent tout ce qui permet de transmettre de l'information depuis un ordinateur. Depuis le début des années 1980, ces nouvelles technologies ont ouvert l'ère du multimédia qui a révolutionné nos modes de vie.

La numérisation, qui a débuté dans les années 1980, consiste à convertir le signal analogique en signal numérique, en codant l'information dans un langage spécifique.

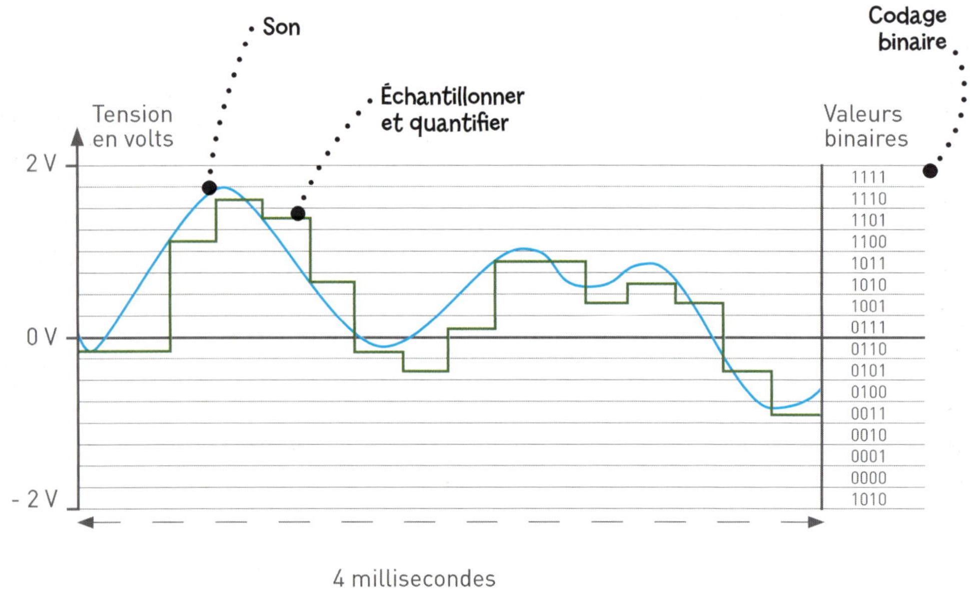

Le signal analogique

L'analogique est un procédé qui permet de transporter des données (du son, des images, des vidéos...) par des câbles ou par des ondes. Pour cela, il faut traduire le son ou l'image en signaux qui permettront de les reconstruire à l'arrivée.
Un signal analogique évolue progressivement, sans interruption. On peut le représenter par une courbe.
Prenons l'exemple d'une suite de sons : elle est constituée de multiples sons qui lui donnent son sens général. Dans la vie de tous les jours, les sons, les mouvements sont naturellement analogiques.
Si on enregistre ces informations sur un support analogique (disque vinyle, cassette audio), les données sont très lourdes à stocker et elles s'altèrent après quelques années.

COMPRENDRE LA NUMÉRISATION

La numérisation consiste à échantillonner, quantifier et coder l'information afin de la simplifier.
Échantillonner, c'est déterminer des valeurs intermédiaires.
Quantifier, c'est repérer des points qui vont permettre de transformer la courbe en histogramme. On perd la précision de la courbe, mais on conserve son aspect général.
Coder, c'est affecter un signe à chaque échelle de l'histogramme afin de pouvoir transporter ou stocker l'information.

Les avantages du signal numérique

- Stocker de très grandes quantités d'informations.
- Les transporter facilement grâce à Internet.
- Les dupliquer en grande quantité sur des supports de petite taille (clé USB, disque dur...).
- Les reproduire à l'infini, sans qu'ils s'abîment au fur et à mesure des utilisations.

LES TÉLÉCOMMUNICATIONS

On appelle télécommunications les transmissions d'informations par des moyens électroniques et informatiques. Pour qu'il y ait "télécommunications", il faut un émetteur, un transmetteur et un récepteur. Ce sont les satellites géostationnaires qui gravitent dans l'espace, qui assurent le rôle de transmetteurs pour le guidage par GPS et les connexions Internet à haut débit (ces dernières peuvent aussi être filaires). Les communications téléphoniques par mobile sont gérées par les antennes relais.

L'AUDIOVISUEL

C'est tout ce qui associe le son et/ou l'image : la radio, la télévision, le cinéma...
On regroupe sous ce nom le matériel, les techniques, les métiers et les moyens de communication qui concernent ces médias.
L'audiovisuel a donné naissance à de nombreux métiers de l'image et du son : ingénieur du son, animateur 3D, mixeur, monteur film et vidéo...

LE MULTIMÉDIA

C'est l'utilisation simultanée du son, de l'image et de l'écrit en utilisant différents objets électroniques : ordinateur, smartphone, tablette, console de jeu... Ainsi que les technologies qui leur permettent de communiquer entre eux : Internet, Box multimédia, modem, imprimante, scanner, webcam...

Les médias

Un média est un moyen de communication qui permet de transmettre des idées : la presse, la télévision, la radio, le web... Le langage et l'écriture sont aussi des médias, tout comme la peinture ou la musique.

Le langage binaire

Pour que l'ordinateur puisse exécuter les tâches qu'on lui demande, il faut lui donner des instructions dans un langage qu'il comprend : le binaire.

Des langages codés partout

Coder, c'est convertir un langage dans un autre langage compréhensible sous une autre forme. La parole est codée en écriture, le calcul est codé en chiffres décimaux (de 1 à 10), le code de la route traduit des informations en panneaux, le morse est une autre forme de langage codé...

DU BIT AU GIGAOCTET

Les 0 et les 1 s'appellent des bits. On les regroupe en octets, l'unité de mesure du système binaire.
1 octet = 8 bits.
1 mégaoctet (Mo) = 1 000 000 octets.
1 gigaoctet (Go) = 10 000 000 000 octets.

Le binaire offre des possibilités de codages infinies :

- 1 bit peut s'écrire 1 ou 0.
- 2 bits peuvent s'écrire de 4 façons : $2^2 = 4$ états ou possibilités de codage.
- 3 bits $2^3 = 8$ états ou possibilités de codage.
- 1 octet = $2^8 = 256$ états ou possibilités de codage.

DES SUITES DE 0 ET DE 1

L'ordinateur fonctionne avec de l'électricité, un peu comme un interrupteur. Il ne comprend que les 1 et les 0, donc toutes les instructions doivent être écrites avec ces deux chiffres.

- **Tension électrique haute** : le courant passe : on note 1.
- **Tension électrique basse** : le courant ne passe pas : on note 0.

La base binaire

Une base binaire ("bi" signifie deux) comporte deux chiffres : 1 et 0. Pour que l'ordinateur comprenne les instructions, il faut tout codifier avec ces deux chiffres.
Compter en binaire donne : 0, 1, 10, 11, 100, 101, 110, 111, 1000, 1001, 1010, etc.
Le A s'écrit : 01000001. Bonjour s'écrit : 01000010 01101111 01101110 01101010 01101111 01110101 01110010.
Écrire en binaire nécessite des quantités énormes de 0 et de 1.

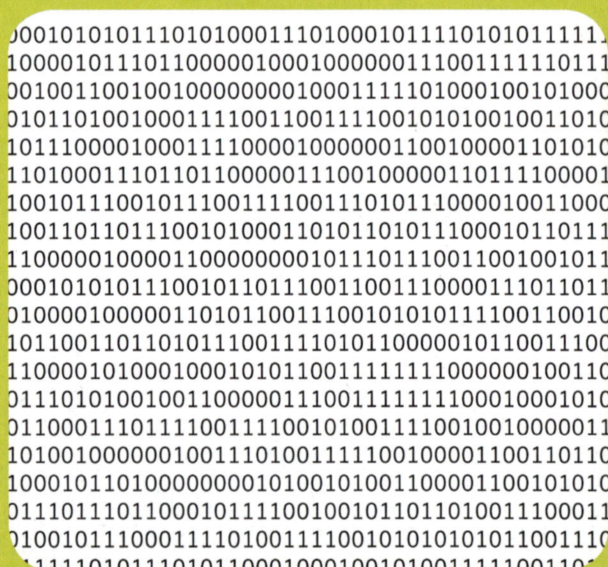

Le codage

Coder, c'est écrire des suites d'instructions afin de réaliser un programme. Ces instructions s'appellent des algorithmes.

Le protocole de communication

Il est difficile pour un humain d'échanger des informations avec un ordinateur uniquement sur la base de deux chiffres : 1 et 0. Alors, l'homme a créé d'autres langages informatiques plus proches de la langue humaine : le Java, le C#, le PHP, le Python, le Ruby...
L'échange de données (textes, sons, images...) se fait selon un langage commun, appelé protocole de communication.

LE CODE SOURCE

Les programmeurs écrivent un texte dans un langage appelé code source, mais l'ordinateur ne pouvant pas le comprendre, celui-ci doit nécessairement être traduit en code binaire grâce à une transformation que l'on appelle la compilation.

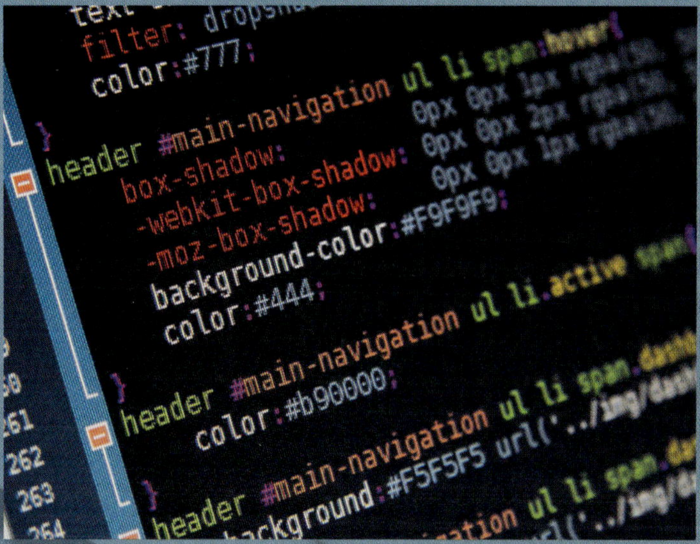

POURQUOI APPRENDRE À CODER À L'ÉCOLE ?

Payer par carte bancaire, écrire sur un tableau numérique, faire des courses par Internet... Toute notre vie quotidienne fonctionne avec des algorithmes. Dans l'avenir, coder sera nécessaire dans beaucoup de métiers. Comme on apprend à écrire, à compter ou à jouer du piano, il est possible d'apprendre à coder. Et plus on apprend tôt, plus c'est facile à maîtriser !

SCRATCH

Quand on veut apprendre à coder, on apprend à emboîter des commandes pour animer un personnage dans un jeu vidéo. Scratch ou Snap! sont des logiciels très ludiques et faciles à utiliser pour comprendre et débuter dans la programmation.

L'ordinateur

Cet appareil électronique est le pilier du numérique. Poste fixe, portable ou tablette, il fait partie de notre vie quotidienne.

PC (Personal Computer) est le nom anglais de l'ordinateur.

La composition d'un ordinateur

- **Unité Centrale** (UC) : la partie qui se trouve dans le boîtier (la tour).
- **Microprocesseur** : le cerveau. Il reçoit, traite et transmet des données.
- **Carte mère** : relie les composants internes de l'ordinateur.
- **RAM** : la mémoire temporaire. Améliore l'accès aux données.
- **Disque dur** : stocke les données de façon permanente.
- **Clavier, souris, lecteur DVD, scanner…** : ils donnent les instructions à l'ordinateur.

Les périphériques de sortie :

- **Écran, imprimante, graveur, haut-parleur** : ils traduisent les informations transmises au microprocesseur par les périphériques d'entrée.

Certains périphériques sont à la fois entrée et sortie. Le modem est une entrée pour recevoir des données d'Internet et une sortie pour en envoyer.

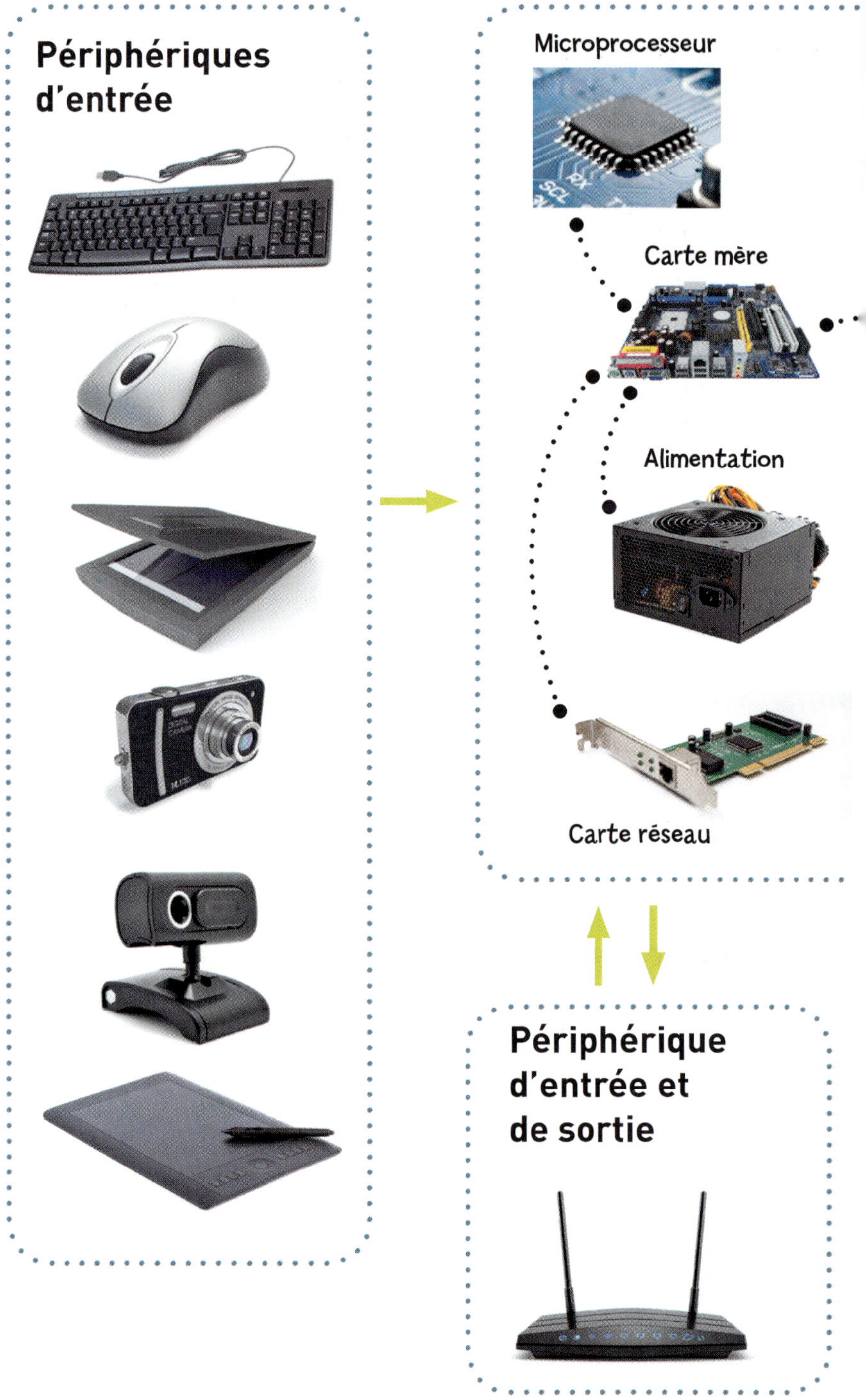

À quoi ça sert ?

24 heures sur 24, 7 jours sur 7, l'ordinateur :

- Calcule des opérations complexes
- Exécute des suites d'instructions
- Stocke des informations
- Traite des données

Les composants d'un ordinateur

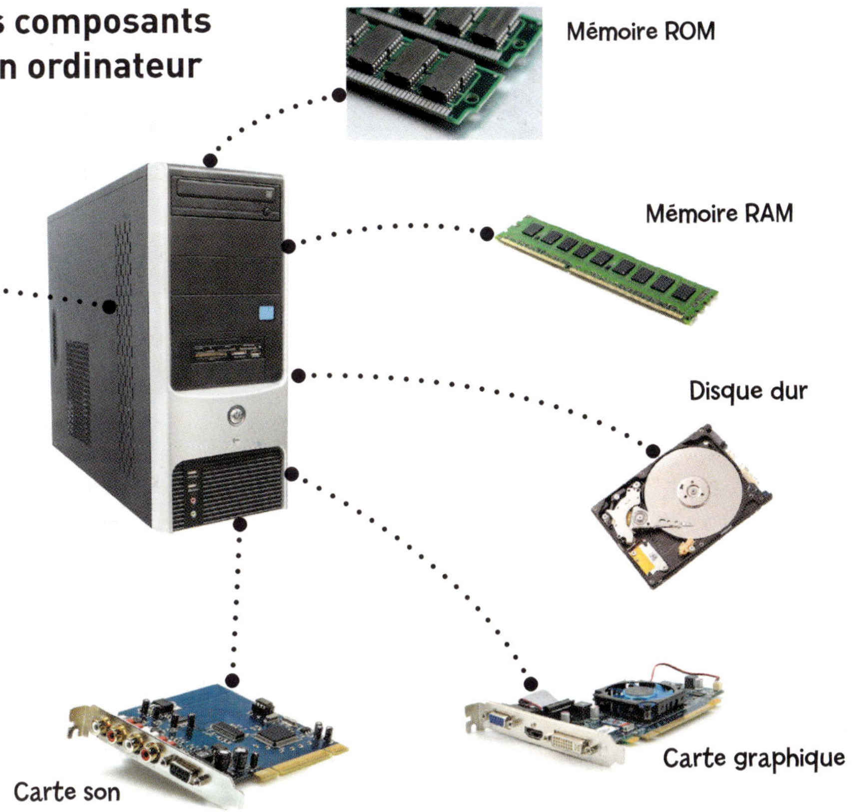

Périphériques de sortie

Supports de stockage

Le Système d'Exploitation (S.E.) est appelé OS en anglais. C'est Windows, Linus, Mac OS...

LE SYSTÈME D'EXPLOITATION

Lorsqu'on allume l'ordinateur, le Système d'Exploitation (S.E.) se charge et démarre. C'est un logiciel qui interprète et affiche le résultat sur l'écran. Un clic de la souris, une touche appuyée sur le clavier et le S.E. cherche le logiciel qu'il doit lire.
Les données sont chargées dans la RAM (la mémoire temporaire). C'est là que le microprocesseur exécute le logiciel étape par étape. Une fois que l'on quitte le logiciel, les données sont effacées de la RAM, mais elles sont conservées sur le disque dur.
Les informations sont transmises et interprétées par des pilotes, des programmes qui font le lien entre le S.E. et les périphériques.

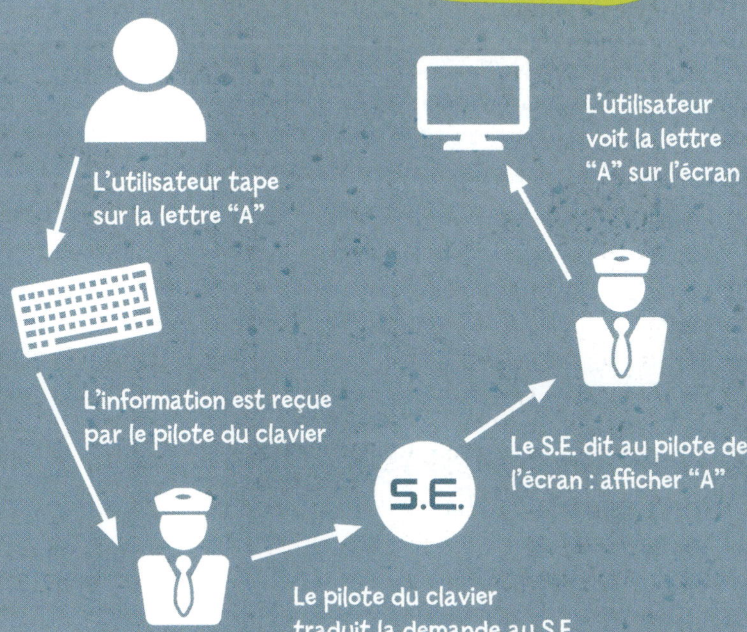

Le réseau informatique

Les ordinateurs peuvent communiquer entre eux parce qu'ils sont reliés au sein de réseaux informatiques.

Réseau local ou étendu

Quand le réseau informatique se trouve dans un même lieu (une maison, une école, une entreprise...), on parle de réseau local, appelé aussi Intranet.
Quand des ordinateurs peuvent communiquer tout en étant distants de plusieurs kilomètres, on parle de réseau étendu.

Les "clouds" sont d'immenses serveurs très puissants, reservés au stockage de données.

SERVEURS ET CLIENTS

Pour relier deux ordinateurs, il suffit d'utiliser un câble qui transporte les données.
Pour relier des milliers d'ordinateurs entre eux, il faudrait des millions de câbles, ce qui est techniquement impossible. Alors, on a imaginé des ordinateurs centraux sans écran, qui stockent et transmettent les informations. Ce sont les serveurs. Les ordinateurs qui communiquent avec les serveurs sont appelés "clients". Un site Internet, par exemple, est stocké sur un serveur. Lorsque l'on y accède, notre ordinateur, le client, télécharge les données stockées sur le serveur.
Un serveur est connecté 24/24 heures à Internet pour répondre aux requêtes qu'il reçoit de ses clients.

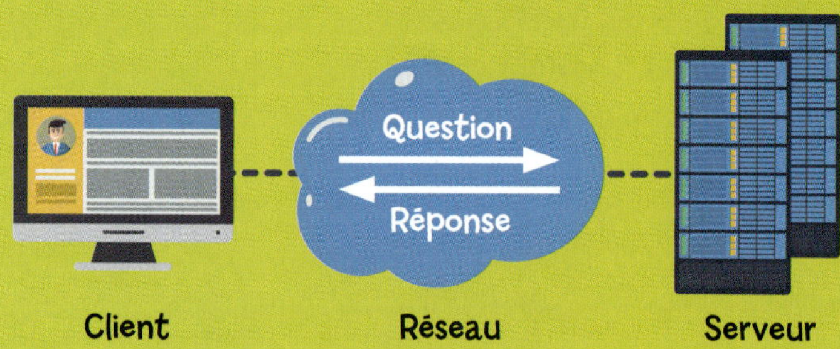

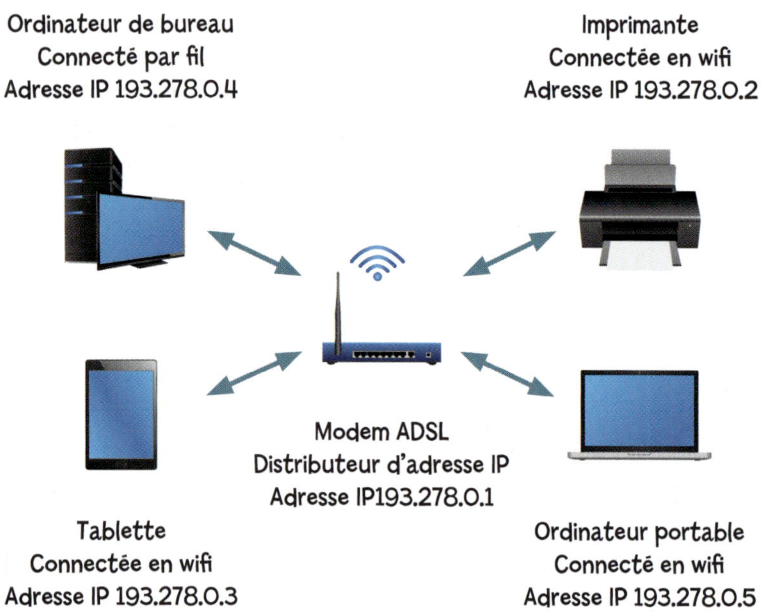

Adresse IP

Pour pouvoir communiquer entre eux, les ordinateurs ont besoin d'une adresse. Pour le téléphone, un numéro unique est attribué à chaque téléphone. De la même façon, chaque ordinateur est identifié par une adresse IP (Internet Protocol) unique.
L'adresse IPv4 se présente sous la forme de 4 nombres entre 0 et 255 séparés par un point (ex : 193.170.11.240). Avec toutes les combinaisons possibles, on peut obtenir 4 milliards d'adresses de ce type.
Internet suscitant une telle demande, il a fallu créer des adresses IPv6 de 8 nombres compris entre 0 et 65535.

Internet

C'est un immense réseau qui relie entre eux les ordinateurs du monde entier, selon le principe d'une toile d'araignée. Son nom vient de l'anglais "Interconnected" network (réseau interconnecté).

Pour communiquer, les ordinateurs doivent utiliser le même langage : c'est le protocole.

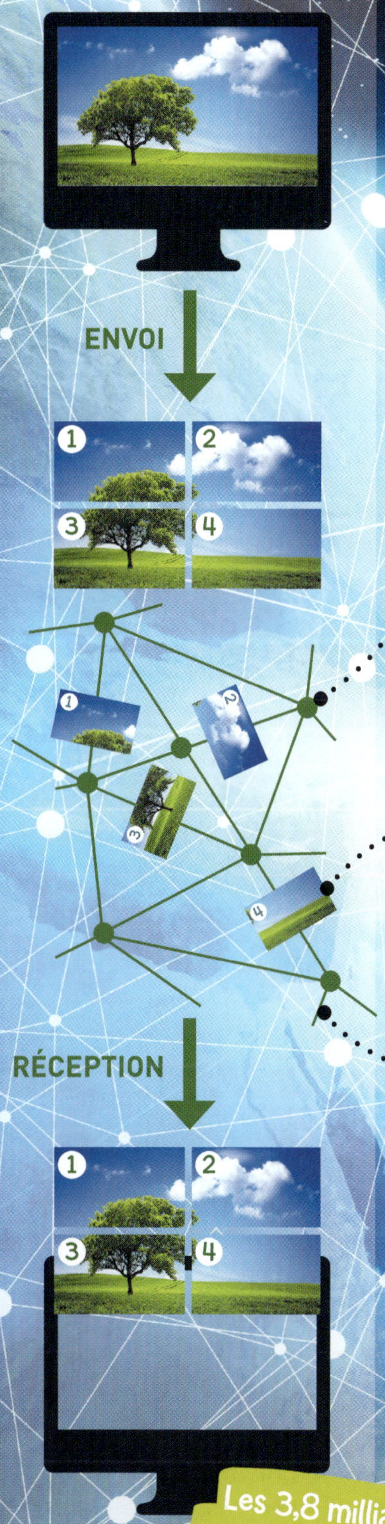

Les carrefours sont appelés nœuds de raccordement : ce sont les ordinateurs, les serveurs, les modems (routeurs)...

Pour plus de rapidité, les données sont découpées au départ en paquets qui voyagent séparément pour être regroupés à l'arrivée.

Les routes sont appelées liaisons, ce sont les accès à Internet : des câbles ou du Wifi.

Comment ça fonctionne ?

C'est un peu comme un réseau routier, où les petites routes sont reliées aux plus grandes par des carrefours. Chaque route et chaque carrefour a un nom. On accède à certaines routes par des péages.

INTERNET À QUOI ÇA SERT ?

- **Le courrier électronique** : pour échanger des messages et des fichiers grâce à une adresse e-mail.
- **La messagerie instantanée** : appelée "chat" pour dialoguer de façon interactive.
- **Le Web (World Wide Web)** : pour consulter des sites.
- **Le partage de fichiers** : musiques, livres, vidéos...

Les 3,8 milliards d'utilisateurs d'Internet sur la planète s'appellent les internautes.

L'accès à Internet

Pour accéder à Internet, il faut un moyen de transport pour que les données passent d'un ordinateur à l'autre. Pour cela, il faut payer un abonnement à un fournisseur d'accès Internet (FAI).

Le FAI

Le fournisseur d'accès à Internet (Orange, SFR, Bouygues, Free...) est le propriétaire ou concessionnaire d'un réseau. C'est comme une société d'autoroute. Il fournit à ses abonnés une box, ainsi que l'accès à son réseau,et son réseau est lui-même connecté avec tous les autres réseaux.

LA BOX

Son nom est issu de l'anglais "boîte". Elle permet de :

- se connecter à Internet en se connectant au réseau du FAI.
- créer un réseau local dans la maison en reliant tous les appareils connectés ensemble par des câbles ou en wifi (ordinateur, tablette, imprimante, webcam ...).
- téléphoner.

Les paquets de données avancent dans le réseau de routeur en routeur. Le message est reconstitué à l'arrivée chez son destinataire.

Routage des paquets

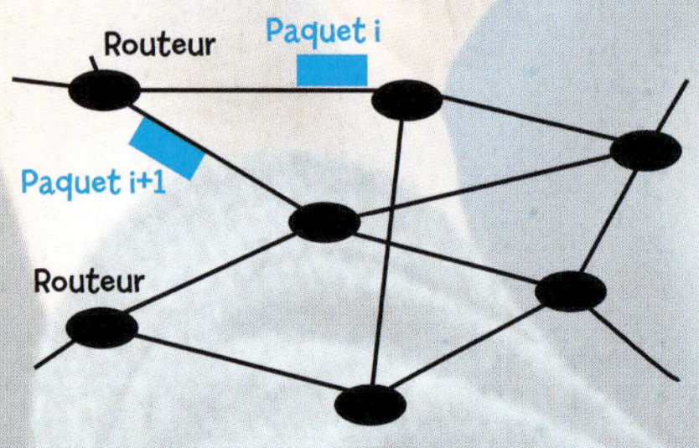

Chaque routeur possède une table de routage qui décide, en fonction de l'adresse de destination, de la ligne de sortie du routeur.
Dans cet exemple : le paquet i a pris une première route et le paquet i+1 prend une autre route.

Wifi, switch et modem

La box est équipée d'un port wifi, d'un switch et d'un modem.

- **Le wifi** remplace les câbles. C'est un moyen de relier des appareils entre eux par des ondes radioélectriques. Il fonctionne dans un espace réduit ou sur une petite distance : dans une maison, dans un lieu public...
- **Le switch** permet aux ordinateurs et aux périphériques d'un réseau de communiquer entre eux. Il organise la distribution des informations entre les appareils.
- **Le modem**, appelé aussi routeur, crée la connexion entre le réseau local et Internet. Quand il n'est pas intégré dans la box, c'est un gros ordinateur qui se situe sur un nœud de raccordement. Il permet la circulation (ou routage) des paquets vers les routeurs voisins.

PAR LA PRISE TÉLÉPHONIQUE

On fait généralement circuler les données par le réseau téléphonique commuté (RTC), c'est-à-dire par les câbles du téléphone.

Mais sur ce réseau, les informations circulent sous forme de données analogiques, alors que les ordinateurs fonctionnent eux avec des données numériques. C'est le modem qui permet de transformer le signal numérique en signal analogique et inversement.

L'ADSL : le haut débit

L'ADSL est une technologie qui permet d'utiliser la ligne téléphonique pour accéder à Internet à haut débit.

Elle permet d'envoyer et/ou de recevoir des e-mails beaucoup plus lourds, de télécharger des fichiers plus rapidement, de regarder la télévision en direct sur certains sites ou de visionner des vidéos.

Mais pour bénéficier de l'ADSL, il faut être à moins de 5 km d'un central téléphonique.

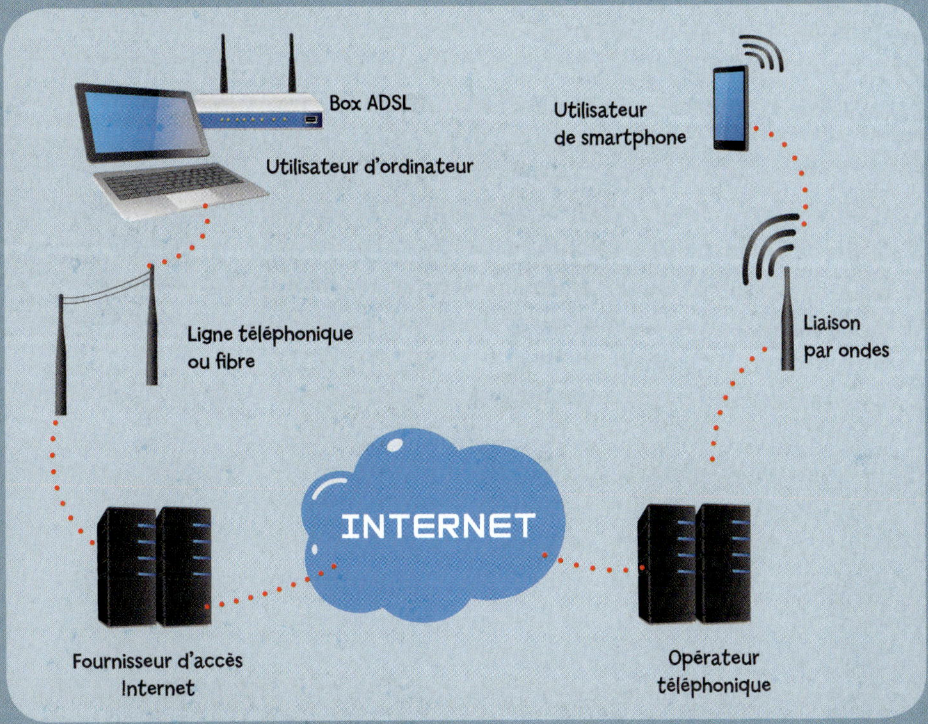

LA FIBRE OPTIQUE : LE TRÈS HAUT DÉBIT

La fibre optique est un fil de verre, plus fin qu'un cheveu, entouré de plastique, capable de transporter la lumière. Les données numériques sont transportées par des impulsions lumineuses, à la vitesse de la lumière. Le déploiement des câbles de fibre optique doit progressivement remplacer l'ADSL.

PAR SATELLITE : DES ONDES SANS FIL

Les satellites dans l'espace reçoivent et transmettent par des ondes électromagnétiques. C'est ce qui permet de téléphoner et d'avoir Internet depuis un téléphone mobile, via la 3G, la 4G et bientôt la 5G. Les antennes paraboliques, utiles dans les zones non couvertes par l'ADSL, utilisent également les transmissions par satellites.

Les appareils connectés

Tous ces objets électroniques qui partagent des informations avec un ordinateur, une tablette ou un smartphone ont radicalement changé notre vie de tous les jours.

Bluetooth ou wifi

Les objects connectés, appelés aussi objets "intelligents", communiquent avec un ordinateur, une tablette ou un smartphone par une connexion sans fil, Bluetooth ou wifi. Ils échangent des informations, en reçoivent et en envoient.

BRACELET ET MONTRE CONNECTÉS

Le bracelet connecté a de nombreuses applications dans le domaine de la santé. Il renseigne son utilisateur sur sa santé : l'activité physique effectuée, les calories dépensées, le rythme cardiaque, la tension, la qualité du sommeil...

La montre connectée est le prolongement d'un téléphone portable, elle permet de recevoir toutes les informations directement sur son poignet.

AUTRES OBJETS CONNECTÉS

Ce sont des objets de la vie courante, dont les possibilités sont améliorées grâce à une connexion Internet.

On peut imaginer, par exemple, un réfrigérateur connecté qui serait capable de commander tout seul notre boisson préférée quand il n'y en a plus !

On appelle "big data" les millions de données produites par tous les ordinateurs et les appareils connectés.

Image et son

La télévision est maintenant numérique et interactive. On peut commenter des émissions tout en les regardant et transmettre des messages en direct.

La musique s'est dématérialisée : on n'a plus besoin de support, comme un disque ou un CD. On l'écoute sur son smartphone via une connexion Internet.

Le web

Le web (World Wide Web) est une application d'Internet qui permet de consulter des pages sur des sites Internet.

L'expression "être en ligne" signifie consulter des sites Internet sur le web.

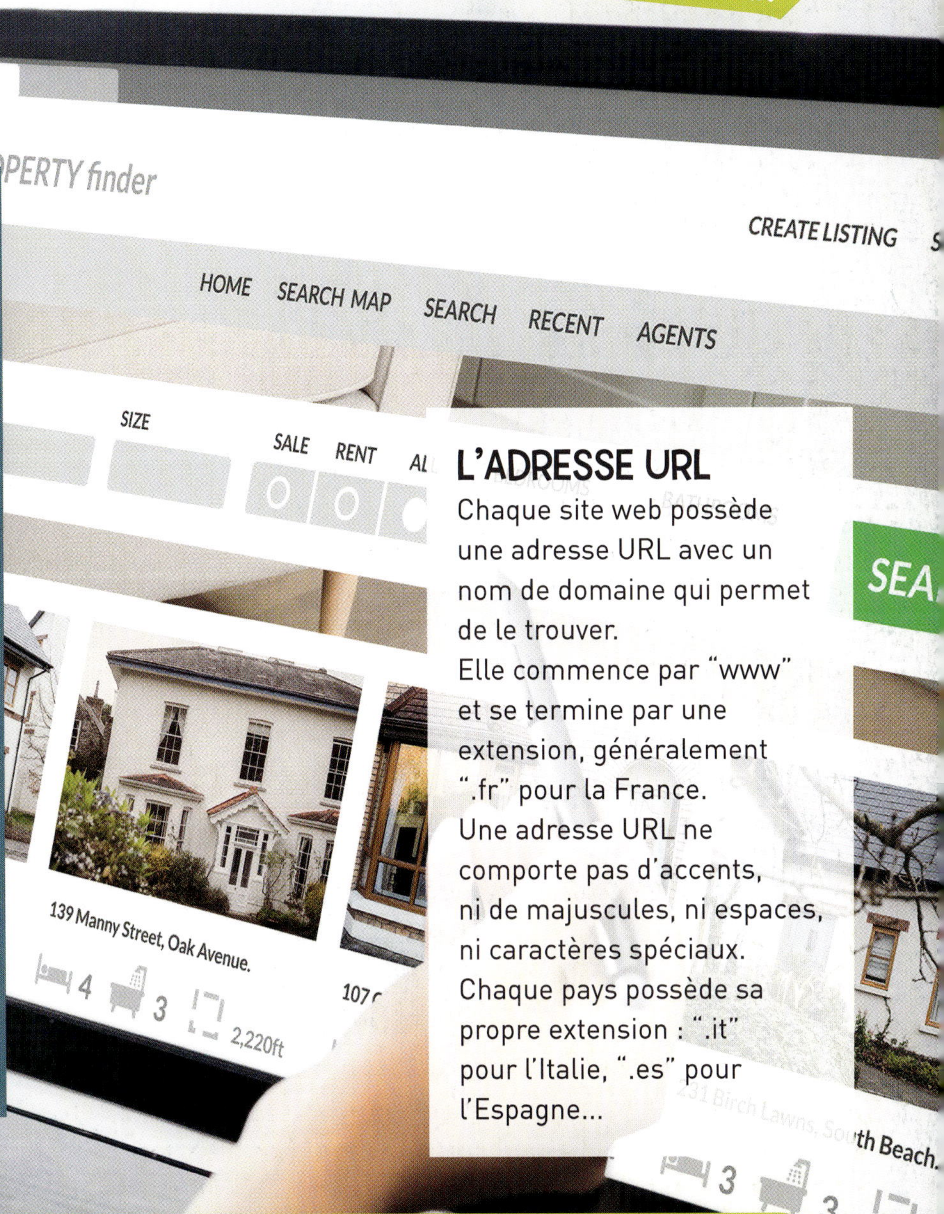

C'est quoi un site web ?

Un site Internet, appelé aussi site web est un moyen de communication qui permet à une entreprise ou un organisme de partager des informations avec le public.
Pour faire un site sur Internet, il faut créer des informations sous forme de textes ou d'images.
Ce contenu est traduit en langage numérique par un développeur, puis hébergé ou stocké sur un serveur.
Les différentes pages du site sont reliées ensemble par des liens hypertextes. Ces liens sont des mots ou des zones où l'on peut cliquer et qui permettent de passer d'une page à l'autre. On appelle cela naviguer sur le site.

L'ADRESSE URL

Chaque site web possède une adresse URL avec un nom de domaine qui permet de le trouver.
Elle commence par "www" et se termine par une extension, généralement ".fr" pour la France.
Une adresse URL ne comporte pas d'accents, ni de majuscules, ni espaces, ni caractères spéciaux.
Chaque pays possède sa propre extension : ".it" pour l'Italie, ".es" pour l'Espagne...

C'est quoi un blog ?

Un blog est un site Internet simple à fabriquer, comme un journal accessible aux internautes du monde entier. Sur sa page, le blogueur partage ses avis, ses goûts, des photos... et les visiteurs du blog peuvent réagir en postant des commentaires. Les entreprises utilisent les blogs pour publier des articles et des conseils sur leurs produits.

Naviguer sur Internet

Le navigateur et le moteur de recherche permettent à l'internaute d'accéder aux sites web.

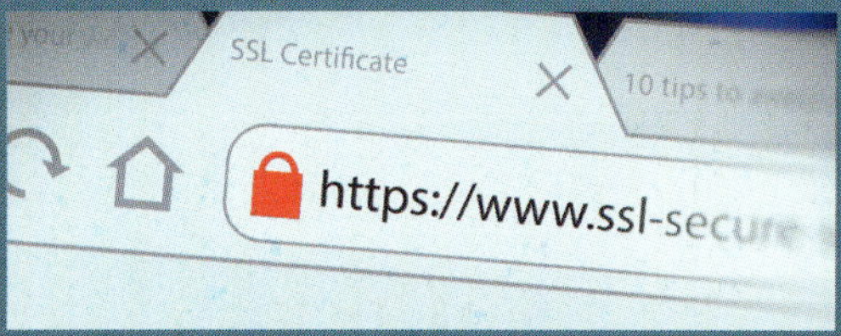

Comment ça marche ?

Le navigateur est un logiciel qui permet d'aller chercher les informations sur Internet.
Il en existe plusieurs, les plus connus sont Google Chrome, Mozilla Firefox, Safari, etc. Pour accéder à un site, il faut taper l'adresse du site (son URL) dans la barre d'adresse du navigateur et valider avec la touche entrée. Le site s'affiche. Si on ne connait pas le site, il faut passer par un moteur de recherche.

LE MOTEUR DE RECHERCHE

Un moteur de recherche est un site Internet qui aide à trouver l'information recherchée quand on ne connait pas l'URL d'un site ou lorsque l'on recherche des informations générales.
Les moteurs de recherche les plus connus sont Google, Yahoo, Bing, etc.
Lorsque l'on tape un mot, le moteur de recherche "scrute" le contenu de multiples serveurs pour trouver des "mots-clé" sur les sites web, puis les propose dans un ordre approprié à la recherche.
Au sein d'un site, il existe souvent un petit moteur de recherche qui permet de faire des recherches uniquement à l'intérieur du site.

Les mots-clé

Voilà par exemple ce que l'on obtient en tapant les mots-clé "navigateur web" sur un moteur de recherche, et voilà ce que cela veut dire :

fr. indique au navigateur de faire la recherche sur les pages en français.

wiki : le serveur qui l'héberge.

https://fr.vikidia.org/wiki/Navigateur_Web

https:// : Hyper Text Transfer Protocol.
Le "s" indique que le site est sécurisé.

vikidia : le nom de domaine (ou URL).

Navigateur_Web : le mot clé recherché qui nous permettra de trouver les informations.

Faire une requête sur Internet

Après avoir abordé les différentes notions liées à Internet et au web, on peut tout réunir pour comprendre ce qui se passe quand on fait une requête sur Internet depuis un ordinateur à la maison :

- L'abonnement souscrit auprès d'un fournisseur d'accès comprend une box pour accéder au réseau Internet.
- On allume l'ordinateur, le Système d'Exploitation démarre et on peut accéder au navigateur (Google Chrome, Mozilla Firefox...).

- On tape le nom d'un site (nom de domaine ou URL) ou un mot clé dans la barre du navigateur.
- Le navigateur est comme un taxi : il prend en charge la demande.
- Le modem, c'est comme un traducteur : il permet au navigateur de traduire le message en langage numérique afin de bien voyager sur le réseau.
- Le DNS (Domaine Name Serveur) transforme le nom de domaine en adresse IP.

- Grâce au protocole (https://), le navigateur cherche dans le Cloud le serveur sur lequel le nom de domaine (le site Internet) est hébergé.
- Le navigateur repère le serveur et trouve le site. La connexion entre le serveur et notre ordinateur (le client) est établie.

- Le Firewall (pare-feu ou anti-virus) analyse les données et bloque les données non sécurisées.
- Le contrôle parental bloque les données non autorisées.

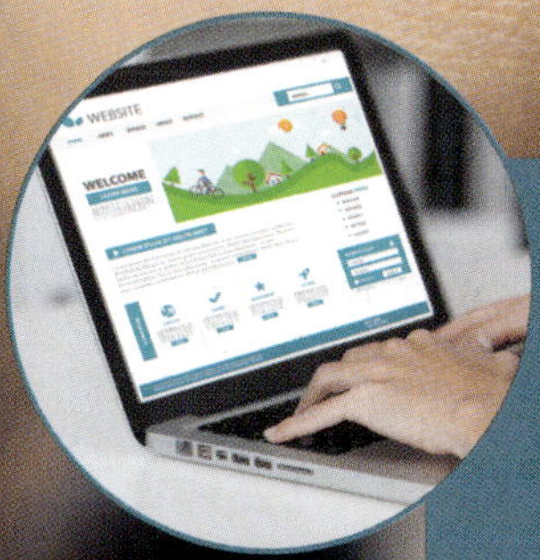

- La première page du site s'affiche sur l'écran de l'ordinateur.
- On peut parcourir le site, passer d'une page à l'autre, et même aller sur d'autres sites grâce aux liens hypertextes.

La messagerie électronique

Appelée aussi "boîte mail", c'est une application qui permet d'envoyer des messages à un interlocuteur depuis un ordinateur vers un autre ordinateur.

À quoi ça sert ?

La messagerie électronique permet d'être en contact avec des personnes qui possèdent une adresse électronique partout sur la planète, 7/7 jours , 24/24 heures.

COURRIEL, MAIL, E-MAIL

Un message électronique est appelé courriel, mail ou e-mail. C'est une lettre électronique dans laquelle on peut écrire du texte, et à laquelle on peut joindre des fichiers numériques, des photos, des musiques, des vidéos…

L'ADRESSE ÉLECTRONIQUE

Tout le monde peut créer une ou plusieurs adresses électroniques. Pour cela, il suffit de passer par un site de messagerie, tel que Outlook, Google mail, Yahoo, Orange… Il existe des sites de messageries dédiés aux enfants avec une utilisation simple et une sécurité maximale.

Se dit arobase. C'est un signe utilisé uniquement pour Internet qui permet de séparer les deux parties de l'adresse.

m.nomdefamille@gmail.com

Le nom ou le pseudo du propriétaire de l'adresse.

Le nom de domaine du serveur.

Le Chat

Qu'est-ce que c'est ?

Ça se prononce "tchat" et c'est une messagerie instantanée qui permet d'envoyer des messages en temps réel à des personnes que l'on connaît et qui sont connectées au même moment que nous. Il s'agit souvent de messages très courts, un peu comme une conversation entre amis.

COMMENT ÇA FONCTIONNE ?

Il suffit de transmettre à ses proches et à ses amis son identifiant et de récupérer le leur. Le logiciel indique la présence en ligne des personnes qui font partie du même groupe.
Facebook, Twitter, Skype… sont des applications très prisées pour chatter.

Les réseaux sociaux

Les réseaux existent depuis très longtemps, notamment dans le domaine professionnel. Internet leur a donné une dimension numérique et planétaire. Ils ont révolutionné notre façon de communiquer.

Facebook est le plus grand réseau social du monde avec près de 2 milliards d'utilisateurs ! Soit 1 personne sur 4.

Qu'est-ce que c'est ?

Dans la vie de tous les jours, un réseau social est un groupe de personnes entretenant des relations entre elles. Il peut s'agir de la famille, d'amis, de collègues de travail... Sur Internet, c'est un site qui permet d'être en contact avec ses relations ou ses amis.

À QUOI ÇA SERT ?

- Se présenter, parler de soi
- Communiquer, partager des photos, des vidéos ou des textes
- Rechercher des amis ou des contacts
- Mettre en relation des personnes qui partagent les mêmes centres d'intérêt

À CHAQUE RÉSEAU SES SPÉCIFICITÉS

- Facebook : chatter, partager des photos, créer des évènements...
- Instagram : publier des photos et des vidéos.
- Snapchat : partager des photos ou des vidéos éphémères (de 1 à 10 secondes).
- You Tube : publier des vidéos.
- Twitter : communiquer par des messages brefs (tweets).
- LinkedIn : entretenir des contacts professionnels

Les réseaux sociaux ont fait naître l'économie de partage, des sites tels que Airbnb ou Blablacar, où les utilisateurs partagent des biens ou des services...

COMMENT ÇA FONCTIONNE ?

Il faut commencer par créer un profil, en respectant les restrictions d'âge indiquées par le site. On peut ensuite inviter des amis et accepter des invitations ou mettre du contenu en ligne (photos, vidéos, commentaires...). Attention à ne pas publier n'importe quoi et à activer les paramètres de sécurité proposés sur le site.

Les jeux en ligne

Ce sont des jeux numériques qui nécessitent une connexion à Internet et où l'on joue en réseau.

Consoles et appareils connectés

On peut jouer en ligne sur tous les appareils connectés à Internet : télévision, ordinateur, tablette, smartphone...
Les consoles, spécialement conçues pour les jeux vidéo, sont plébiscitées pour la qualité de leurs images et pour les possibilités de jeu offertes par leurs manettes.

Le logo PEGI donne une indication d'âge pour lequel le jeu est adapté. Il alerte sur le niveau de langage ou d'éventuelles scènes de violence contenues dans le jeu.

TOUTES SORTES DE JEUX

- **Jeux de stratégie** : il s'agit de récolter différents objets ou bonus pour les utiliser mieux que l'adversaire afin de construire une ville, une armée (Clash of Clan, Age of Empire...).
- **Jeux de rôle** : le joueur doit résoudre des énigmes et réaliser un parcours (Minecraft).
- **Jeux de simulation** : le joueur dirige une ville, une famille (Sims).

MMORPG

Les Massively Multiplayer Online Role Playing Games sont des jeux planétaires où un nombre très important de joueurs jouent simultanément.
Le jeu fonctionne 24/24 heures, même quand des joueurs s'arrêtent. Les joueurs discutent, échangent des informations ou des éléments de jeu.

COMMUNAUTÉ VIRTUELLE

Les joueurs jouent en réseau avec des internautes du monde entier, ce qui donne un vrai rôle social au jeu vidéo. Mais quand des joueurs y consacrent des journées entières, on obtient un résultat à l'opposé du rôle social escompté !

Le numérique au quotidien

Il est aujourd'hui impossible d'échapper aux nouvelles technologies et au numérique. Elles prennent de plus en plus de place dans notre vie et nous facilitent le quotidien.

La domotique

C'est l'automatisation des appareils électriques dans un habitat. Elle permet de contrôler les appareils électroniques (éclairage, chauffage, serrures de portes, volets, caméras de surveillance…) à distance via un ordinateur, une tablette ou un téléphone portable.

Une conduite connectée

Fini les cartes routières en papier ! Désormais, le GPS et les applications "Google map" ou "Plan" sont omniprésentes et nous assistent dans nos déplacements. La voiture, elle aussi, prend le chemin du numérique avec des prototypes de plus en plus avancés de voitures sans conducteur.

High-tech est un mot anglais utilisé pour désigner les nouvelles technologies de pointe.

SOIGNER GRÂCE AU NUMÉRIQUE

La santé est de plus en plus connectée. Les médecins peuvent s'entraîner aux opérations chirurgicales avec des simulateurs. On opère même à distance : un chirurgien à Paris peut opérer un patient dans une autre ville grâce à Internet et à la robotique de pointe !

L'ÉCOLE ET LE NUMÉRIQUE

Les établissements scolaires sont désormais équipés d'ordinateurs reliés à Internet. Un tableau numérique permet d'afficher beaucoup plus d'informations qu'un tableau à la craie. On peut interagir à partir du tableau numérique en utilisant un stylet adapté.

Le e-commerce

Ce sont toutes les transactions commerciales (achats, ventes, échanges) effectuées via Internet. On parle aussi d'achats dématérialisés. Ces transactions commerciales en ligne sont en plein essor.

UN MAGASIN PLANÉTAIRE !

L'e-commerce permet aux internautes de faire des achats partout, d'un bout à l'autre du pays et même de la planète. On peut faire des achats 24/24 heures, 7/7 jours, sans se déplacer de chez soi.
On peut visualiser les meilleures offres grâce à des sites comparatifs. On peut aussi consulter l'avis d'autres consommateurs, ce qui est très utile avant d'acheter un produit que l'on a pas vu.

Acheter en ligne

En se connectant à un site marchand, l'internaute peut visualiser un produit sur le catalogue (ou l'e-shop) du site. On voit la description du produit, son prix et parfois l'avis d'autres internautes qui ont déjà acheté ce produit.
Si le produit lui convient, l'internaute le place dans son "panier", valide l'adresse et le mode de livraison, puis paie la transaction en indiquant le numéro de sa carte bancaire. Souvent, un code de vérification bancaire est demandé à la banque afin de sécuriser l'opération.

Gare à la fraude !

L'achat en ligne fait l'objet de nombreuses arnaques et fraudes. Aussi, les banques et les sites marchands ont mis en place des techniques de sécurisation. Le protocole "https://" garantit le cryptage des données, authentifie le propriétaire du site marchand et atteste que le paiement est sécurisé.

L'intelligence artificielle

Robot Asimo
Honda - Tokyo

L'intelligence artificielle (AI) est la science qui étudie la possibilité de faire réaliser par des machines des tâches accomplies par l'homme grâce à son intelligence.

De plus en plus d'innovations

L'intelligence artificielle intervient depuis longtemps dans de nombreux secteurs d'activités : robotique, énergie, médecine, traduction, audiovisuel... Avec les développements du numérique et d'Internet, les ordinateurs réalisent des choses encore inimaginables il y a quelques années : la reconnaissance de la parole sur You Tube, la reconnaissance d'images sur Facebook, les voitures autonomes de Tesla...

SCIENCE ET CONSCIENCE

Les robots vont-ils devenir plus intelligents que les hommes ? Certains scientifiques alertent sur les risques liés à des développements non maîtrisés de l'intelligence artificielle. Aujourd'hui elle est faite pour aider l'homme au quotidien, mais elle ne doit pas demain penser et décider à sa place.

ENCORE PLUS LOIN

Le numérique invente des dispositifs qui remplacent l'homme dans ses fonctions cognitives (connaissances et facultés propres à l'homme). De nombreux exemples sont en cours de développement. Des robots humanoïdes japonais sont testés pour aider les séniors dans leur vie quotidienne. Une agence de presse britannique va travailler en 2018 avec une rédaction de journalistes composée en majorité de robots ! Le projet appelé RADAR (Reporters And Data And Robots) est financé par Google.

L'identité numérique

**L'identité numérique est l'ensemble des traces qu'un internaute laisse sur Internet au fur et à mesure de ses connexions sur les réseaux sociaux, les blogs, les messageries…
Elle contribue à l'e-réputation d'un individu sur le Net.**

Des traces souvent involontaires

Les traces volontaires sont laissées par les photos, les messages publiés… Mais l'internaute laisse aussi des traces involontaires : l'adresse IP de l'ordinateur (heure de la connexion, sites consultés), les commentaires sur des pages publiées par d'autres personnes…
La somme de ces traces constitue l'identité numérique et peut devenir très volumineuse, voire embarrassante au bout de quelques années.

OÙ LAISSE-T-ON DES TRACES ?

- **L'ordinateur** : l'adresse IP reste stockée sur les sites visités et permet de constituer des informations sur les habitudes ou centres d'intérêt de l'internaute.
- **Le profil utilisateur** : il contient les paramètres du compte qui peuvent être visibles selon les sites.
- **La navigation** : les historiques de navigation sont enregistrés sur l'ordinateur.
- **La géolocalisation** : cette fonction localise une personne grâce à son adresse IP et donne des informations sur ses habitudes et les lieux fréquentés.
- **Les courriels** : ils sont stockés sur les serveurs des messageries pendant de nombreuses années.
- **Les cookies** : ils marquent le passage d'un internaute sur un site.
- **La reconnaissance faciale** : elle identifie une personne à son insu sur une photo publiée par un internaute.

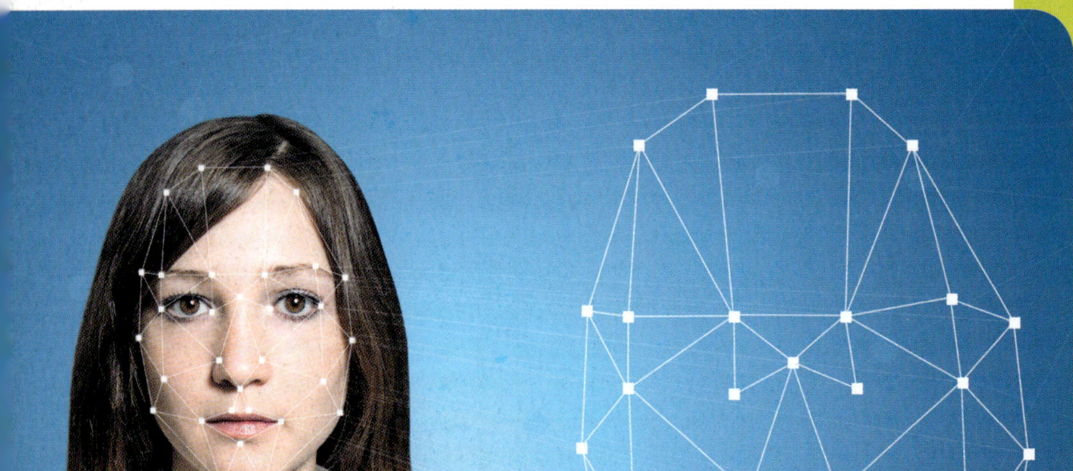

La loi "Informatique et Libertés" a été créée pour protéger l'identité numérique des individus.

Les bonnes pratiques du Net

La CNIL (Commission Nationale de l'Informatique et des Libertés) est l'organisme chargé de veiller à la bonne application de la loi Informatique et Libertés. Elle donne également des conseils aux internautes pour maîtriser leur identité numérique.

Internet est un outil formidable, à condition d'en éviter les pièges !

Pour se protéger

- **Paramétrer ses comptes** sur les réseaux sociaux, pour limiter ce qui est diffusé et décider qui peut voir quoi.
- **Sécuriser ses mots de passe** : ne pas les communiquer à des personnes autres que ses parents. Éviter le nom de son animal de compagnie ou sa date de naissance et le changer régulièrement.

- **Réfléchir avant de publier** une information ou une photo, notamment quand cela concerne une autre personne.
- **Respecter les autres** en ne publiant pas de photos qui pourraient les embarrasser.

- **Vérifier son identité numérique** en tapant régulièrement son nom sur des moteurs de recherche.
- **Faire le ménage** : supprimer les spams. Supprimer les historiques du navigateur après s'être connecté d'un autre ordinateur que le sien.

- **Utiliser un antivirus.**
- **Ne pas croire** tout ce que l'on peut lire, voir ou entendre sur Internet.

- **Ne pas accepter des inconnus** dans son réseau d'amis.
- **Refuser toute rencontre physique** avec des inconnus.
- **Désactiver la reconnaissance faciale** et la géolocalisation.
- **Utiliser un pseudonyme** afin de ne pas communiquer de données personnelles.
- **Protéger ses informations personnelles** sur les réseaux sociaux : ne pas publier son adresse ou son numéro de téléphone.

1000 CHOSES à SAVOIR

LES MONUMENTS

Stonehenge Salisbury, Angleterre

Stonehenge, qui signifie "pierres suspendues", est un monument mégalithique édifié à la Préhistoire, entre le Néolithique et l'âge du bronze. C'est le plus grand site préhistorique d'Europe.

La légende de Stonehenge

Selon la légende, Merlin l'enchanteur aurait bâti ce site en l'honneur du roi Arthur. Les pierres, en provenance d'Irlande, étant trop lourdes à transporter, Merlin aurait prononcé une formule magique pour les faire voler jusqu'à Stonehenge.

DES VERTUS THÉRAPEUTIQUES

Des sources à proximité étaient utilisées pour soigner les maladies. Le site était un lieu sacré de guérison, avant d'évoluer vers d'autres usages : observatoire astronomique, sanctuaire lié au Soleil, lieu de culte pour les druides, cimetière, calendrier annonciateur du solstice d'été...

CARACTÉRISTIQUES

- Ensemble de cercles concentriques
- Diamètre total de plus de 100 m
- Extérieur : 20 grands blocs de grès de 30 tonnes
- Intérieur : cercle de 80 "pierres bleues" de 3 ou 4 tonnes
- Tour : fossé circulaire
- Talus avec 56 grandes cavités appelées "les trous d'Aubrey"

Des pierres bleues venues de loin

Au centre du site, 80 pierres bleues sont rangées en cercle. Elles proviendraient d'un endroit situé à 240 km de Stonehenge. Personne ne sait exactement pourquoi et comment elles ont été transportées.

Les moaï Île de Pâques, Chili

Les moaï sont des statues monumentales faites d'un seul bloc de pierre. Ils sont érigés sur l'île de Pâques, un îlot minuscule situé à 3 700 km des côtes du Chili et à 4 000 km de Tahiti.

L'île a été découverte un jour de Pâques (d'où son nom), en 1722, par un navigateur hollandais.

Le déplacement des colosses

Les moaï ont été taillés directement dans la roche d'une carrière située à 15 km du lieu où ils sont érigés. Plusieurs théories ont été avancées pour expliquer leur déplacement. La théorie la plus probable étant l'utilisation de rondins de bois et de cordes qui permettaient à 70 hommes de transporter une statue en une semaine.

UNE SIGNIFICATION MYSTÉRIEUSE

Les moaï seraient une version locale des tiki polynésiens, des sculptures de forme humaine, destinées à vénérer les dieux. Pour certains experts, des Péruviens auraient envahi l'île et contraint les Polynésiens à devenir leurs esclaves et à ériger des statues à leur image. Ceci expliquerait les traits incas observés sur de nombreux moaï.

Des géants de pierre

Les moaï auraient été sculptés entre 1500 et 1700 par les Haumakas, les descendants de Polynésiens qui auraient découvert l'île.
Leur taille de plus en plus gigantesque pourrait s'expliquer par des compétitions entre clans.

CARACTÉRISTIQUES

- 887 moaï, de 2 à 10 m de haut
- Poids de 14 à 80 tonnes
- Répartis sur 300 ahû (plateformes de pierre)
- Sculptés dans de la roche volcanique
- Têtes disproportionnées par rapport au corps
- Ils tournent le dos à la mer, sauf une rangée de 7 qui regardent l'océan

L'Acropole Athènes, Grèce

L'Acropole est une colline située au centre de la ville d'Athènes. C'est le point le plus haut de la ville, et c'est le symbole de la civilisation grecque antique.

Le Parthénon a servi de modèle pour construire l'Assemblée Nationale à Paris et la Cour Suprême des États-Unis.

Un lieu de culte dédié à Athéna

L'Acropole était au départ une forteresse où vivait le roi. À la fin de la monarchie, en 683 avant J.-C., la ville devint une démocratie. L'Acropole fut transformée en lieu de culte dédié à la déesse Athéna, protectrice de la cité d'Athènes et déesse de la guerre et de la sagesse.

CARACTÉRISTIQUES

- Plateau rocheux et escarpé qui domine la ville d'Athènes
- Accès par un petit sentier à l'ouest
- Réunit des monuments de culte et la statue de la déesse Athéna
- 156 m d'altitude
- 300 m de long
- 140 m de large

LES MONUMENTS DE L'ACROPOLE

- Le Parthénon est le plus ancien monument de l'Acropole. C'est le temple dédié à la déesse Athéna, et le temple-trésor.
- Les Propylées forment l'entrée principale de l'Acropole.
- Le temple Athéna Nikê ("victoire") est un petit temple dédié à Athéna Victorieuse, déesse de la victoire.
- L'Érechthéion est un temple-tombeau, c'est l'endroit le plus sacré de l'Acropole et le monument le plus récent.
- Le théâtre de Dionysos pouvait accueillir 17 000 personnes pour des fêtes et des spectacles.

Temple Athéna Nikê

Le Colisée Rome, Italie

Le Colisée est le plus grand monument jamais construit sous l'empire romain. Pendant 500 ans, les Romains y ont donné des combats de gladiateurs et des spectacles mettant en scène la mythologie romaine.

Son histoire

Sa construction a commencé en 72, sous l'empereur Vespasien, et s'est achevée en 80, sous son fils, Titus. Appelé "amphithéâtre Flavien", il prend le nom de Colisée au Moyen Âge, en référence au "colosse", l'énorme statue de Néron située juste à côté.
Aujourd'hui, seule une partie du mur est visible. Le reste a été détruit par un incendie et des tremblements de terre. Après les éboulements, les pierres étaient souvent réutilisées pour la construction d'autres monuments. Le Colisée est le monument le plus visité à Rome.

Les gladiateurs

La plupart étaient des prisonniers ou des esclaves. Ils se battaient entre eux, ou contre des animaux sauvages. À la fin des spectacles, les vainqueurs étaient considérés comme de véritables héros.
Les Romains buvaient le sang des gladiateurs après leur mort, car ils pensaient que ça pouvait vaincre certaines maladies !

À l'entrée, les spectateurs recevaient un morceau de poterie en guise de billet.

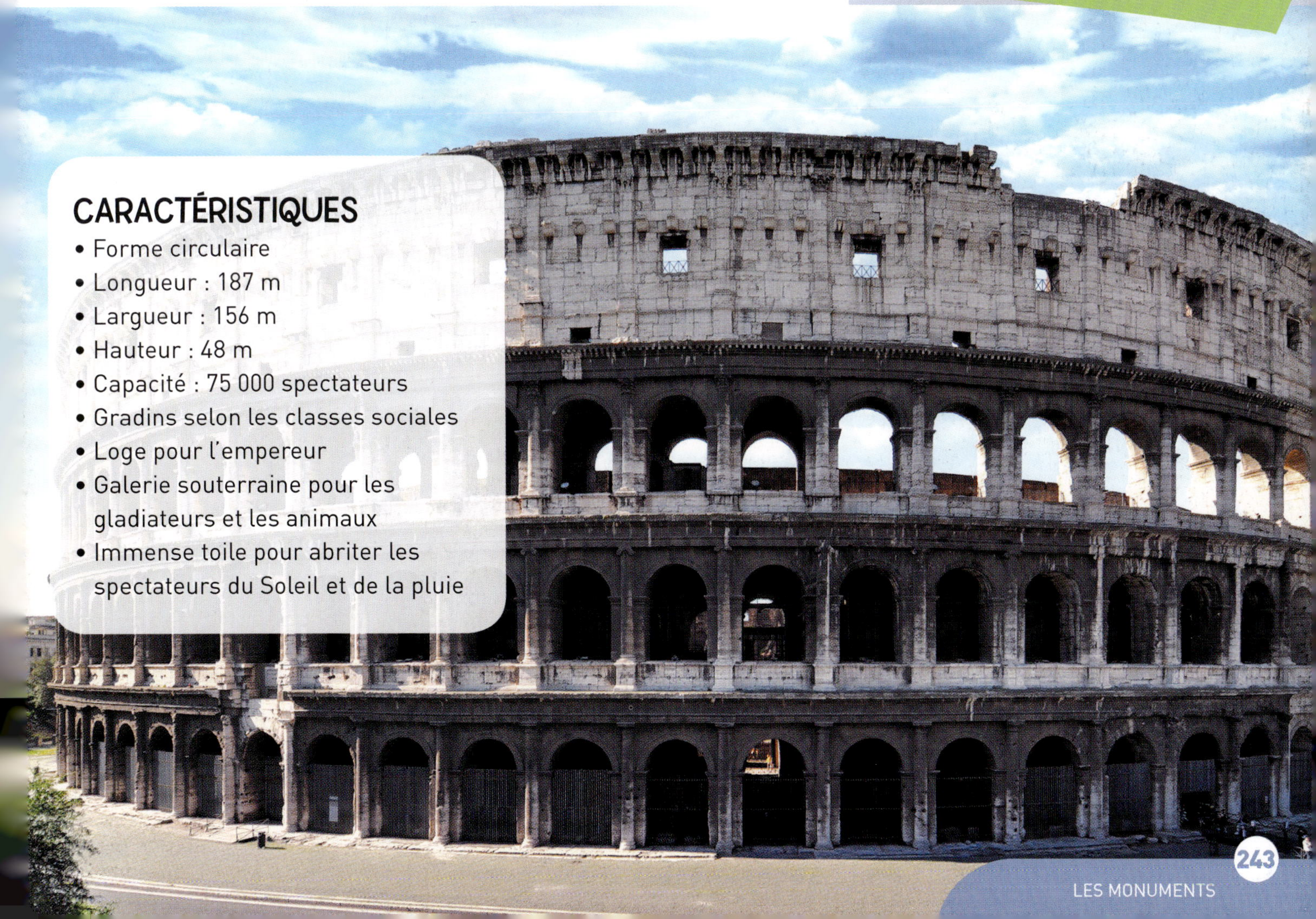

CARACTÉRISTIQUES

- Forme circulaire
- Longueur : 187 m
- Largueur : 156 m
- Hauteur : 48 m
- Capacité : 75 000 spectateurs
- Gradins selon les classes sociales
- Loge pour l'empereur
- Galerie souterraine pour les gladiateurs et les animaux
- Immense toile pour abriter les spectateurs du Soleil et de la pluie

La pyramide de Khéops Le Caire, Égypte

Également appelée "la grande pyramide", c'est la plus grande des trois pyramides du site de Gizeh, en Égypte. Construite il y a plus de 4 500 ans, elle abrite le tombeau du pharaon Khéops.

C'est la plus ancienne des sept Merveilles du Monde antique.

Un tombeau pour le roi Khéops

La grande pyramide est située à Gizeh, à côté des pyramides des rois Khephren et Mykérinos. Elle fut construite vers 2600 avant J.-C. par le roi Khéops, pour lui servir de tombe après sa mort.

Symbole de l'Égypte antique, c'est la construction la plus volumineuse de tous les temps. Elle mesurait 146 m initialement, mais à cause de l'érosion, due au vent et au sable, elle ne mesure plus que 136 m.

CARACTÉRISTIQUES

- Hauteur : 146 m
- Largeur base carrée : 230 m
- Poids : 4,7 millions de tonnes
- Périmètre : 922 m
- Surface : 53 056 m^2
- Il a fallu environ 20 ans et plus de 100 000 hommes pour la construire
- Elle a nécessité environ 2,3 millions de blocs de pierre

KHEPHREN ET MYKÉRINOS

La deuxième pyramide est celle de Khephren, le fils de Khéops (dont elle porte le nom).

Elle mesure 143 m de haut et se distingue par son "chapeau", une partie du revêtement calcaire au sommet qu'elle a conservé. Elle semble dominer Khéops car elle a été construite sur un plateau plus élevé.

La plus petite pyramide, Mykérinos, mesure 62 m de haut avec une base de 102 m. Elle a été construite par le fils et successeur de Khephren, dont elle porte le nom.

La Grande Muraille Chine

Cet ensemble de fortifications militaires s'étend sur plus de 6 000 km le long de la frontière nord de la Chine. C'est la plus longue construction humaine au monde. Elle a débuté au IIIe siècle avant J.-C., sous la dynastie des Qin, et s'est achevée au XVIIe siècle après J.-C., sous la dynastie des Ming.

À l'origine, avec les montagnes et les rivières, la Grande Muraille faisait 21 000 km de long.

Son histoire

La dynastie des Qin fut la première dynastie chinoise. L'empereur unifia les différents royaumes pour créer la Chine. En 221 avant J.-C., il décida de relier les murailles créées par les royaumes pour ériger une immense fortification.

En 133 avant J.-C., l'empereur Wudi relança sa construction pour favoriser le commerce et développer la route de la soie.

C'est sous la dynastie des Ming que la muraille de Chine prit sa forme actuelle. Elle fut ensuite laissée à l'abandon jusqu'à sa restauration pour le tourisme.

CARACTÉRISTIQUES

- Mur fortifié avec des tours de guet
- Longueur : 6 700 km
- Largeur : 5 à 7 m
- Hauteur : 5 à 17 m (selon les tronçons)
- Hauteur tours de guet : 15 m
- Distance entre 2 tours de guet : 75 m
- Matériaux : terre, pierres, bois et tuiles

Une construction titanesque

La Grande Muraille est le monument qui a demandé le plus de temps, de main-d'œuvre et de matériaux. Elle a d'ailleurs la réputation d'être le plus grand cimetière du monde. Plus de 10 millions d'ouvriers sont morts pendant les travaux et sont enterrés à proximité.

Le Machu Picchu Cuzco, Pérou

Le Machu Picchu est une ancienne cité inca perchée au milieu des montagnes péruviennes. C'est la construction la plus remarquable de l'empire inca et la première attraction touristique du Pérou.

Machu Picchu signifie "vieille montagne" en quechua.

La cité oubliée

Érigé vers le XVe siècle par l'empereur inca Pachacútec, le Machu Picchu a vu évoluer de nombreuses civilisations incas. Difficile d'accès, les conquistadors espagnols ne l'ont jamais découvert et le site a été abandonné après la chute de l'empire inca. Il a été révélé au monde en 1911 par Hiram Bingham, un archéologue américain.

CARACTÉRISTIQUES

- À 2 400 m d'altitude entre les Andes et la forêt amazonienne
- Le site s'étend sur 530 m de long et 200 m de large
- Divisé en 2 : au sud, la zone agricole (terrasses taillées dans la montagne) et au nord, la zone urbaine (divisée en 4 quartiers : sacré, ecclésiastique, noble et populaire)
- Un mur de 400 m de long sépare les deux zones
- Ville découpée en 2 partie : grande place et grand escalier faisant office de rue principale

LE CONDOR, OISEAU SACRÉ DES INCAS

Le condor joue un grand rôle dans la mythologie inca : il transporte vers le ciel les âmes des défunts sur ses ailes.
Un temple lui est dédié : on y voit, au centre, une tête de condor sculptée et de chaque côté, des ailes représentées par deux énormes pierres.

Chichén Itzá Yucatán, Mexique

Cette ancienne cité maya a été fondée, puis abandonnée, par le peuple itzá en 450 après J.-C. Elle a ensuite été occupée par les Mayas au Xᵉ siècle, puis par des tribus toltèques.

Un emplacement stratégique

Cette cité a été construite près de deux puits naturels, appelés "cénotes", un vrai trésor dans une région où l'eau était rare. Ces puits sacrés alimentaient la ville qui en a tiré son nom : "chi" et "chen" signifiant "bouche" et "puits".

DES CONNAISSANCES POUSSÉES EN MATHÉMATIQUES ET EN ASTRONOMIE

La pyramide "El Castillo" servait de calendrier. Ses 360 marches symbolisaient le nombre de jours du calendrier maya, le temple au sommet correspondant aux cinq derniers jours. Lors des équinoxes de printemps et d'automne, les arêtes de la pyramide projettent une ombre sur l'escalier nord.
Cette ombre forme une queue aux têtes de serpents situées au bas de la pyramide. L'observatoire en forme d'escargot, "El caracol", est dédié à l'étude des étoiles.
Ces constructions montrent les connaissances incroyables des Mayas en mathématiques, en astronomie et en astrologie.

Des traces de peinture montrent que le site était autrefois peint de couleurs vives.

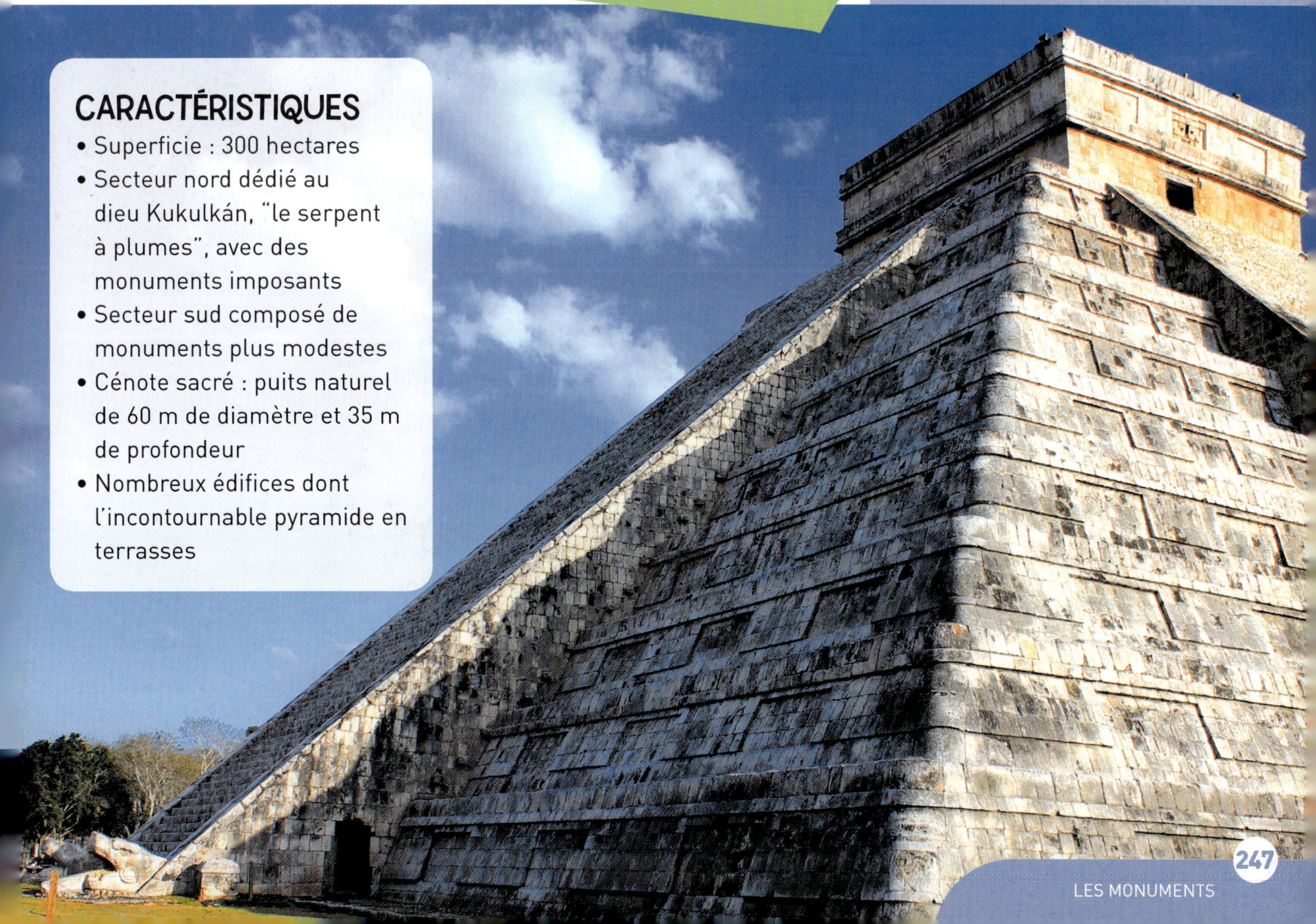

CARACTÉRISTIQUES

- Superficie : 300 hectares
- Secteur nord dédié au dieu Kukulkán, "le serpent à plumes", avec des monuments imposants
- Secteur sud composé de monuments plus modestes
- Cénote sacré : puits naturel de 60 m de diamètre et 35 m de profondeur
- Nombreux édifices dont l'incontournable pyramide en terrasses

Le Taj Mahal Agra, Inde

Le Taj Mahal est un grand mausolée de marbre blanc bâti au XVIIe siècle. Considéré comme une merveille de l'architecture indo-musulmane, il est le symbole de l'Inde.

BIEN PLUS QU'UN MAUSOLÉE

Le Taj Mahal n'est pas qu'un tombeau. Édifié sur une terrasse au fond d'un jardin, c'est un site parfaitement organisé qui comprend des pavillons, une mosquée, des jardins, des plans d'eau et un canal central.
Il est considéré comme l'un des plus beaux sites du monde.

Le palais de l'amour éternel

Le Taj Mahal a été construit à l'apogée de l'empire moghol par l'empereur Shah Jahan, en mémoire de sa troisième épouse, sa préférée. À sa mort, il a ordonné la construction d'un grand mausolée pour qu'elle y repose. L'empereur a lui-même été enterré dans le Taj Mahal, à ses côtés.

CARACTÉRISTIQUES

- Coupole de 26 m de haut et 18 m de diamètre
- Encadré de 4 minarets surmontés d'un dôme
- 2 édifices en grès rouge de chaque côté du mausolée
- Canal central dans lequel se reflète le mausolée
- Un site d'une superficie de 18 hectares
- Bordé par la rivière Yamunâ

Le Taj Mahal change de couleur selon le moment de la journée et la lumière du Soleil.

Angkor Vat

Siem Reap, Cambodge

Angkor est l'un des principaux sites archéologiques de l'Asie du Sud-Est. Angkor Vat est le plus grand temple du site, construit au XIIe siècle, c'est l'un des plus imposants édifices religieux jamais construits.

AU CŒUR D'UN GRAND SITE ARCHÉOLOGIQUE

Angkor Vat est le temple le plus impressionnant d'Angkor, un site archéologique de 400 m^2, en partie couvert par la forêt. Il compte une centaine de temples khmers du XIIe siècle. Angkor Vat est resté enfoui pendant des siècles sous une végétation dense. En 1860, l'explorateur français Henri Mouhot découvre les vestiges du temple et les révèle au monde entier.

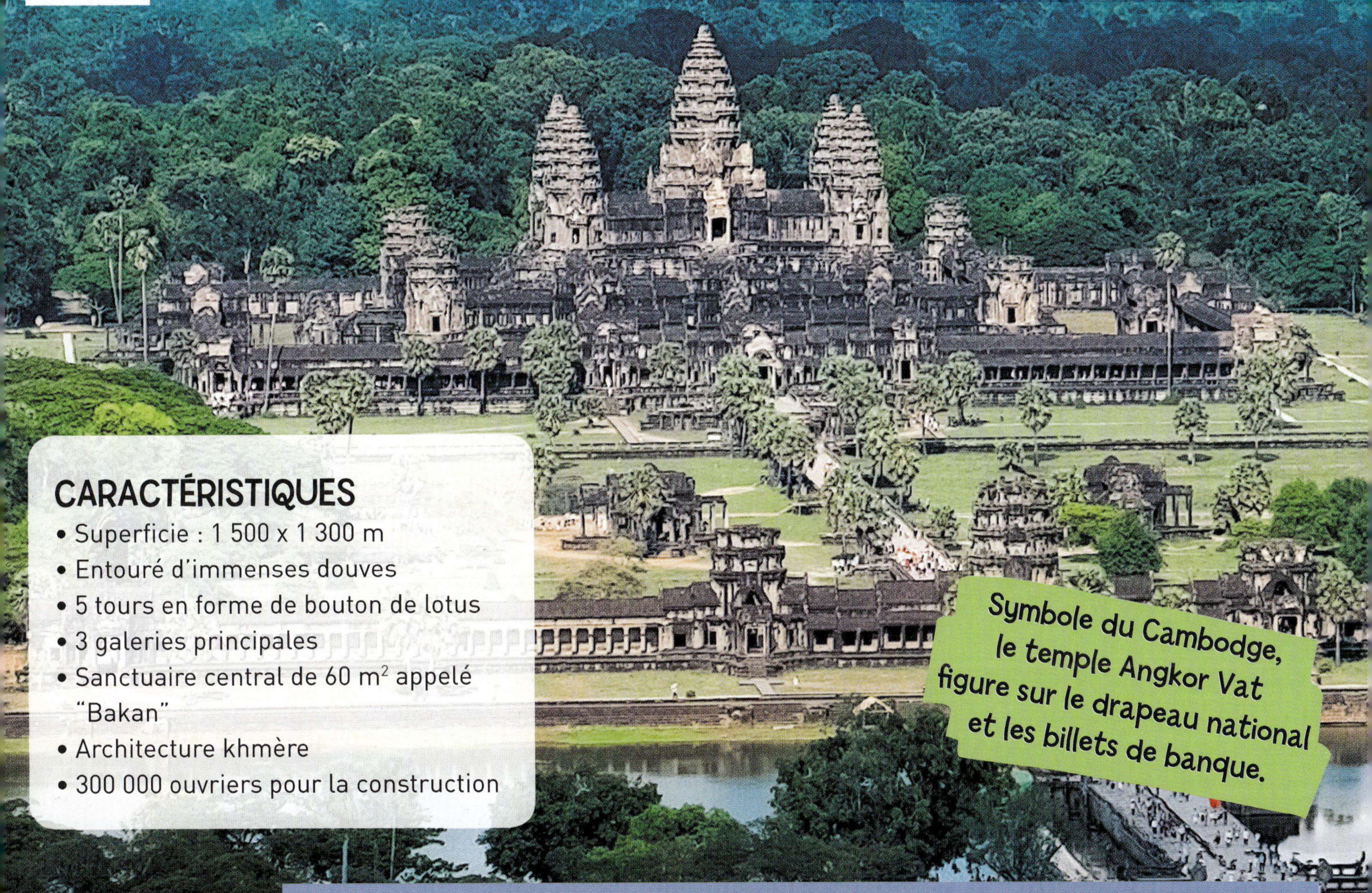

CARACTÉRISTIQUES

- Superficie : 1 500 x 1 300 m
- Entouré d'immenses douves
- 5 tours en forme de bouton de lotus
- 3 galeries principales
- Sanctuaire central de 60 m^2 appelé "Bakan"
- Architecture khmère
- 300 000 ouvriers pour la construction

Symbole du Cambodge, le temple Angkor Vat figure sur le drapeau national et les billets de banque.

Un temple dédié à Vishnu

C'est Suryavarman II, roi de l'empire khmer, qui a construit Angkor Vat comme temple d'État. Il vénérait Vishnu, le dieu protecteur, et lui a dédié son temple. Contrairement aux autres temples d'Angkor, Angkor Vat est orienté vers l'ouest, Vishnu étant le souverain des territoires de l'ouest. Angkor Vat est devenu un temple bouddhiste au XVIe siècle.

La cathédrale Notre-Dame Paris, France

Notre-Dame est située sur l'île de la Cité, au cœur de Paris. C'est la deuxième plus grande cathédrale de France. Elle a été rendue mythique par le roman de Victor Hugo, "Notre-Dame de Paris", publié en 1831.

Une plaque de bronze incrustée dans le parvis sert de point zéro pour calculer les distances routières à partir de Paris.

CARACTÉRISTIQUES

- Longueur : 127 m
- Largeur : 48 m
- Hauteur des tours : 69 m
- Capacité : 9 000 personnes
- Architecture gothique
- Terrasse panoramique avec vue sur Paris à 360°
- Parvis devant la façade occidentale

Un édifice dédié à la Vierge Marie

Il a fallu quasiment deux siècles, de 1163 à 1345, pour construire Notre-Dame. C'est Maurice de Sully, un évêque de Paris, qui en a eu l'initiative. Il voulait un édifice dédié à la Vierge Marie, surnommée "Notre-Dame". Très endommagée pendant la Révolution, la cathédrale a été restaurée de 1844 à 1864 par l'architecte Viollet-le-Duc.

LA SAINTE COURONNE D'ÉPINES

Notre-Dame de Paris abrite des reliques qui constituent le trésor de la cathédrale. La plus vénérée est la Sainte Couronne d'épines du Christ, un cercle de jonc marin tressé. Elle est conservée dans un reliquaire, un anneau de cristal, rehaussé d'or.

La Mosquée bleue Istanbul, Turquie

Aussi appelée "Mosquée du sultan Ahmed Ier", la Mosquée bleue tient son nom des faïences bleues qui recouvrent les murs intérieurs. C'est l'une des plus belles mosquées du monde musulman.

Un édifice pour rivaliser avec la basilique Sainte-Sophie

Après la défaite de la guerre contre la Perse, le sultan Ahmed Ier décide de construire une grande mosquée pour apaiser la colère de Dieu. Construite de 1609 à 1616, elle est située juste en face de sa rivale, la basilique chrétienne Sainte-Sophie, qui la surpasse en dimensions, mais pas en beauté !

CARACTÉRISTIQUES

- Coupole de 23 m de diamètre avec point culminant à 43 m de haut
- Soutenue par 4 gros piliers de marbre de 5 m de diamètre
- 6 minarets
- Grande salle de prière
- 260 fenêtres
- 21 000 carreaux de faïence
- Architecture ottomane

6 MINARETS : UNE PARTICULARITÉ TRÈS RARE

Point de départ des pèlerins vers La Mecque, la Mosquée bleue a la particularité de posséder 6 minarets. 4 minarets encadrent le bâtiment principal et 2 marquent les angles de la cour attenante. Seule la Grande Mosquée de La Mecque en possède 7. Le septième a été ajouté après la construction des 6 minarets de la Mosquée bleue.

Les 4 piliers massifs qui soutiennent la coupole sont appelés "pattes d'éléphant".

Big Ben Londres, Angleterre

Big Ben est le nom de la grande cloche qui se trouve dans la tour de l'horloge du Palais de Westminster, à Londres. La tour elle-même s'appelle "Elizabeth Tower". Seuls les Britanniques peuvent visiter Big Ben après avoir obtenu une autorisation.

Big Ben doit son nom à son créateur Benjamin Hall qui était corpulent et qu'on appelait "big Ben".

Un son unique

Big Ben a retenti pour la première fois le 11 juillet 1859. Une première cloche avait été fabriquée en 1856, mais elle s'était fendue quelques mois après son installation. L'actuelle "Big Ben" s'est elle aussi fissurée deux mois après son installation, ce qui lui donne sa tonalité si caractéristique. Le son du carillon, appelé "le Westminster Quarters", s'entend à 6 km à la ronde.

AU PENNY PRÈS

Le réglage de l'horloge se fait à l'aide d'une pièce de 1 penny, que l'on pose sur le mécanisme si elle avance, ou que l'on retire si elle retarde.

"LITTLE BEN"

"Little Ben" est une petite tour d'horloge située près de la gare Victoria à Londres. Elle a été construite en 1894 sur le modèle de Big Ben. Elle est en fonte et peinte en noir. En 2012, elle a été déplacée pendant les travaux de la gare Victoria, puis a été réinstallée en 2016.

CARACTÉRISTIQUES

- Cloche : 13,5 tonnes pour 2,7 m de diamètre et 2,2 m de haut
- Tour : 96 m de haut
- Horloge : 4 cadrans de 7 m de diamètre

L'Empire State Building

New York, États-Unis

L'Empire State Building est un gratte-ciel situé à Manhattan, sur la célèbre Cinquième avenue. C'est le lieu incontournable pour une vue spectaculaire sur la ville.

Symbole de New York, il tient son nom du surnom de l'État de New York, "the Empire State".

Une course vers le ciel

L'Empire State Building a été construit en 1931 dans le but de construire le plus haut gratte-ciel de la planète, dépassant ainsi son rival, le Chrysler Building, de 70 m. Jusqu'en 1971, il sera le plus haut gratte-ciel du monde, jusqu'à la construction des tours jumelles du World Trade Center en 1973.
Depuis les années 2000, la course à la plus haute tour du monde l'a relégué au-delà du top 10 mondial, mais il reste la 3e tour la plus haute de New York.

DES ILLUMINATIONS POUR MARQUER DES ÉVÈNEMENTS

Le sommet de l'Empire State Building est éclairé de différentes couleurs en fonction des évènements célébrés. Bleu, blanc, rouge pour la fête nationale américaine, mais aussi pour la fête nationale française ; rouge et vert pour Noël... Ces illuminations offrent un spectacle nocturne incomparable.

CARACTÉRISTIQUES

- 380 m de haut (448 m avec son antenne)
- 365 000 tonnes
- 102 étages
- 73 ascenseurs
- 6 500 fenêtres
- 410 jours de travaux
- Observatoires au 86e et 102e étages
- Style Art déco

L'Arc de Triomphe de l'Étoile Paris, France

Napoléon avait envisagé de construire un éléphant géant abritant un musée à sa gloire, avant d'opter pour un Arc de Triomphe.

L'Arc de Triomphe est situé sur la place de l'Étoile à Paris. L'arc de cercle qui forme son ouverture est le plus grand arc construit au monde. Édifié à la demande de Napoléon Ier en l'honneur des armées françaises, c'est aujourd'hui un monument commémoratif et l'un des symboles de Paris.

CARACTÉRISTIQUES

- 50 m de haut
- 45 m de large
- 22 m de profondeur
- 1 grande arche centrale et 2 petites sur les côtés
- 4 piliers recouverts de sculptures
- Plateforme au sommet
- Escalier de 284 marches

Son histoire

En 1806, l'empereur Napoléon Ier commande l'Arc de Triomphe pour célébrer sa victoire lors de la bataille d'Austerlitz. Le monument est également destiné à perpétuer le souvenir des victoires militaires et des soldats disparus à la guerre. Le projet est abandonné après la chute de l'empire et la restauration de la monarchie.
Il reprendra en 1825 avec Louis-Philippe Ier.

LE SOLDAT INCONNU

Sous la grande arche se trouve la tombe du Soldat inconnu. Ce soldat anonyme qui représente symboliquement les soldats morts pendant la Première Guerre mondiale est inhumé le 28 janvier 1921. Une flamme éternelle est allumée le 11 novembre 1923, pour perpétuer le souvenir de tous les soldats morts pour la France.
Des anciens combattants la ravivent chaque jour à 18h30.

La tour Eiffel

Paris, France

La tour Eiffel a été construite en 1889, à l'occasion de l'Exposition universelle de Paris organisée pour marquer le centenaire de la Révolution française. Elle est devenue le symbole de la ville de Paris et attire chaque année 7 millions de visiteurs.

UN ATOUT POUR LA SCIENCE

À l'origine, la tour Eiffel, le "clou" de l'Exposition universelle de Paris, devait être démontée en 1909.
Pour éviter sa destruction, Gustave Eiffel a mis tout en œuvre pour que la tour serve à des expériences scientifiques. L'intérêt technologique qu'elle suscite, notamment pour la radiodiffusion, va la sauver.

CARACTÉRISTIQUES

- Hauteur : 325 m
- Poids : 10 100 tonnes
- Base carrée de 125 m de côté
- 1 665 marches
- 4 étages et 6 ascenseurs
- Structure en fer puddlé
- Forme pyramidale
- 4 piliers orientés selon les 4 points cardinaux

Naissance de la tour Eiffel

Gustave Eiffel, un ingénieur spécialisé dans la construction de ponts et de charpentes métalliques, a remporté le concours lancé pour construire une tour de 300 m de haut destinée à mettre en avant le savoir-faire technique français. Construite en 2 ans, 2 mois et 5 jours, la tour Eiffel a été une prouesse de technologie et de rapidité d'exécution. Pendant 41 ans, elle est restée la tour la plus haute du monde.

Gustave Eiffel est également le constructeur de l'armature métallique de la statue de la Liberté.

La statue de la Liberté

New York, États-Unis

La statue de la Liberté est une sculpture située sur Liberty Island, une petite île de la baie de New York. Elle a été offerte par la France pour le centenaire de l'indépendance des États-Unis.

CARACTÉRISTIQUES

- Hauteur : 46 m (93 m avec le socle)
- Poids : 225 tonnes (avec le socle)
- 354 marches pour accéder à la couronne
- Creuse, recouverte de plaques de cuivre
- Flambeau dans la main droite
- Livre dans la main gauche avec la date de l'indépendance américaine (4 juillet 1776)
- Couronne avec 7 rayons représentant les 7 mers et les 7 continents

Tout un symbole

Son vrai nom est "la liberté éclairant le monde". Elle représente une femme tenant un flambeau qui éclaire le monde et un livre représentant la déclaration de l'indépendance.
Elle est l'emblème de la liberté, mais aussi de la démocratie, de l'espoir, de l'immigration et des droits de l'homme.

Une réplique a été offerte par les Américains à la France en signe de remerciement.

UN CADEAU POUR SCELLER UNE AMITIÉ

La statue de la Liberté est un cadeau de la France au peuple américain, pour renforcer l'alliance franco-américaine et consolider l'amitié entre les deux pays.
Elle a été construite de 1875 à 1884 à Paris, et a été inaugurée en 1886 aux États-Unis.

L'Opéra de Sydney Australie

L'Opéra de Sydney est un centre culturel situé à Bennelong Point, dans la baie de Sydney. Ce chef-d'œuvre est devenu une référence architecturale et l'emblème de Sydney.

La grande salle de concert abrite le plus grand orgue mécanique du monde.

Un projet ambitieux

L'Opéra de Sydney a été construit de 1959 à 1973, suite à un concours pour la construction d'un grand opéra, à l'occasion des J.O. de Melbourne en 1956. C'est un architecte danois qui gagne le concours et imagine un édifice telle une sculpture.
Il quitte le projet en 1966, car la complexité du chantier entraîne d'énormes retards et des coûts supplémentaires.
La construction est alors achevée par des architectes locaux.

CARACTÉRISTIQUES

- Longueur : 183 m
- Largeur : 120 m
- Hauteur : 67 m
- Capacité : 5 738 personnes
- Salles de spectacle, de théâtre, d'opéra et grande salle de concert
- Restaurants, jardins et promenades piétonnes
- Toiture en tuiles de céramique blanche
- Style expressionniste

UN ÉDIFICE À L'ARCHITECTURE INNOVANTE

C'est la forme de l'Opéra qui l'a rendu si particulier et si populaire.
L'architecte danois s'est servi de ses connaissances en architecture navale et s'est inspiré de l'atmosphère du bord de mer.
Il a ainsi imaginé un toit à l'image d'un grand voilier ou d'un coquillage, pour donner à cet édifice un aspect vivant.

1000 CHOSES à SAVOIR

LES MERVEILLES NATURELLES

Le Trou Bleu de Dean

Bahamas

Ce célèbre trou bleu se trouve au large de la côte ouest à Long Island, aux Bahamas. Il était le plus profond du monde, jusqu'à la découverte en 2016 du Trou du Dragon en mer de Chine, qui fait 301 m de profondeur.

Le trou bleu tient son nom du contraste entre le bleu nuit du trou et le bleu turquoise des eaux alentours.

Des grottes sous-marines

Les trous bleus se sont formés à l'époque de la dernière glaciation. Le niveau de la mer était beaucoup plus bas et les terres étaient émergées. Des pluies acides ont creusé des cavités dans le calcaire, le plafond a fini par s'effondrer, et les cavités ont été recouvertes par la mer lors de la fonte de la calotte glaciaire.

CARACTÉRISTIQUES

- Profondeur : 202 m
- Diamètre (en surface) : 30 m
- Diamètre (en profondeur) : 100 m
- Trou parfaitement rond
- Parois abruptes
- Eau d'un bleu profond

UN LIEU MYTHIQUE, MAIS DANGEREUX

Pour les amateurs de plongée, les trous bleus représentent une expérience unique. Mais ce n'est pas sans risque. L'ivresse des profondeurs peut provoquer soit un état euphorique, soit au contraire des crises d'angoisse, et les plongeurs peuvent se sentir happés par le fond. En 2010, l'apnéiste français Guillaume Néry a réalisé un plongeon dans le Trou Bleu de Dean, un véritable exploit !

La Grande Barrière de corail Australie

Situé en mer de corail, au nord-est de la côte australienne, c'est le plus grand ensemble corallien du monde. Formé il y a plus de 18 000 ans, ce récif abrite une grande diversité d'espèces et d'habitats.

Formation du récif

Le corail est constitué d'animaux marins appelés polypes. Ils vivent en symbiose avec une algue qui leur apporte des nutriments et leur donne leur couleur. Une fois fixés sur leur support, les polypes fabriquent un squelette dur en calcaire qui les relie les uns aux autres. Lorsque le polype meurt, le squelette reste et forme le corail.
Au fil des années, les polypes construisent de nouveaux squelettes qui s'accumulent les uns sur les autres, formant le récif corallien.

La Grande Barrière de corail est tellement grande qu'elle peut être vue de l'espace.

LA GRANDE BARRIÈRE EN DANGER

Le réchauffement climatique menace la Grande Barrière. L'augmentation de la température de l'eau cause un stress au polype qui expulse l'algue qui vit en symbiose avec lui. Le corail blanchit et dépérit, mettant en péril les poissons et tout l'écosystème.
Plus de 1 500 km sont déjà touchés.

CARACTÉRISTIQUES

- Superficie : 345 000 km^2
- Longueur : 2 600 km
- 2 500 récifs
- 900 îles
- 400 types de coraux
- 1 500 espèces de poissons
- 4 000 espèces de mollusques

Morning Glory Pool

États-Unis

Morning Glory Pool est une source chaude située dans le parc national de Yellowstone, dans le Wyoming, aux États-Unis.

LE PARC DE YELLOWSTONE

Créé en 1872, et avec une superficie de près de 9 000 km^2, le parc de Yellowstone est le plus ancien et l'un des plus grands parcs nationaux du monde. Il est réputé pour ses phénomènes géothermiques, il abrite de nombreux geysers et sources d'eau chaude.
Il est situé dans une région volcanique qui connaît de nombreuses éruptions.

Des bactéries dans l'eau

Morning Glory Pool est l'une des plus belles sources chaudes du parc de Yellowstone : ses couleurs bleues et orange sont dues à des bactéries présentes dans l'eau. Malheureusement, des détritus jetés par des visiteurs ont bouché les entrées d'air chaud, altérant durablement ses belles couleurs vives.

La source a été nommée ainsi en 1883 à cause de sa ressemblance avec la fleur "gloire du matin", "morning glory" en anglais.

CARACTÉRISTIQUES

- Source d'eau chaude
- Eau turquoise au centre
- Bleue et orange autour du bassin (bactéries)
- Au cœur d'un grand parc de geysers et de sources d'eau chaude

Le lac Hillier Australie

Le lac Hillier est un lac rose situé sur l'île "Middle Island", la plus grande île de l'archipel de la Recherche au large de l'Australie. La couleur rose bonbon de l'eau de ce lac, découvert en 1802, reste un mystère.

On ne peut accéder à ce lac que par hélicoptère ou par bateau.

Une couleur exceptionnelle

On a longtemps pensé que la couleur rose vif de l'eau venait du fond du lac, mais cette hypothèse a été écartée car l'eau reste rose lorsqu'on en remplit un verre. L'hypothèse la plus probable, mais non confirmée, est que cette couleur proviendrait d'une algue et de bactéries qui s'y développent en raison de la forte salinité du lac.

CARACTÉRISTIQUES

- 600 m de long
- 250 m de large
- Eau de couleur rose vif
- Bordé d'un liseré de sel blanc
- Au cœur d'une forêt d'eucalyptus
- Séparé de l'océan par des dunes de sable blanc

SANS DANGER POUR L'HOMME

Ce lac conserve en permanence sa couleur rose vif, ce qui étonne les visiteurs et soulève beaucoup de questions.
Cette couleur mystérieuse et la forte salinité de l'eau ne sont pas dangereuses pour l'homme, l'eau n'est pas polluée.
Il est possible de s'y baigner sans risque.

La baie d'Ha-Long Vietnam

La baie d'Ha-Long s'étend sur environ 1 500 km² et offre un paysage incroyable, sculpté par la nature. Les piliers émergeant de la mer constituent un archipel d'îles et d'îlots. C'est l'une des plus belles baies du monde.

La baie d'Ha-Long a été répertoriée comme l'une des 7 nouvelles merveilles du monde en 2011.

La légende de la baie d'Ha-Long

"Ha Long" signifie "descente du dragon" en vietnamien. Selon la légende, un dragon, être merveilleux et bénéfique au Vietnam, est descendu dans la mer.
En essayant d'apprivoiser les courants marins, il s'est débattu et a entaillé la montagne avec sa queue. Le niveau de la mer est monté, ne laissant apparaitre que les sommets les plus élevés.

CARACTÉRISTIQUES

- 1 969 îles et îlots
- 120 km de côte
- Important relief
- Piliers, arches et grottes
- Villages de pêcheurs flottants
- Lacs intérieurs

DES GROTTES AUX MULTIPLES LÉGENDES

- La grotte des bouts de bois (ou grotte des merveilles) aurait servi de réserve pour des bouts de bois taillés en piquets, d'où son nom. Plantés dans l'eau, les piquets étaient immergés à marée haute et surprenaient l'ennemi qui se retrouvait piégé à marée basse.
- La grotte des surprises est la plus grande grotte de la baie. Un cheval et une épée de pierre ouvrent l'entrée, car selon la légende, un saint aurait aidé la population à chasser les mauvais esprits. En s'envolant pour le paradis, il aurait laissé un cheval de pierre et une longue épée pour que la population continue la chasse.

Les montagnes colorées Zhangye Danxia Gansu, Chine

Ces formations rocheuses colorées se trouvent au cœur du parc géologique national de Zhangye Danxia. Ce site naturel offre un paysage féerique qui semble avoir été peint.

L'origine d'un phénomène géologique unique

Ces formations rocheuses sont le résultat du dépôt de couches de sédiments de couleurs différentes, depuis plus de 24 millions d'années, entre deux plaques tectoniques. Les différentes couleurs ressortent grâce à l'érosion, et c'est la collision entre les deux plaques, indienne et eurasienne, qui a façonné ce paysage surréaliste aux reliefs variés.

LE GÉOPARC DE ZHANGYE DANXIA

D'une superficie de 510 km^2, le parc représente la plus grande étendue de reliefs colorés et variés, et l'un des plus beaux paysages de Chine. Il est surnommé "le géoparc des montagnes arc-en-ciel". Inscrit au patrimoine mondial de l'humanité par l'Unesco en 2010, le site comporte la plus forte concentration naturelle de pigments au monde.

CARACTÉRISTIQUES

- Strates colorées
- Pics, tourelles, falaises, grottes, arches
- Formées en 24 millions d'années
- Superficie : 300 km^2
- Terre aride, dépourvue de végétation

Ces montagnes font le bonheur des photographes, qui accentuent parfois les couleurs grâce à des logiciels de retouche photo.

Le Grand Canyon États-Unis

Le Grand Canyon est une gorge profonde située dans l'Arizona, qui traverse le parc national du Grand Canyon. Creusée par le fleuve Colorado sur des millions d'années, c'est la gorge la plus spectaculaire du monde.

DEUX RIVES, DEUX CLIMATS

Le Grand Canyon présente deux rives aux climats totalement différents. La rive sud est aride, alors que la rive nord est plus froide et plus humide, car l'altitude est importante (jusqu'à 2 750 m). Chaque rive possède une faune et une flore spécifiques, adaptées au climat.

Un paysage préhistorique

Ce paysage extraordinaire date de plusieurs millions d'années et a traversé toutes les ères géologiques.
Des dépôts sédimentaires se sont accumulés en couches, puis la collision entre les deux plaques tectoniques, pacifique et nord-américaine, a soulevé le plateau du Colorado et créé les montagnes rocheuses. Et c'est l'érosion causée par le fleuve Colorado qui a creusé le Grand Canyon.

CARACTÉRISTIQUES

- Longueur : 450 km
- Largeur : 5,5 à 30 km
- Profondeur : 1,6 km
- Strates horizontales
- Grottes et cavernes

Les roches les plus anciennes ont 1,7 milliard d'années et les plus jeunes, 1 million d'années.

Monument Valley États-Unis

Cette vallée est un symbole de l'Ouest américain. Située au nord-ouest de l'Arizona, sur la réserve indienne Navajo, elle est constituée de formations rocheuses en grès rouge, dressées au cœur d'un désert. Les Navajos la nomment "la vallée des rocs".

Le site a servi de décor à de nombreux films, notamment des westerns, ainsi qu'à des publicités.

La formation du grès

Il y a plusieurs centaines de millions d'années, le site était une immense plaine. Avec le vent et au fil du temps, de grosses quantités de sédiments se sont déposées et se sont transformées en grès, une roche très dure. Puis la plaine s'est transformée en plateau sous l'effet du soulèvement du sol, et l'érosion a ensuite façonné les rochers.

DES ROCHERS REPRÉSENTATIFS

Les indiens Navajos ont nommé les rochers selon leur forme : "West Mitten butte" et "East Mitten butte" voulant dire "moufle droite" et "moufle gauche", "mitten" signifiant moufle (ou mitaine) en Navajo. "Elephant butte" pour un gros rocher aux allures d'éléphant, ou encore "Camel butte" pour un rocher ressemblant à un chameau.

CARACTÉRISTIQUES

- Superficie : 120 km^2
- Altitude : 1 600 m
- Buttes en grès rouge (jusqu'à 300 m de haut)
- Une piste en terre de 27 km de long, la "Valley drive", parcourt le site

Le désert du Sahara Afrique

Le Sahara est un désert chaud, situé au nord de l'Afrique, qui s'étend sur 10 pays. C'est le plus grand désert du monde.

Le mot "Sahara" signifie "désert" en arabe.

Le Sahara n'a pas toujours été un désert

Il y a 10 000 ans, le Sahara était une savane tropicale, avec des lacs et une végétation dense. C'était une région habitée par l'homme et peuplée d'animaux. Il y a environ 6 000 ans, la région a subi un changement climatique, provoquant une désertification progressive.

CARACTÉRISTIQUES

- Superficie : plus de 8 millions de km^2
- Traverse 10 pays d'Afrique
- Déserts de sable et de pierres. Montagnes, puits, oasis et villes
- Climat aride, sec et très chaud (jusqu'à 55 °C)
- Pluies très rares
- Vents violents

LES DIFFÉRENTS PAYSAGES DU SAHARA

Erg : désert de sable constitué de dunes modelées par le vent (20% de la superficie).

Reg : désert de cailloux et de graviers, le plus répandu.

Montagnes sahariennes : volcaniques pour la plupart, mais aussi des plateaux calcaires où s'écoulent les oueds (lits asséchés de cours d'eau).

Hamadas : plateaux rocailleux limités par des falaises.

Gueltas : cuvettes d'eau permanentes, dans lesquelles l'eau de pluie s'est accumulée.

Oasis : zones de végétation isolées, proches d'une source d'eau.

Oasis au pied des montagnes sahariennes

Le Salar d'Uyuni Bolivie

Cet immense désert de sel, situé sur les hauts plateaux de Bolivie, est la plus grande étendue de sel du monde, source d'une grande richesse pour le pays.

Les vestiges d'un lac préhistorique

Ce grand désert de sel s'est formé par l'évaporation d'un lac préhistorique géant, le Lac Minchin. Il y a 17 000 ans, la région a subi un changement climatique. Le volume d'eau a commencé à diminuer. En s'asséchant, le lac a laissé d'énormes dépôts de sel qui constituent aujourd'hui le Salar d'Uyuni.

CARACTÉRISTIQUES

- Superficie : 10 582 km^2
- Altitude : 3 658 m
- Épaisseur de la couche de sel : de 40 à 120 m
- Quantité de sel : estimée à 60 milliards de tonnes
- Formé il y a 10 000 ans
- Région semi-désertique

LE LITHIUM : LA GRANDE RICHESSE DU SALAR D'UYUNI

Le Salar d'Uyuni constitue une importante réserve de sel, mais sa principale richesse est le lithium. C'est le plus grand gisement du monde, il représente un tiers des réserves mondiales. Le lithium est un composant essentiel pour les batteries électriques (voitures, téléphones, ordinateurs...).

Lorsqu'il pleut, le désert se transforme en miroir et reflète le ciel. Sa surface étant très plate, l'eau qui recouvre le sol ne s'écoule pas.

La mer d'étoiles Maldives

La mer d'étoiles se trouve sur l'île de Vaadhoo dans l'archipel des Maldives, en plein océan Indien. À la tombée de la nuit, la mer s'illumine et scintille, comme si le ciel étoilé s'y reflétait.

Ce phénomène se produit également dans la baie de San Diego en Californie, ainsi que à Porto Rico, en Jamaïque et parfois en Belgique.

CARACTÉRISTIQUES

- Couleur bleu électrique
- Scintillante
- Présence d'organismes bioluminescents
- Plage de sable blanc
- Climat tropical

Ostracodes

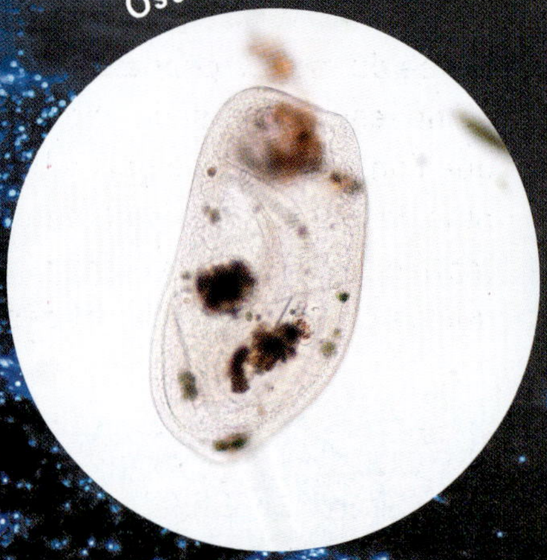

Un paysage féerique créé par des animaux marins

Ce phénomène est dû à une forte concentration de minuscules crustacés bioluminescents appelés "ostracodes". Emportés par les courants marins, ces micro-organismes se déposent le long du rivage et se mettent à scintiller.

DE LA LUMIÈRE POUR SE DÉFENDRE

Les ostracodes possèdent un organe bioluminescent qu'ils utilisent pour se défendre, lorsqu'ils sont stressés ou stimulés par le mouvement des vagues et la pression des pas sur le sable. Ils émettent alors de la lumière pendant plusieurs minutes, offrant un spectacle surnaturel.

L'île de Socotra

Yémen

Située au large des côtes africaines, au cœur de l'océan Indien, c'est la plus grande île de l'archipel de Socotra.
Elle est surnommée "l'île extraterrestre" ou "le monde perdu", car cette île isolée abrite une faune et une flore uniques au monde.

Une biodiversité riche et unique

Isolée du monde pendant des millions d'années, l'île possède une faune et une flore que l'on ne voit nulle part ailleurs. Elle abrite plus de 800 espèces de plantes uniques au monde. Les animaux et les plantes ont évolué afin de s'adapter au climat désertique hostile.

LE DRAGONNIER : L'ARBRE SYMBOLE DE L'ÎLE

Socotra est connue pour ses dragonniers. C'est un arbre qui semble pousser à l'envers, les racines vers le ciel. Il produit une résine rouge appelée "sang du dragon", utilisée comme colorant depuis l'Antiquité et comme substance curative. L'arbre est ainsi surnommé "l'arbre au sang-de-dragon".

CARACTÉRISTIQUES

- Superficie : plus de 3 500 km²
- Montagnes, falaises et grottes, plages de sable blanc
- Plantes et animaux rares
- 600 villages
- 40 000 habitants
- Climat chaud et sec
- Vents violents

Inscrite sur la liste du patrimoine mondial de l'Unesco, c'est la deuxième réserve mondiale en matière de biodiversité, après les îles Galapagos.

Le glacier Perito Moreno Argentine

Cet immense glacier bleu se trouve dans le parc national Los Glaciares, en Patagonie argentine, puis il se jette dans le lac Argentino. C'est la troisième plus grande calotte glaciaire après l'Antarctique et le Groenland.

Il tient son nom du naturaliste, explorateur et expert ("perito") argentin, Francisco Moreno, qui a étudié la région au XIXe siècle.

Une couleur particulière

Un glacier se forme par le tassement des couches de neige accumulées. L'air est expulsé et une masse compacte de glace se forme. Plus la glace est compressée, moins la lumière blanche peut s'infiltrer, ce qui donne au glacier cette couleur bleue.

CARACTÉRISTIQUES

- Longueur : 30 km
- Largeur : 5 km
- Hauteur : de 60 à 200 m
- Épaisseur : 170 à 700 m
- Glace de couleur bleue
- Pics, tunnels et crevasses

LES RUPTURES : UN SPECTACLE UNIQUE

La rupture est un effondrement de glace important, un phénomène qui se produit tous les 2 à 4 ans. La rivière qui coule sous le glacier creuse la glace et crée des arches qui finissent par rompre. De gros blocs de glace se détachent et forment des icebergs flottant sur le lac.

Les chutes du Niagara

Canada et États-Unis

Ce site grandiose composé de 3 chutes d'eau est situé à la frontière entre le Canada et les États-Unis, sur la rivière Niagara. Ce ne sont pas les chutes d'eau les plus hautes du monde, mais ce sont les plus célèbres car elles sont très larges, et l'une d'elles est spectaculaire par son débit.

Durant les hivers rigoureux, les chutes du Niagara gèlent, offrant un spectacle incroyable.

Formation des chutes

Les chutes sont situées entre le lac Erié et le lac Ontario, deux des 5 Grands Lacs d'Amérique du Nord. Les chutes et les Grands Lacs se sont formés lors de la fonte des glaces, il y a 10 000 ans. Cette région était couverte d'un énorme glacier qui a tout emporté sur son passage lors de la déglaciation. Il a creusé la roche et dessiné des vallées qui se sont remplies d'eau pour devenir les Grands Lacs.

CARACTÉRISTIQUES

- 3 chutes
- Débit : 5 500 m^3 par seconde
- Altitude :100 m
- Hauteur maximale : 54 m
- Larges et puissantes
- Sources d'énergie hydroélectrique

CANADIENNES CONTRE AMÉRICAINES

3 chutes forment les chutes du Niagara : le "fer à cheval" à Ontario au Canada, les "chutes américaines" et le "voile de la mariée" situées dans l'état de New York aux États-Unis. Avec ses 54 m de haut et ses 790 m de large, la chute du "fer à cheval" est la plus impressionnante. 90 % de l'eau de la rivière passe par le fer à cheval, produisant un débit spectaculaire de 5 500 m^3/seconde en haute saison.

INDEX 1000 CHOSES à SAVOIR

H

I

J

K

L

M

1000 CHOSES à SAVOIR

Le Gué - 35380 Plélan-le-Grand
Photos et illustrations : Shutterstock.com
Conception et coordination éditoriale : Idées Book
Maquette : l'épicerie graphique
Code éditeur : 978-2-35990
Dépôt légal : mars 2018
Imprimé en Italie par Centro Poligrafico Milano S.p.A – Casarile (MI)